# R 이해하기

김대호 지음

초아출판사

# 머리말

제4차 산업혁명 시대는 빅데이터 기반의 자동화, 디지털화, 그리고 인공지능 등의 다양한 기술이 발전하면서 융복합적으로 진행되고 있다. 특히 제4차 산업혁명 시대의 근간을 이루고 있는 빅데이터의 중요성은 아무리 강조해도 지나치지 않을 정도로 더욱 부각되고 있다. 빅데이터는 대량의 다양한 종류와 형태의 데이터를 의미하는 것으로, 새로운 시대에 걸맞는 다양한 요구를 충족시키는 데 있어서 빅데이터를 효과적으로 분석하고 활용하는 것은 조직의 경쟁력 향상과 지속에 중요한 역할을 한다. 이를 통해 조직은 고객의 행동을 분석하고 선호도를 예측하며, 더 나아가 시장에서의 다양한 변화를 파악하여 이에 효과적으로 대응할 수 있는 전략을 수립할 수 있는 것이다.

R 언어는 빅데이터 분석에 매우 적합한 프로그래밍 언어로 정평이 나 있는 바, 통계 분석 및 데이터 시각화는 물론 기계학습과 인공 지능 등에 특화되어 있다. R 언어는 풍부한 데이터 분석을 위한 라이브러리들을 제공하고 있어서, 통계 및 머신러닝 알고리즘 등을 쉽게 적용할 수 있는 환경을 제공하고 있다. 또한 R은 오픈 소스이기 때문에 도입에 따른 비용을 상당히 절감하면서도 높은 수준의 데이터 분석 작업을 수행할 수 있게 해 준다. 따라서 빅데이터 분석을 위한 도구로서 R 언어의 필요성은 점점 더 커지고 있다.

이 책은 데이터 분석을 위한 R 프로그래밍에 대한 완벽한 가이드를 제공하고자 한다. R은 데이터 과학 및 통계 분야에서 널리 사용되는 강력한 프로그래밍 언어로서, 이 책은 초보자부터 전문가까지 모두에게 유용한 내용을 다루고자 하였다.

이 책은 크게 세 부분으로 구성되어 있으며, 그 내용을 간단히 요약하면 다음과 같다.

첫 번째 부분에서는 R 및 R Studio 소프트웨어의 기초부터 시작하여 R 코딩 및 R 패키지 활용법에 대하여 간단히 소개하였다. 그리고, R Studio 소프트웨어를 이용한 R 마크다운 문서의 작성과 활용 방법을 소개하여 보다 효율적으로 코드를 관리하고 활용하는 방법에 대하여 알아보았다.

두 번째 부분에서는 다양한 데이터 타입에 대해 자세히 다루고 있다. 변수와 데이터 타입의 개념부터 시작하여 벡터, 요인, 행렬, 배열, 리스트, 데이터 프레임, 그리고 티블 등 R에서 다루는 모든 데이터 유형을 활용하는 방법을 자세히 살펴보았다. 또한, 데이터에 대한 이해를 돕는 레이블과 데이터 분석에 필연적으로 개입되는 결측치의 처리 방법도 소개하였다.

세 번째 부분에서는 프로그래밍 기법에 초점을 맞추었다. 처리해야 할 데이터를 불러오고, 또 처리한 데이터를 저장하는 방법을 소개하였다. 이와 함께 데이터에 대한 조건문과 반복구문의 활용, 자신만의 사용자 정의 함수 작성 방법 그리고 객체지향 프로그램을 가능하게 하는 객체와 클래스를 다루었다. 그리고, 끝으로 다양한 apply 계열의 함수를 활용하여 데이터를 처리하는 방법에 대해서도 살펴보았다.

이 책을 완성하는 데 많은 노력을 기울였음을 밝힌다. 특히, 이 책의 출판을 흔쾌히 받아 주신 초아 출판사 이민영 대표님과 이 책의 완성도를 높이기 위해 편집에 노고를 아끼지 않으신 편집자에게 특별한 감사의 말씀을 전한다. 그리고, 독자 여러분께도 깊은 감사를 드리며, 여러분의 지지와 피드백이 이 책을 완성하는 데 큰 힘이 될 것이다.

2024년 2월 김대호

# 목차

# 01

# 실습환경 만들기

# 1. 실습환경 만들기

## 1.1 R과 R Studio 프로그램 설치 파일 구하기

데이터 분석을 위해서는 분석 도구로 활용할 소프트웨어가 필요하다. 우리는 그 도구로 R과 R Studio 프로그램을 활용하려고 한다. R 프로그램은 데이터를 분석하는데 필요한 기본적인 도구이며, R Studio 프로그램은 R을 효과적이고 효율적으로 활용할 수 있게 해 주는 도구이다. 즉, 이 책에서는 데이터 분석을 위한 도구로 R 프로그램의 활용에 중점을 두고 있으며, R Studio 프로그램을 사용하게 되면 R 프로그램의 이용을 더 효과적으로 할 수 있게 되는 것이다.

그리고 R과 R Studio 프로그램은 오픈소스 소프트웨어로 누구나 무료로 다운받아 사용할 수 있다. `https://posit.co/` 사이트에서 R과 R Studio프로그램의 설치 파일을 다운받아 무료로 각자의 컴퓨터에 설치하여 사용할 수 있는 것이다.

이 사이트에 접속하면 <그림 1.1>과 같은 초기화면이 표시된다.

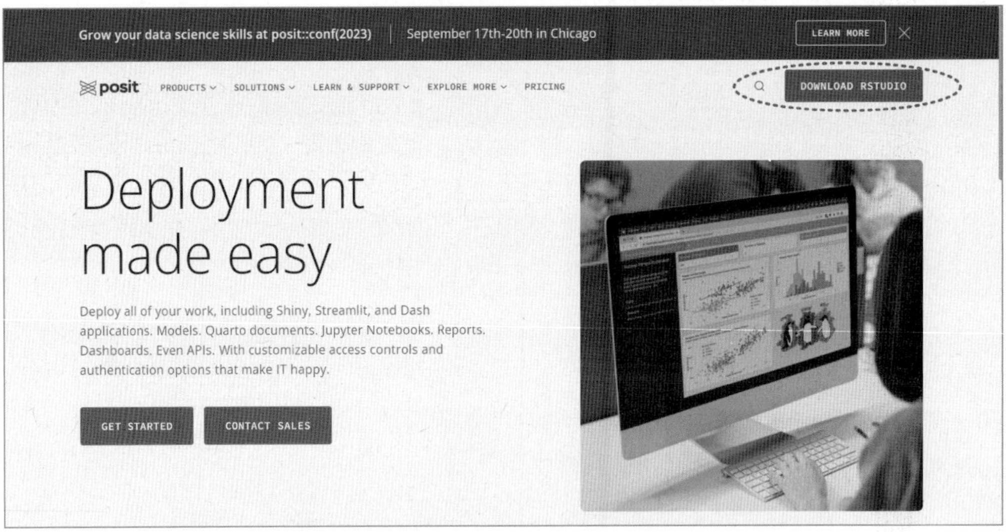


그림 1.1: R과 R Studio 프로그램 설치 파일 다운로드 사이트 초기화면

<그림 1.1> 화면의 오른쪽 상단부에 있는 [DOWNLOAD RSTUDIO] 버튼을 클릭하면 <그림 1.2>와 같이 R과 R Studio 프로그램 설치 파일을 다운받을 수 있는 사이트로 연결해주는 화면이 나타난다.

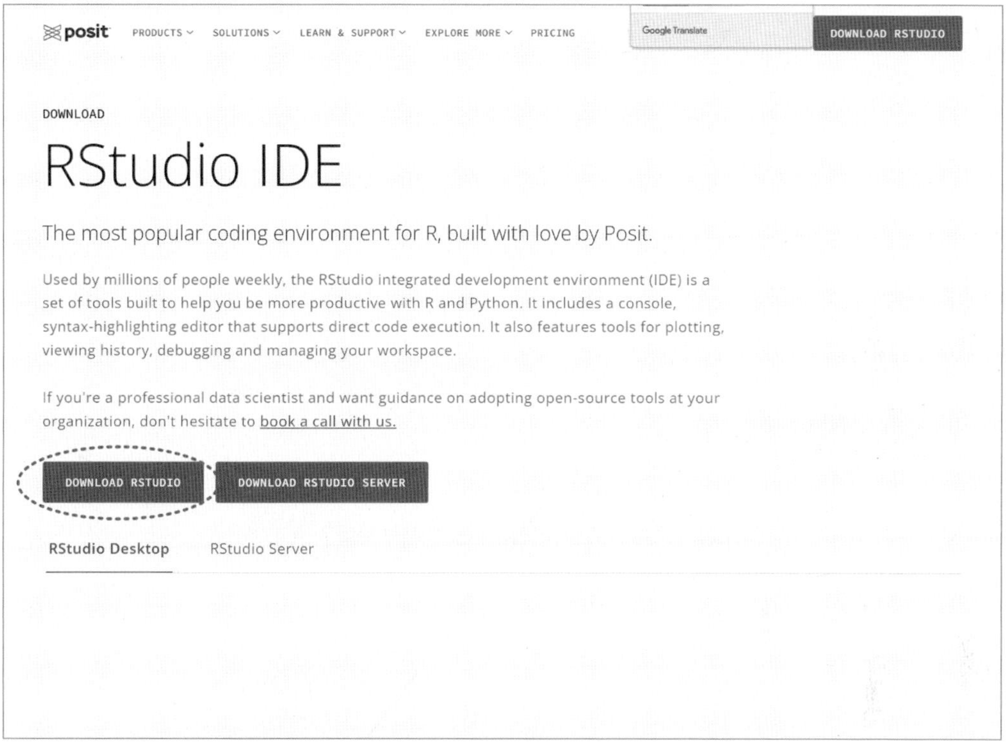


**그림 1.2: R과 R Studio 프로그램 설치 파일의 링크 연결 화면**

<그림 1.2>의 화면에서 [DOWNLOAD RSTUDIO] 버튼을 클릭하면 <그림 1.3>의 화면과 같이 R과 R Studio 프로그램의 설치 파일을 다운로드할 수 있는 링크 화면이 나타난다.

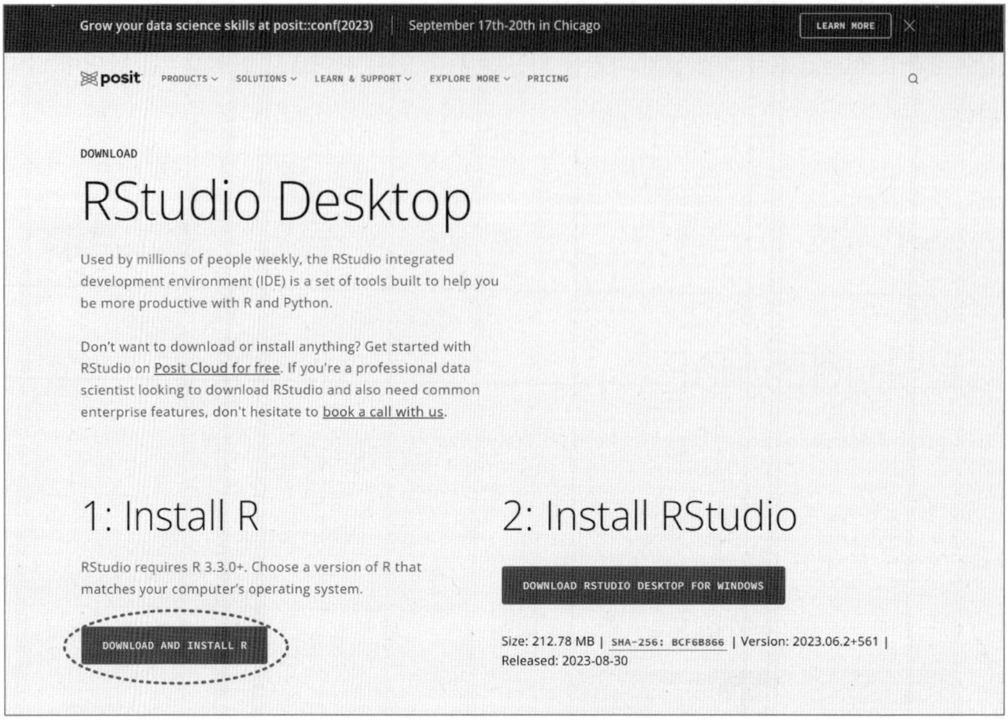


**그림 1.3: R과 R Studio 프로그램 설치 파일 링크 화면**

## 1.2 R 프로그램 설치

먼저 데이터 분석을 위한 기본 소프트웨어로 R 프로그램 설치 파일을 다운로드하고, 이를 설치하는 과정 그리고 R 프로그램의 실행에 대하여 살펴보겠다.

### 1.2.1 R 프로그램 설치 파일 다운로드

<그림 1.3>의 화면에서 [DOWNLOAD AND INSTALL R] 버튼을 클릭하면 <그림 1.4>와 같이 R 프로그램 아카이브 사이트 초기화면으로 이동하게 된다. 이 화면은 R 프로그램과 관련한 모든 정보를 담고 있는 사이트이며, 왼쪽에 다양한 메뉴가 표시되어 있다.

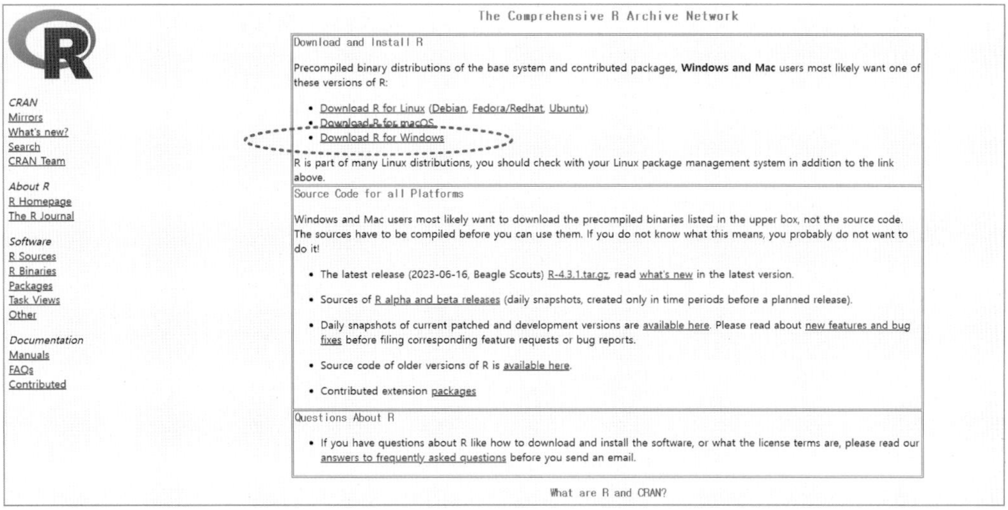


**■ 그림 1.4: R 프로그램 아카이브 사이트 초기 화면**

<그림 1.4>에서 볼 수 있듯이 R 프로그램은 리눅스, 맥킨토시 그리고 윈도우즈 용 등이 있음을 알 수 있다. 우리는 이 중에서 윈도우즈 용 R을 선택한다. 그러면 다음의 <그림 1.5>와 같이 윈도우즈 용 R 프로그램 설치 파일을 다운로드받을 수 있는 링크 화면이 나타난다.

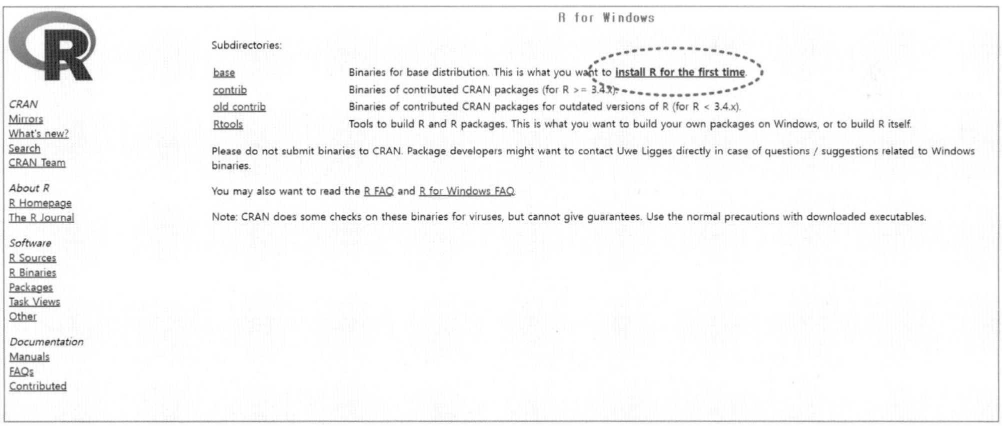


**■ 그림 1.5: 윈도우즈 용 R 프로그램 설치 파일 다운로드 링크 화면**

여러 설명이 있지만, 여기에서 'install for the first time' 링크를 클릭해 준다. 그러면 <그림 1.6>과 같이 윈도우즈 용 R 프로그램 설치 파일을 다운로드 받을 수 있는 화면이 나타난다.

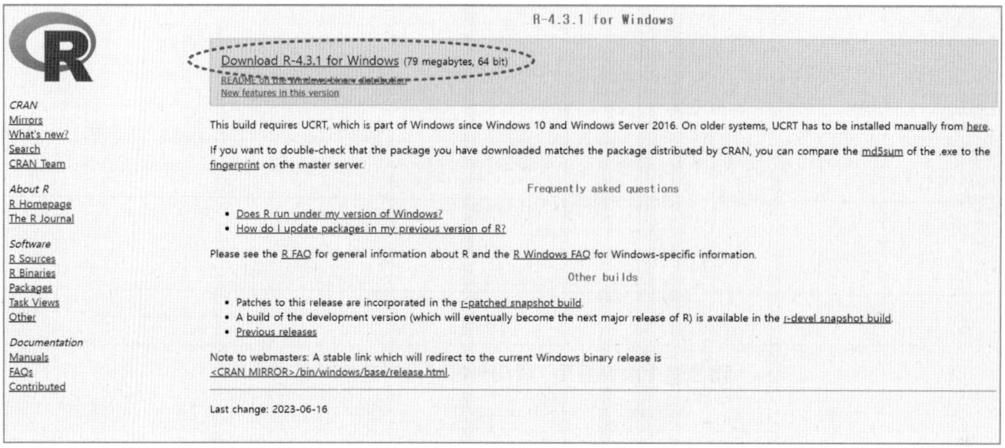


**그림 1.6: 윈도우즈 용 R 프로그램 설치 파일 다운로드 사이트 화면**

<그림 1.6>의 화면에서 볼 수 있듯이 2023년 6월 16일 현재 R 프로그램의 최신 버전은 4.3.1 임을 알 수 있다. 또한 그 이전 버전에 대한 다운로드 링크도 이 사이트에 수록되어 있다.

**그림 1.7: R 프로그램 설치 파일 저장하기**

이제 Download R-4.3.1 for Windows 링크를 클릭하여 <그림 1.7>과 같이 [다운로드] 폴더에 R 프로그램 설치 파일인 R-4.3.1-win.exe를 다운로드받아 저장한다.

## 1.2.2 R 프로그램의 설치

이제 다운로드받은 R 프로그램 설치 파일을 이용하여 개인 컴퓨터에 R 프로그램을 설치하는 과정에 대하여 살펴본다. 먼저 파일 탐색기의 [다운로드] 폴더를 열고, <그림 1.8>과 같이 이 폴더에 저장되어 있는 `R-4.3.1-win.exe` 파일을 마우스로 더블 클릭한다.

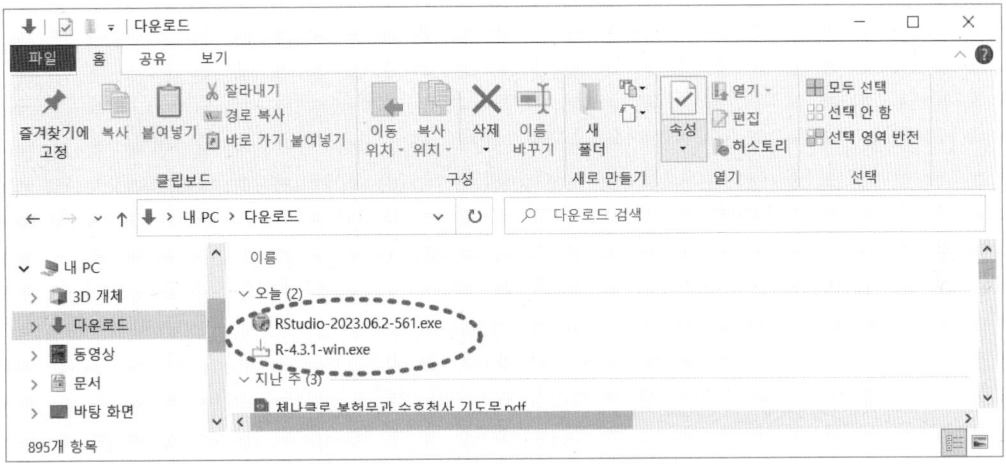


**그림 1.8: 파일 탐색기의 다운로드 폴더 화면**

그러면 컴퓨터 화면 중앙에 `[이 앱이 디바이스를 변경할 수 있도록 허용하시겠어요?]`라는 창이 뜨는데 여기에서 [예]를 선택해 준다. 그러면 R 프로그램의 설치가 시작되는데, 다음에 설치 진행 과정에 대하여 세부 단계별로 살펴보기로 한다.

### 1.2.2.1 설치 언어 선택

먼저, R 프로그램의 설치에 사용할 언어를 선택하는 화면이 <그림 1.9>와 같이 나타난다. 화면에 표시되어 있는 대로 [한국어]를 선택하고 [확인] 버튼을 클릭한다.

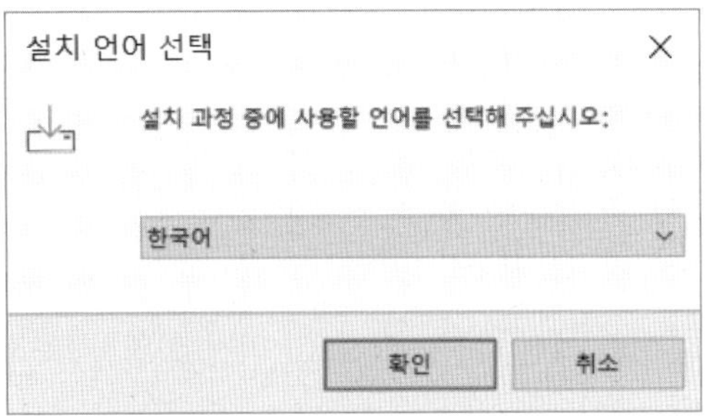


**그림 1.9: R의 설치 언어 선택 화면**

### 1.2.2.2 R 프로그램 라이센스 정보

이제 R 프로그램의 라이센스 정보 화면이 <그림 1.10>과 같이 나타난다. R 프로그램은 오픈소스 소프트웨어로 무료로 사용할 수 있지만, 소프트웨어 저작권법에 의해 보호받고 있는 소프트웨어로서 이에 대한 정보를 이 화면에서 제공하고 있다. 라이센스 정보를 확인한 후 [다음] 버튼을 클릭한다.

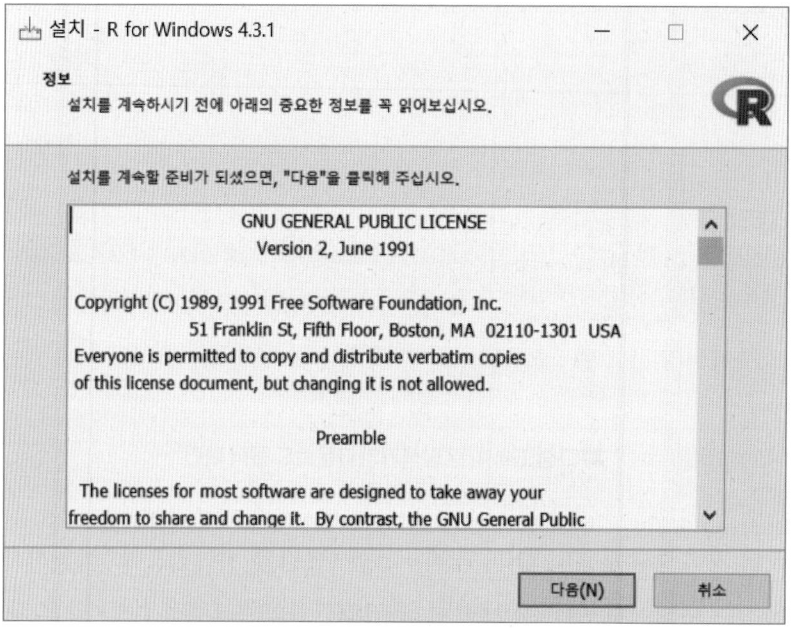


**■ 그림 1.10: R 프로그램 라이센스 정보 화면**

### 1.2.2.3 R의 설치 위치 선택

다음의 <그림 1.11>은 R 프로그램을 설치할 컴퓨터의 하드디스크 위치를 지정하는 화면이다. 기본적으로 표시되는 정보를 확인하고 [다음] 버튼을 누른다.

참고로 <그림 1.11>의 화면에는 `"C:\Program Files\R\R-4.3.1"` 로 표시되어 있는데, R 프로그램의 최신 버전인 R-4.3.1 버전를 위한 폴더로 R 폴더 밑에 `R-4.3.1` 폴더를 생성하여 설치하고자 하는 것이다.

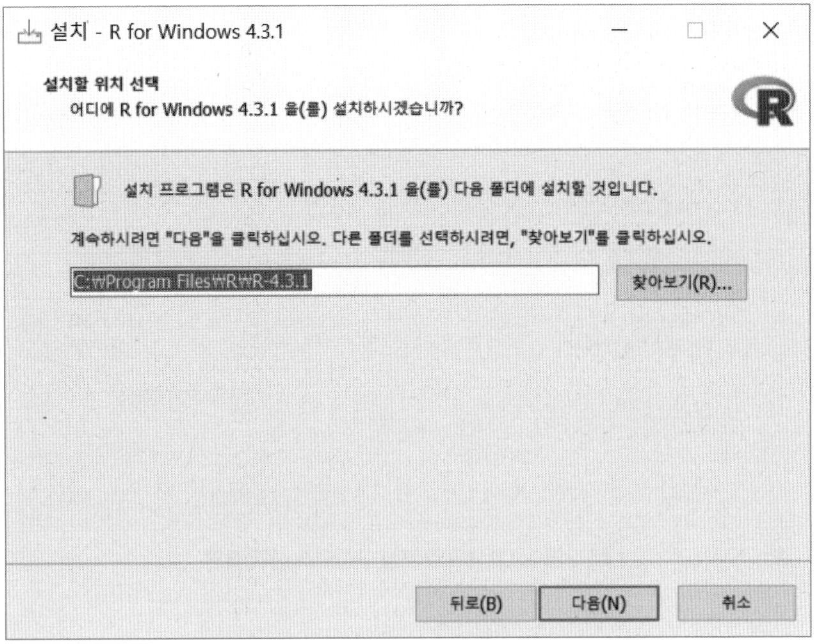


**그림 1.11: R 프로그램 설치 위치 선택 화면**

### 1.2.2.4 R 프로그램의 구성 요소 설치 선택

다음은 사용하고 있는 컴퓨터의 윈도우즈 운영체제에 따라 R 프로그램의 구성 요소를 선택하도록 <그림 1.12>의 화면이 나타난다. 사용하고 있는 윈도우즈 운영체제가 64 비트인 경우 구성요소 중에 `64-bit Files`가 표시된다. 만일 32 비트 윈도우즈 운영체제를 사용하는 경우에는 `32-bit Files`가 표시될 것이고 이를 반드시 선택해 주어야 한다. `Message Translations`는 R이 제공하는 영문 메시지를 처음에 설치할 때 선택한 언어로 번역해 주는 기능이다. 즉 R은 기본적으로 영문으로 메시지를 제공하고 있는데, 이 옵션을 선택하면 <그림 1.9>에서 선택한 <한글>로 변환하여 제공해 주게 된다. 그리고 `Main Files`는 기본으로 선택해야 한다. 이제 화면 하단의 [다음] 버튼을 클릭한다.

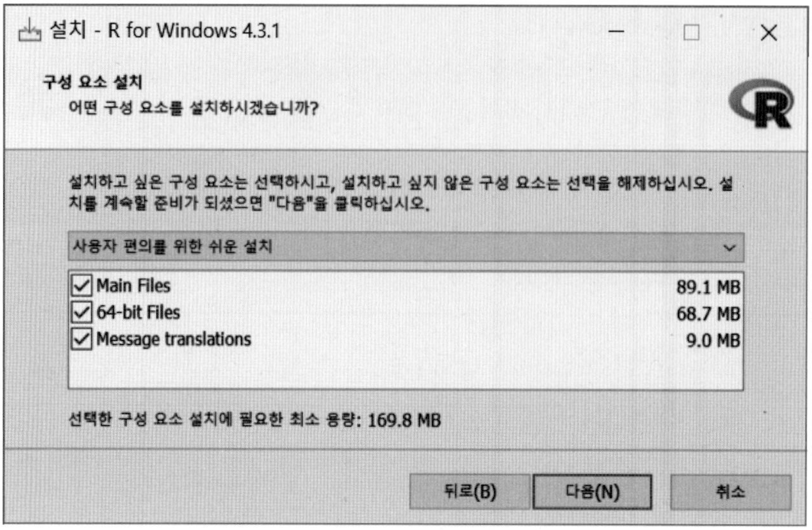


**그림 1.12: R 프로그램 구성요소 선택 화면**

### 1.2.2.5 R 프로그램의 스타트업 옵션

다음 단계에서는 R 프로그램의 실행 방식과 관련한 선택사항을 어떻게 설정할 것인지를 묻는 화면이 <그림 1.13>과 같이 나타나는데, 여기에서는 바로 [다음] 버튼을 클릭한다.

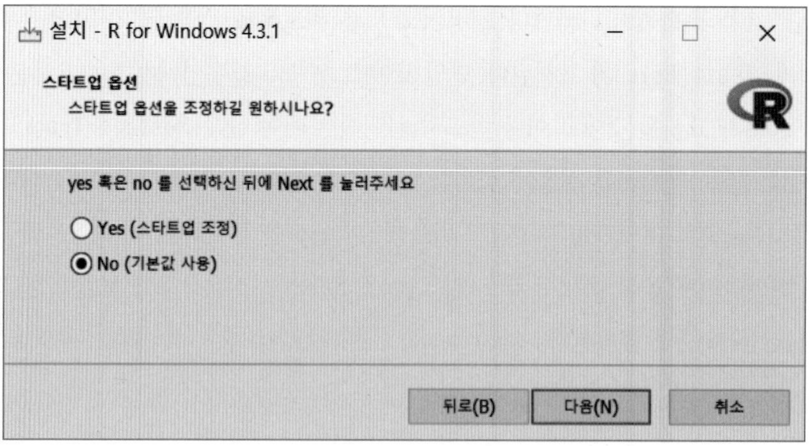


**그림 1.13: R의 스타트업 옵션 선택 화면**

### 1.2.2.6 시작 메뉴 폴더 선택

R 프로그램의 바로 가기를 윈도우즈의 시작 메뉴에 만드는 폴더를 지정하도록 하는 화면이 <그림 1.14>와 같이 나타난다. R이라고 해도 좋고, R 4.3.1 이라고 해도 좋다. 저자의 경우 "R 4.3.1" 로 하였다.

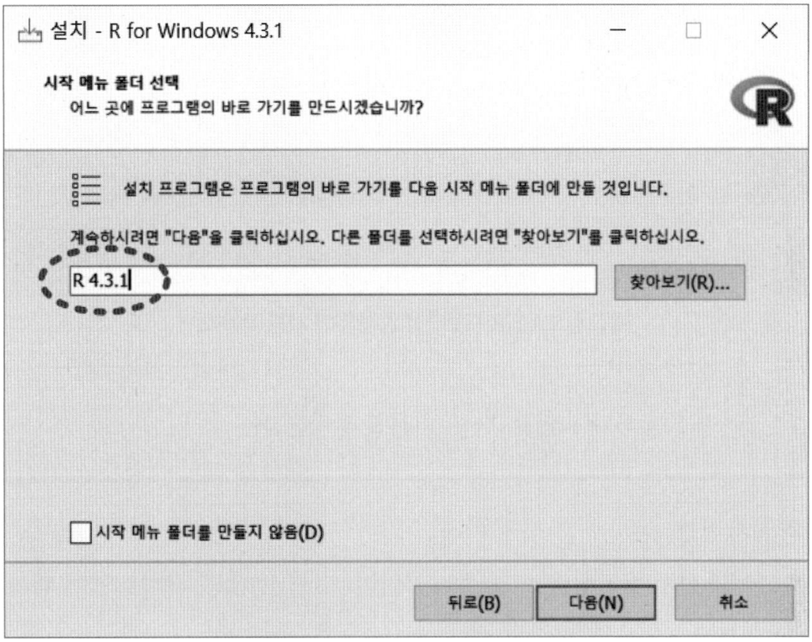


**■■ 그림 1.14: R의 시작 메뉴 폴더 선택 화면**

이제 <그림 1.14> 화면의 하단에 있는 [다음] 버튼을 클릭한다.

### 1.2.2.7 추가 사항 적용

R 프로그램의 설치를 위한 마지막 단계로 <그림 1.15>와 같이 추가 사항을 적용할 수 있다. 아이콘의 생성은 필요에 따라 선택해 주면 된다. 반면 레지스트리 항목들은 가능하면 모두 선택하는 것이 좋다.

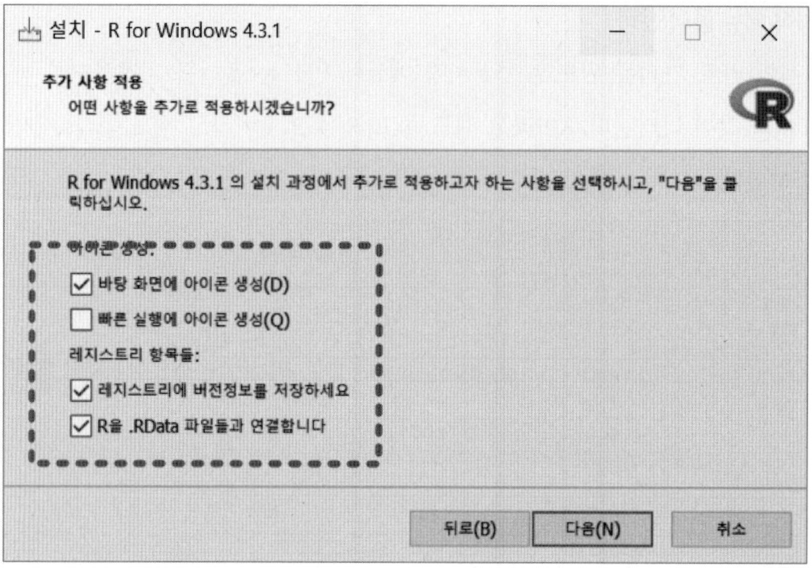


**■ 그림 1.15: R 프로그램 설치 추가 사항 적용 화면**

이제 <그림 1.15> 화면의 하단에 있는 [다음] 버튼을 클릭한다.

### 1.2.2.8 R의 설치 진행

이제 R 프로그램의 설치가 진행되고, 그 설치 과정이 <그림 1.16>과 같이 화면에 표시된다.

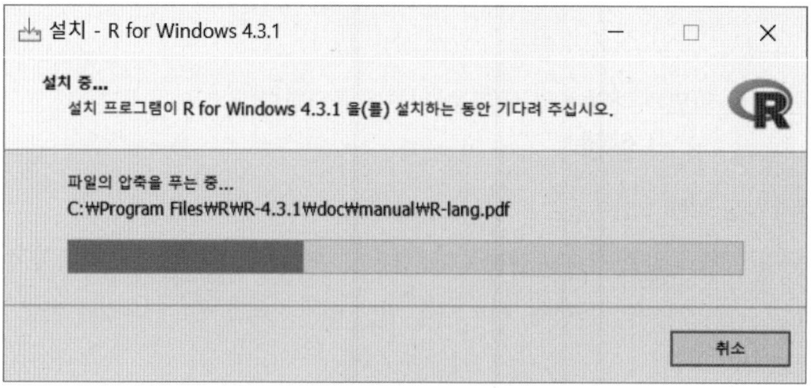


**■ 그림 1.16: R 프로그램 설치 진행 화면**

#### 1.2.2.9 R의 설치 완료

R 프로그램의 설치가 완료되면 <그림 1.17>과 같이 R for Windows 4,3.1 설치 완료 화면이 나타난다.

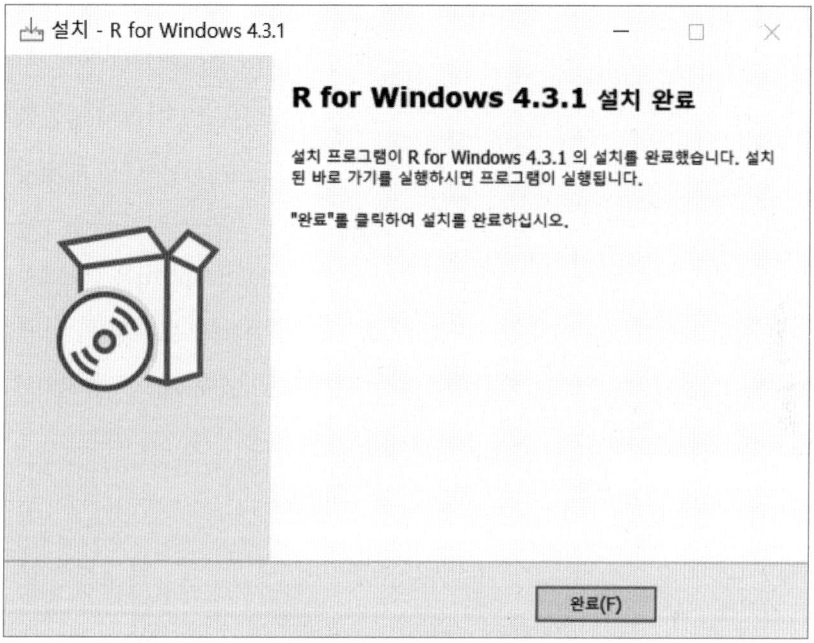


**그림 1.17: R 설치 완료 화면**

<그림 1.17> 화면의 하단에 있는 완료 버튼을 클릭하면, R 프로그램의 설치가 완료된다.

### 1.2.3 R 프로그램의 실행

R 프로그램의 설치가 완료되었으면, 윈도우즈의 시작 버튼을 클릭한다. 그러면 <그림 1.18>과 같이 윈도우즈 시작 메뉴의 제일 상단부에 R 4.3.1 이라는 이름이 표시가 된다.

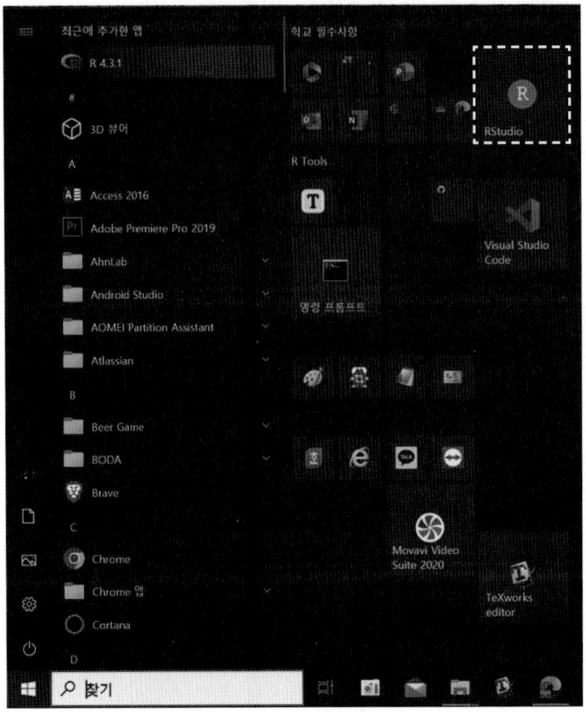


**그림 1.18: 윈도우즈 시작 메뉴 화면 : R 4.3.1**

이 시작메뉴의 R 4.3.1을 클릭하면 R 4.3.1의 화면이 <그림 1.19>와 같이 나타난다.

R이 실행된 화면을 보면, 화면 상단부에 버전 정보, 저작권 그리고 사용하는 운영체제와 관련한 정보가 표시되고, 그 아래에는 간단한 명령어를 소개하는 한글 메시지가 표시된다. 그리고 제일 아래 부분에 R 프로그램의 명령어을 입력할 수 있는 프롬프트가 표시된다. 이제 R 프로그램이 성공적으로 설치되어 실행되고 있음이 확인되었다.

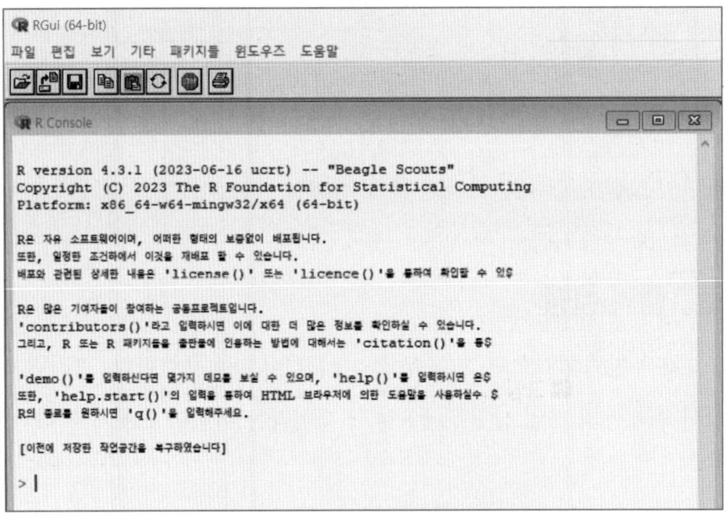


**그림 1.19: R 프로그램의 실행 화면**

# 1.3 R Studio 프로그램 설치

이제 R 프로그램을 효율적이고 효과적으로 활용할 있게 도와주는 R Studio 프로그램의 설치 과정에 대하여 살펴보기로 한다. 먼저 R Studio 프로그램 설치 파일을 다운로드받아 설치하는 과정을 단계별로 살펴보고, R Studio 프로그램을 실행해 본다.

참고로, R Studio프로그램은 설치 프로그램을 다운로드받아 개인 컴퓨터에 설치하여 사용할 수도 있지만, `https://posit.cloud` 사이트에서 R 프로그램과 R Studio의 클라우드 환경을 이용할 수 있다.

## 1.3.1 R Studio 프로그램 설치 파일 다운로드

<그림 1.3>의 화면에서 [`DOWNLOAD RSTUDIO DESKTOP FOR WINDOWS`] 버튼을 클릭하여 [다운로드] 폴더에 <그림 1.20>과 같이 R Studio 프로그램 설치파일을 다운로드 받는다.

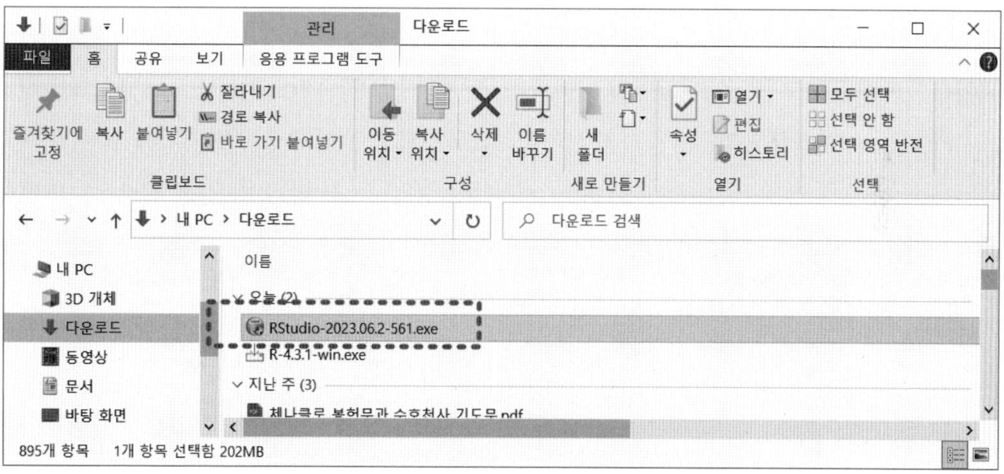


그림 1.20: RStudio 프로그램 설치 파일 저장

## 1.3.2 R Studio 프로그램의 설치

파일 탐색기를 열어 R Studio 프로그램 설치 파일인 "`RStudio-2023.06.2-561.exe`"를 더블 클릭해서 실행시킨다. 그러면 <그림 1.21>과 같이 RStudio 설치 시작 화면이 나타난다.

**■ 그림 1.21: R Studio 설치 시작 화면**

<그림 1.21> 화면의 하단에 있는 [다음] 버튼을 클릭하면 바로 R Studio 프로그램의 설치 폴더 위치를 선택하는 <그림 1.22> 화면이 나타난다. 기본적으로 "`C:\Program Files\RStudio`"로 표시가 되는데, 저자는 RStudio 폴더 대신에 `RStudio2306`으로 설치 폴더를 지정하였다.

**■ 그림 1.22: R Studio 프로그램의 설치 위치 선택 화면**

<그림 1.22> 화면 하단의 [다음] 버튼을 클릭한다. 그러면 바로 <그림 1.23>과 같이 RStudio 프로그램의 설치가 바로 진행된다.

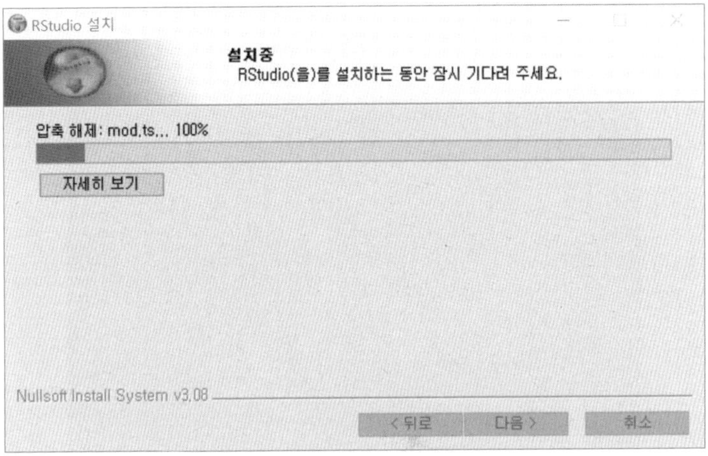


**그림 1.23: R Studio 프로그램의 설치 진행 화면**

프로그램의 설치가 완료되면 아래의 <그림 1.24>와 같이 RStudio 설치 완료 화면이 나타나는데, 화면 하단의 [다음] 버튼을 클릭하여 R Studio 프로그램의 설치를 종료한다.

**그림 1.24: R Studio 설치 완료 화면**

## 1.3.3 R Studio 프로그램의 실행

R Studio 프로그램의 설치가 완료되었으면, 윈도우즈의 시작 버튼을 클릭한다. 그러면 <그림 1.25>와 같이 윈도우즈 시작 메뉴의 제일 상단부에 `RStudio`가 표시된다.

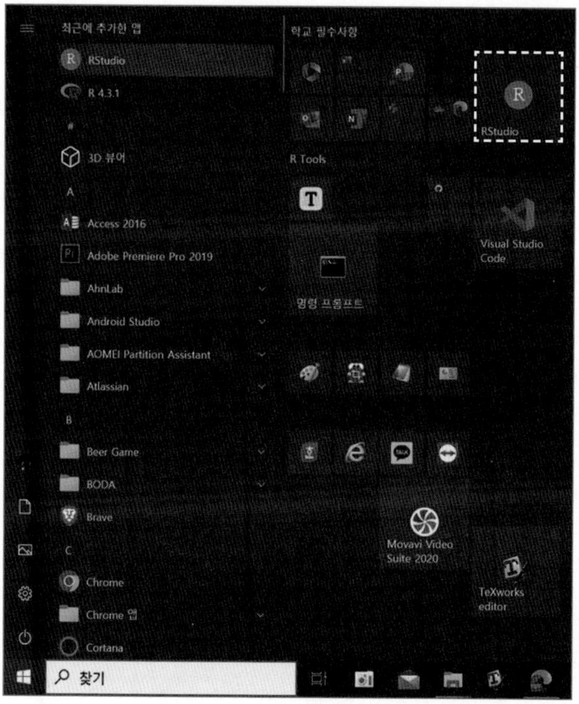


**그림 1.25: 윈도우즈 시작 메뉴 화면 : RStudio**

이 시작 메뉴의 `RStudio`를 클릭하면 R Studio 화면이 <그림 1.26>과 같이 나타난다.

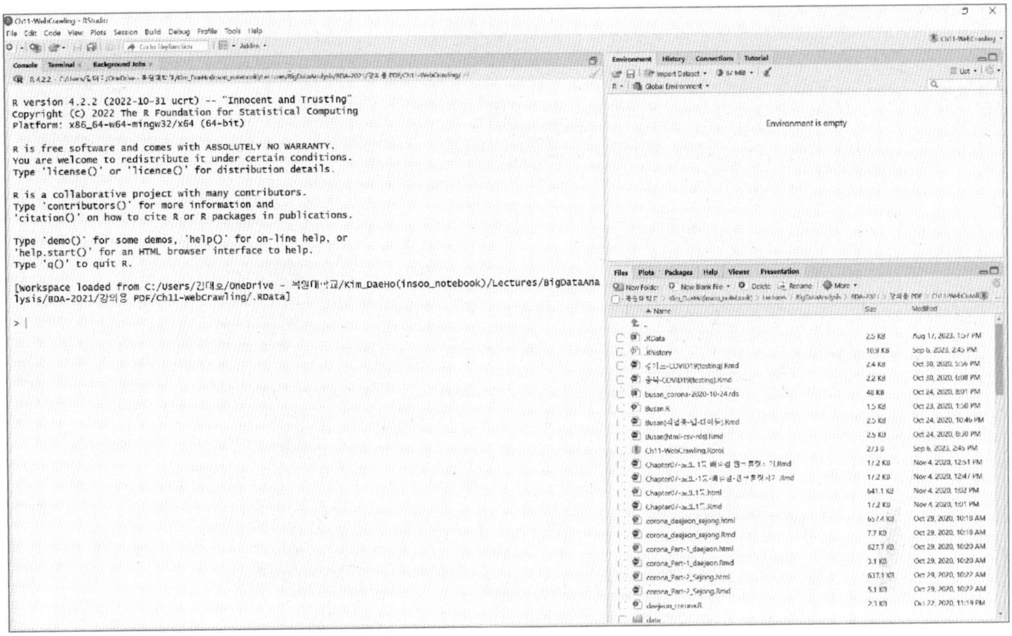

■■ 그림 1.26: R Studio 프로그램의 실행 화면

이제 R Studio 를 사용할 준비가 된 것이다.

# 02

# R Studio의 간단한 사용법

# 2. 실습환경 만들기

R 프로그래밍도 관례적으로 "Hello, World!" 를 출력하는 스크립트를 작성하면서 시작한다. 필요에 따라 R 명령 프롬프트(콘솔 Console)에서 프로그래밍하거나 R 스크립트 파일로 프로그램을 작성할 수 있다.

## 2.1 명령어 프롬프트

R 환경 설정이 완료된 다음 R Studio를 실행하면 R Studio의 왼쪽 하단부에 콘솔 탭이 있고 이 창에 다음의 <그림 2.1>과 같은 명령 프롬프트가 나타난다.

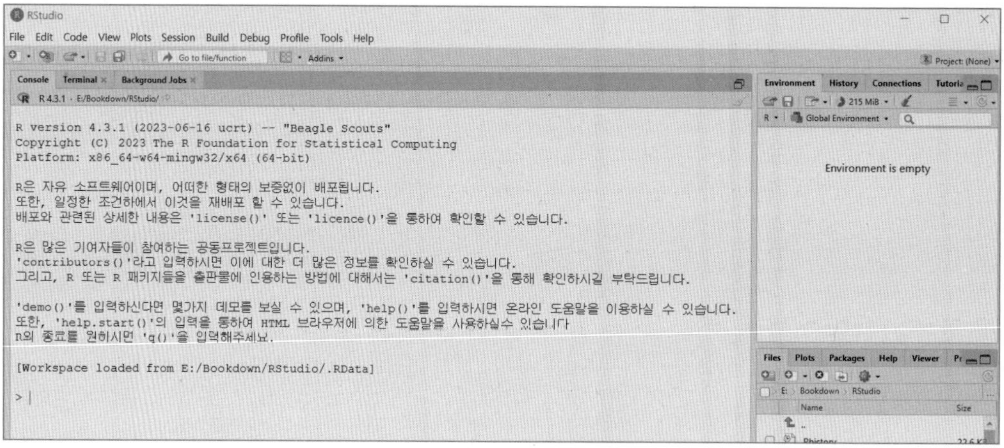


그림 2.1: R Studio 시작화면

이 콘솔 창은 R프로그램이 작동되고 있음을 나타내는 창으로, 상호 대화 방식의 R 인터프리터가 작동되고 있음을 나타내는 **프롬프트**가 표시된다. 여기에 다음과 같이 프로그램 코드(스크립트)를 입력해 보기로 한다.

```
myString <- "Hello, World!"
myString
```

여기서 첫 번째 줄은 '문자열 변수'인 `myString`을 정의하고 있으며, 이 변수에 할당 연산자 `<-`를 이용하여 문자열 `"Hello, World!"` 값을 할당하고 있다. 이 때, <그림 2.2>와 같이 R Studio의 환경 창(Environment)에 이 변수에 대한 정보가 표시됨을 확인할 수 있다.

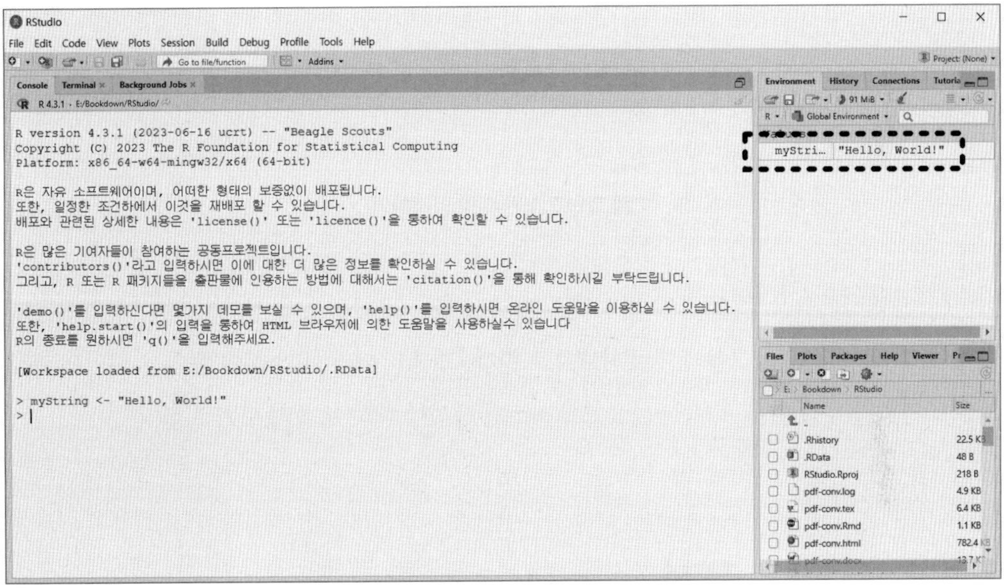

**그림 2.2: 명령 프롬프트에 스크립트 입력하기**

다음의 두 번째 명령문은 단순히 변수명 `myString`을 입력하고 있다. 이는 변수 `myString`에 저장되어 있는 값을 출력(확인)하라는 명령이다. 이처럼 변수명을 입력하면 그 값이 출력되는 것이다(<그림 2.3> 화면 참고).

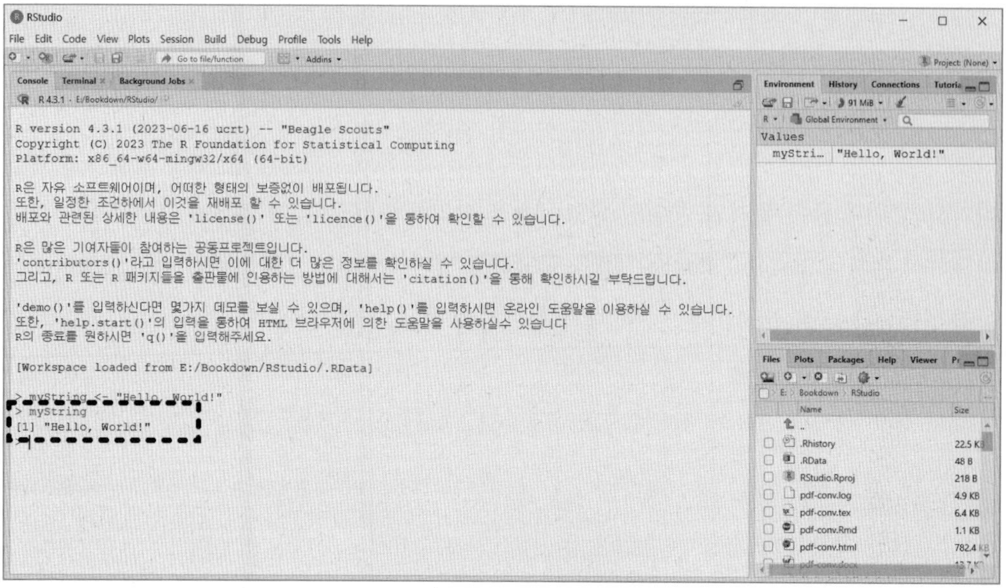

■■ 그림 2.3: 변수명 입력하기

그런데, R 명령어들을 콘솔 창에 입력하기 보다는 하나의 파일로 작성하여 관리하게 되는데, 이에 대하여는 다음의 2.3절에서 살펴보기로 한다. 그리고 여러 개의 파일 묶음을 하나의 프로젝트로 관리할 수 있는데, 다음에서 R 프로젝트의 생성에 대하여 살펴 보기로 한다.

# 2.2 R 프로젝트 생성

R 프로젝트는 기본적인 작업 디렉토리(폴더)를 지정하고, 여기에서 관련 파일들을 관리할 수 있게 해 준다. R 프로젝트를 생성하기 위해서는 R Studio의 `[File]` 메뉴에서 `[New Project]`를 선택한다. 그러면 다음 <그림 2.4>와 같이 "`New Project Wizard`" 화면이 나타난다.

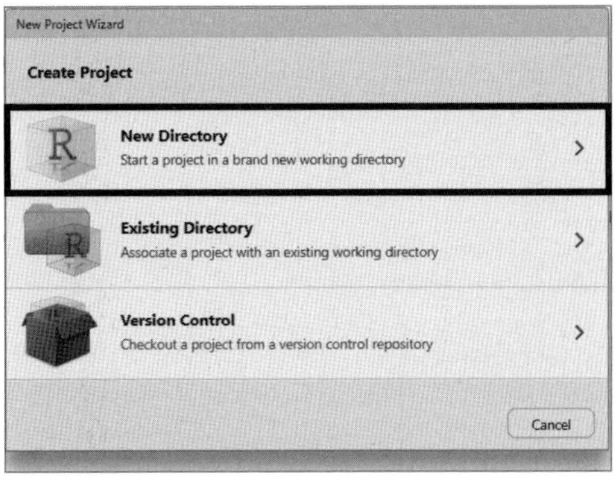


**그림 2.4: New Project Wizard 창**

여기에서 [New Directory]를 선택한다. 그러면 <그림 2.5>와 같이 "Project Type" 화면이 나타난다.

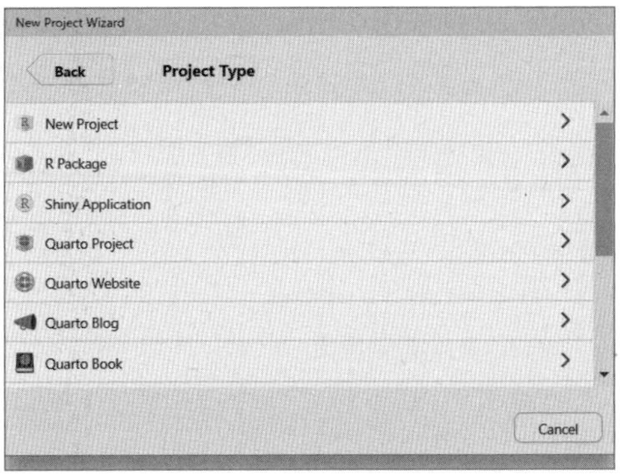


**그림 2.5: Project Type 창**

<그림 2.5> 화면에서 [New Project]를 선택한다. 그런 다음, 프로젝트 이름으로 'Directory Name'에 자신이 원하는 프로젝트 명을 입력해 주면 되는데, 여기에서는 "2023"으로 기입해 주고, 'Create project as subdirectory of' 하단에 있는 [Browse] 버튼을 이용하여 지정해 준다. 여기에서는 'E:'로 지정하였다(<그림 2.6> 참고).

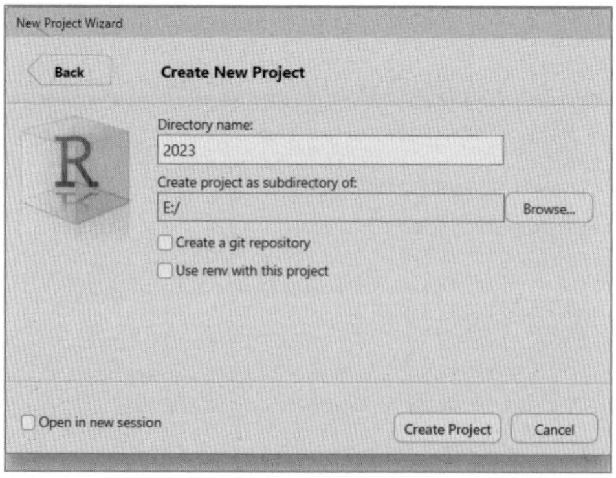


■ 그림 2.6: Create New Project 창

<그림 2.6> 화면의 아래에 있는 [Create Project] 버튼을 눌러준다. 그러면 <그림 2.7>과 같이 새로운 프로젝트가 생성된다.

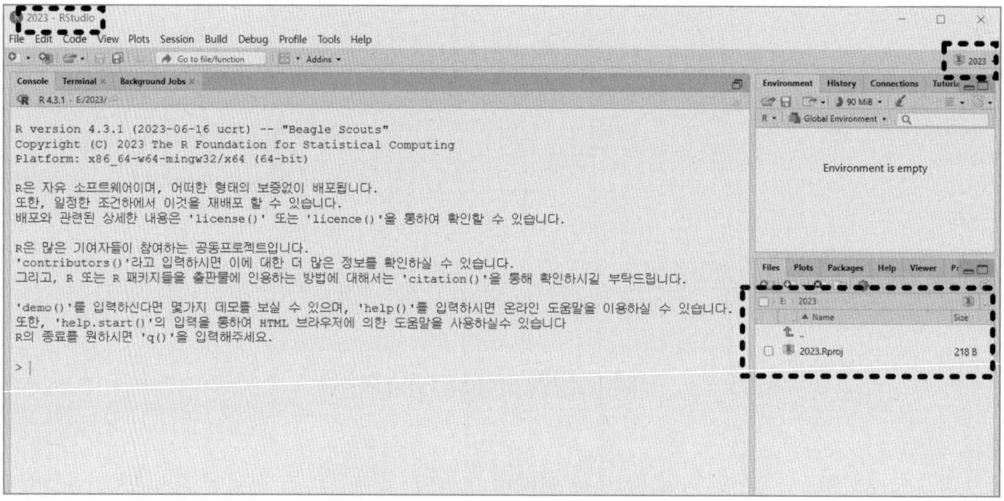


■ 그림 2.7: 2023 Project 생성 화면

<그림 2.7>에서 보는 바와 같이, R Studio 창의 제목줄에 "2023"이 표시되고, 또 화면 오른 쪽 상단부에도 "2023"이 표시됨을 알 수 있다. 그리고, 화면의 오른 쪽 하단부에 있는 "Files" 탭 화면에

"E: > 2023"이 표시되고, 아래의 파일 목록에 2023.Rproj 파일이 생성되어 있음을 알 수 있다. 이제 앞으로 R Studio를 이용하여 작성되는 모든 파일들은 E:\2023 디렉토리 밑에서 관리되는 것이다.

## 2.3 R 스크립트 문서 작성

이제 앞에서 "Hello, World"를 출력하는 명령을 스크립트 파일로 작성하고, R 인터프리터(interpreter)를 이용하여 해당 스크립트를 실행시켜 보기로 한다.
먼저 [File] 메뉴에서 [New File] - [R Script]를 선택하면 스크립트를 편집할 수 있는 화면이 <그림 2.8>과 같이 나타난다.

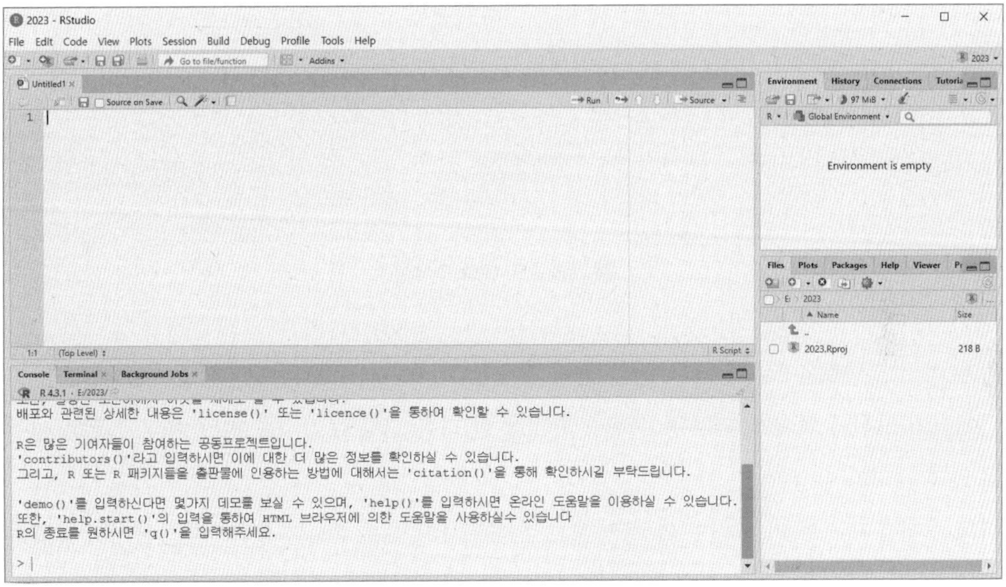

**그림 2.8: R Script 편집 화면**

이 편집 화면에 다음 코드를 입력하고 [File]-[Save] 명령을 이용하여 'test.R'로 저장한다(<그림 2.9> 참고). 이때 파일 이름으로 test 만 입력하면, 확장자 R 은 자동 생성된다.

```
# R 프로그램의 첫 번째 프로그램
myString <- "Hello, World!"
myString
```

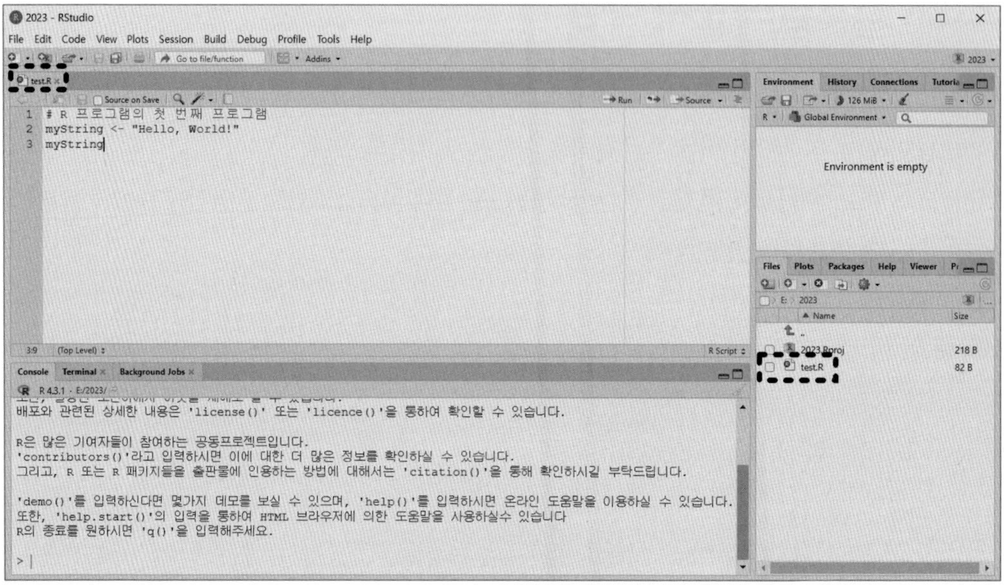

■■ 그림 2.9: test.R 작성

이제 이 스크립트를 Run(실행) 버튼을 눌러 실행한다. 그런데 스크립트를 실행시킬 때 편집 화면에서의 커서의 위치가 매우 중요하다. 편집을 한 다음 그대로 커서를 제일 아래에 두고 실행을 하면 에러가 발생한다.

이제 커서를 편집 화면의 제일 위 첫 부분으로 이동시킨 다음, Run(실행) 버튼을 눌러서 실행하면, 콘솔 창에 한 줄씩 스크립트가 표시되고, 그 결과가 <그림 2.10>과 같이 출력되는 것을 확인할 수 있다. 또한, 화면 오른쪽 환경 탭에 myString 변수가 표시됨을 알 수 있다.

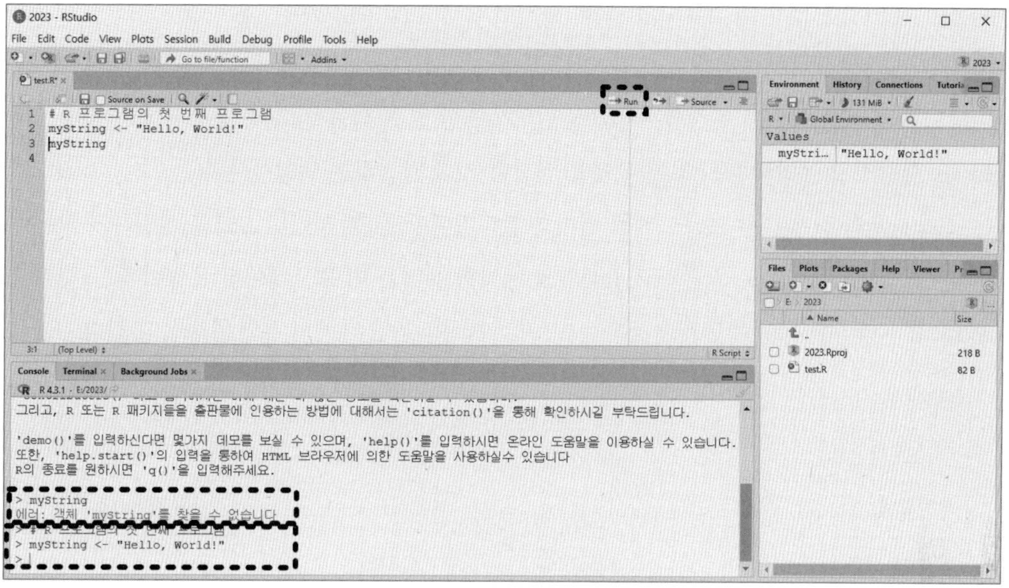

■■ 그림 2.10: test.R 실행하기

## 2.3.1 설명문

이 스크립트 중에 # 로 시작하는 부분이 있는데 이는 '설명문'이다. 설명문(주석, comments)은 R 프로그램의 도움말 기능을 수행하는데, 실제 프로그램을 실행하는 동안에 R 인터프리터는 이를 무시한다.

R 스크립트에서 설명문은 줄 단위로 입력할 수 있으며, # 기호를 이용하여 추가할 수 있다(2.4 절에서 살펴볼 R 마크다운 문서의 # 기호와는 구분해야 한다.).

앞의 `test.R` 스크립트의 첫 줄에 있는 "`# R 프로그래밍의 첫번째 프로그램`"은 `test.R` 스크립트를 설명하는 설명문(주석)으로 R 인터프리터는 아무런 실행을 하지 않는다.

## 2.3.2 데이터 유형

일반적으로 프로그래밍 언어로 프로그래밍하는 동안 다양한 정보를 저장하기 위해 다양한 변수를 사용해야 한다. 그런데 변수는 컴퓨터에 값을 저장하기 위해 예약된 메모리 위치를 나타낼 뿐이다. 이것은 변수를 만들 때 메모리에 약간의 공간을 예약한다는 의미이다.

문자, 와이드 문자, 정수, 부동 소수점, 이중 부동 소수점, 논리값 등과 같은 다양한 데이터 유형의 정보를 이러한 변수에 저장할 수 있다. 윈도우즈 운영 체제는 변수의 데이터 유형에 따라 메모리를 할당하고 예약된 메모리에 무엇을 저장할 지를 결정하는 역할을 한다.

R은 C나 java와 같은 다른 프로그래밍 언어와 달리 변수에 대한 데이터 유형을 선언하지 않는다. 변수는 R 객체(objects)로 할당되고, R객체의 데이터 유형은 변수의 데이터 유형이 되는 것이다. 그리고 R은 다양한 유형의 R-객체가 있는데, 자주 사용되는 R-객체의 유형은 다음과 같다.

- 벡터(Vectors)
- 리스트(Lists)
- 행렬(Matrices)
- 배열(Arrays)
- 요인(Factors)
- 데이터 프레임(Data Frames)

이러한 객체 중 가장 간단한 것은 벡터 객체이며, 벡터 객체의 가장 기본이 되는 원자 벡터(atomic vector)에는 6 개의 데이터 유형이 있으며, 이를 6 개의 벡터 클래스라고도 한다. 그 밖의 다른 R-객체들도 이 원자 벡터를 기반으로 한다.

다음의 <표 2.1>은 대표적인 데이터 유형에 대한 예와 사용법을 간단히 보여준다.

**표 2.1: 데이터 유형의 예와 실습**

| 데이터 유형 | 예 | 사용법 |
|---|---|---|
| **논리형** | TRUE, FALSE | v <- TRUE<br>class(v) |
| **숫자형** | 12.1, 52, 999 | v <- 33.3<br>class(v) |
| **정수형** | 2L, 34L, 0L | v1 <- 21L<br>class(v1) |

| 데이터 유형 | 예 | 사용법 |
|---|---|---|
| 복소수 | `30 + 2i` | `v2 <- 22+2i`<br>`class(v2)` |
| 문자형 | `'a' , "good", "TRUE", '23.4'` | `v3 <- "TRUE"`<br>`class(v3)` |
| 원시형 (raw) | "Hello" 라는 문자열은<br>48 65 6c 6c 6f의 형태로 저장. | `v <- charToRaw("Hello")`<br>`class(v)` |

R 프로그래밍에서 매우 기본적인 데이터 유형은 <표 2.1>에 표시된 것과 같이 다양한 클래스 요소로 표현되는 벡터라는 객체이다. R에서 클래스는 위의 6 가지 유형 외에도 다양한 유형이 있다.

### 2.3.3 예약어

R 프로그래밍에서도 예약어(reserved words)는 특별한 의미를 가지며, 식별자(identifier)(변수 이름, 함수 이름 등)로 사용할 수 없는 단어의 집합이다.
다음은 R에 정의되어 있는 예약어의 예를 보여준다.

```
if else repeat while function
for in next break TRUE
FALSE  NULL  Inf  NaN  NA
NA_integer_ NA_real_ NA_complex_ NA_character_ …
```

그 밖의 예약어들은 콘솔창의 명령 프롬프트에 `help (reserved)` 또는? reserved를 입력하여 확인할 수 있다. 다음의 <그림 2.11> 화면 오른쪽 하단부에 있는 "Help" 탭에 이러한 예약어를 확인할 수 있는 도움말이 표시된다.

```
? reserved
```

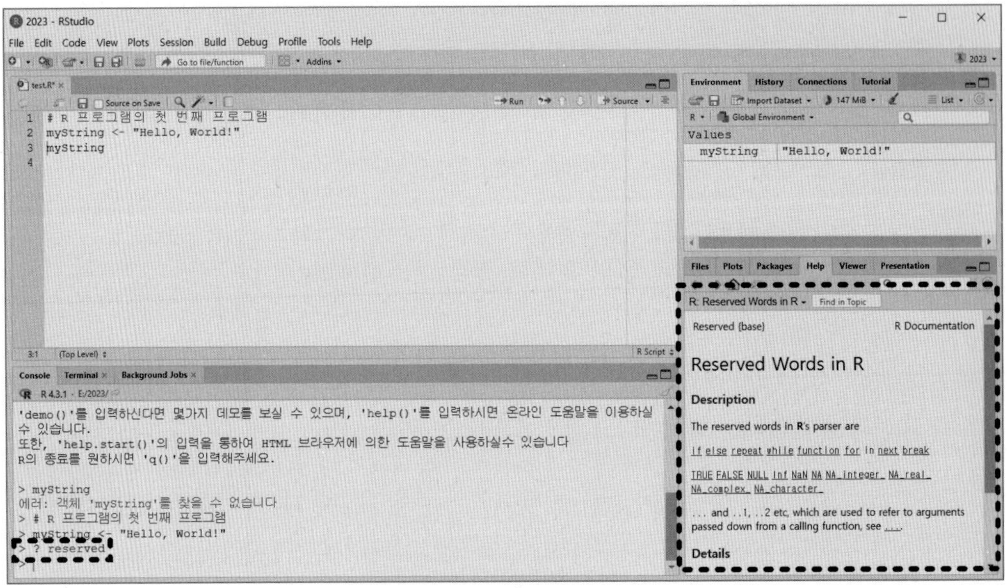

**그림 2.11: 예약어 보기**

이 중에서 if, else, repeat, while, function, for, in, next 및 break 등은 조건문, 반복문 그리고 사용자 정의 함수 등에서 사용된다. 이 예약어들은 R 프로그래밍의 기본 구성 요소를 형성하고 있다.

이 중 주요 예약어를 간단히 소개하면 다음과 같다.

- TRUE와 FALSE는 R의 논리 상수이다.
- NULL은 값이 없거나, 정의되지 않은 값을 나타낸다.
- Inf는 "무한대"를 의미한다(예를 들어, 1/0, 수학적으로 불능).
- 반면에 NaN은 "숫자가 아님"을 의미한다 (예 : 0/0 수학적으로 부정).
- NA는 "Not Available(사용할 수 없음)"을 나타내며, 결측값(missing value)을 의미한다.

R은 대소문자를 구분하는 언어이다. 즉, TRUE와 True가 동일하지 않다. TRUE는 R에서 논리 상수를 나타내는 예약어이지만, True는 변수 이름으로 사용할 수 있다.

예약어는 변수로 사용할 수 없으며, 변수로 사용하면 에러가 발생하게 된다. 예를 들어, TRUE에 1을 할당해 본다.

```
## 예약어의 사용 예 1
# 예약어는 변수로 사용할 수 없다. (에러 발생)
TRUE <- 1
## Error in TRUE <- 1: invalid (do_set) left-hand side to assignment
```

그런데 True는 예약어가 아니기 때문에 변수로 사용할 수 있다.

```
## 예약어의 사용 예 2
# True는 예약어가 아니기 때문에 식별자(변수명)로 사용될 수 있다.
True <- 1

# True는 변수로서 앞에서 할당한 값 1을 갖는다.
True
## [1] 1
```

예약어 TRUE의 경우는 논리 상수로서 그 값(TRUE 값)을 가지고 있다. 다음의 예를 보듯이 TRUE를 입력하면 그 값으로 TRUE 가 출력된다.

```
## 예약어의 사용 예 3
# TRUE는 논리 상수로서 그 값을 가지고 있다.
TRUE
## [1] TRUE
```

# 2.4 R 마크다운 문서 작성

R Studio를 이용하여 R 스크립트 문서(확장자가 `.R`인 문서)를 작성할 수도 있지만, R 마크다운 문서(확장자가 `.Rmd`인 문서)를 작성할 수도 있다. 그리고 이러한 R 마크다운 문서는 html, word, pdf 또는 프레젠테이션 형식의 다양한 보고서를 작성하는데 편리한 기능을 제공한다. 그런데, 이 문서를 작성하기 위해서는 콘솔 창에서 `install.packages("markdown")` 명령을 실행하여 관련 `markdown` 패키지를 다운로드 받아 설치해야 한다.

## 2.4.1 새 문서 작성하기

R 마크다운 문서를 작성하기 위해서는 먼저 `[File]` 메뉴에 있는 `[New File] - [R 마크다운...]`을 선택한다. 그러면, 다음과 같이 <그림 2.12> 창이 나타난다.

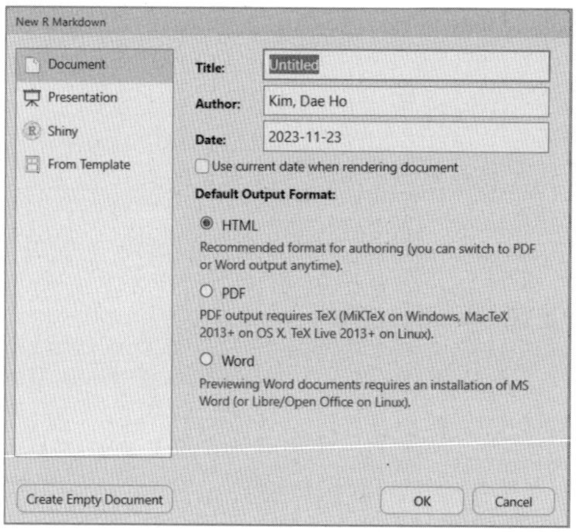


**그림 2.12: R 마크다운 문서 새로 만들기**

`"Title"` 입력란에 문서 제목으로 `"Test"`를 입력하고, 아래의 [OK] 버튼을 클릭한다. 그러면, <그림 2.13>와 같이 편집 화면이 나타난다. 이때 입력한 `Test` 는 편집 화면의 둘째 줄에 `"Test"`로 표시됨을 알 수 있다.

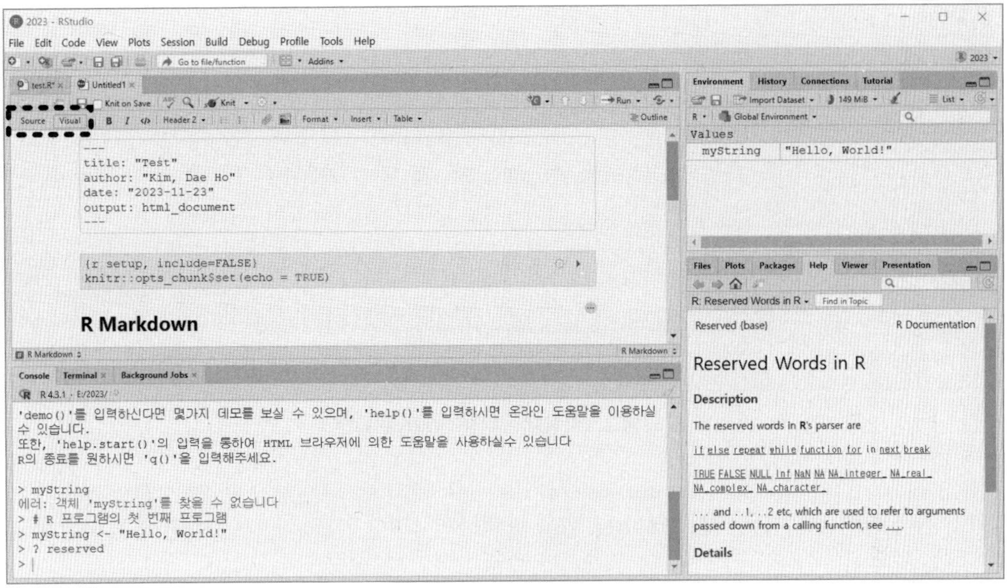

**그림 2.13: R 마크다운 편집 초기화면**

이제 편집 화면의 R Markdown 이하 부분을 블록으로 설정하여 모두 지워주고, 편집 화면에 다음의 내용을 입력한다.

````
# R 프로그램의 첫 번째 프로그램
```{r}
myString <- "Hello, World!"
myString
```
````

여기서 다음의 부분을 R 코드 청크라고 한다.

````
```{r}
myString <- "Hello, World!"
myString
```
````

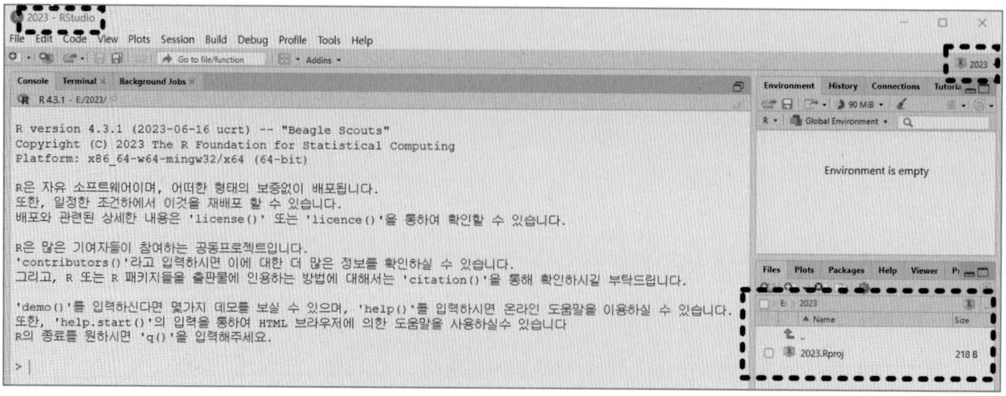

■■ 그림 2.14: R 마크다운 Source 화면 1

한편, 편집 화면 왼쪽 상단의 [Visual] 탭을 선택하면 <그림 2.15>와 같이 화면에 표시됨을 알 수 있다.

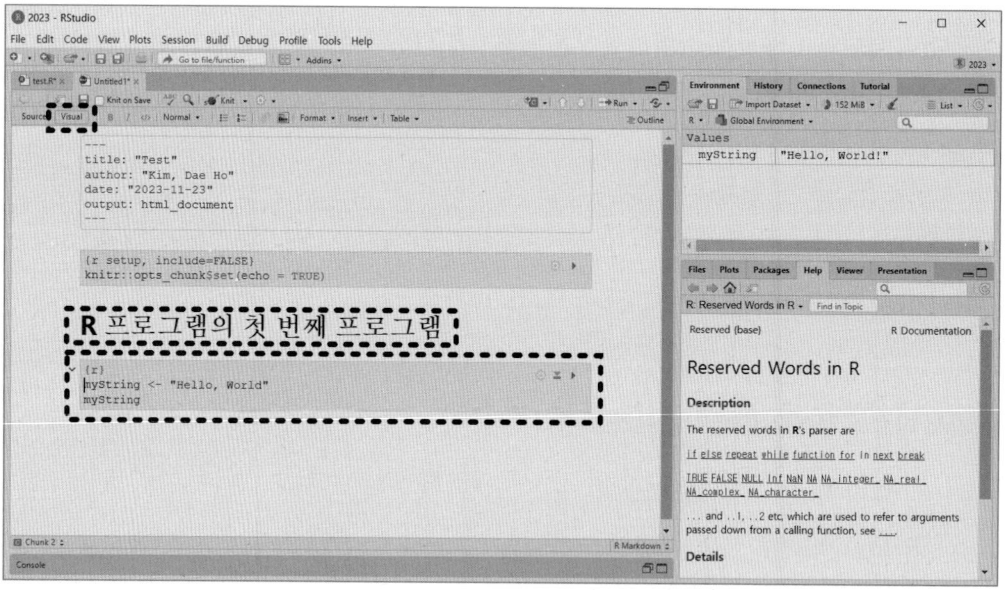

■■ 그림 2.15: R 마크다운 Source 화면 2

여기서, `# R 프로그램의 첫 번째 프로그램` 부분은 html 문서의 Header 1 형식이고, 이하 부분은 R 코드 청크 부분에 실행해야 할 R 스크립트를 입력한다.

그런데, `[Visual]` 모드에서 R 코드 청크는 "`Insert a new 코드 청크`" 버튼을 이용하여 삽입할 수도 있다(그림 2.16 참고).

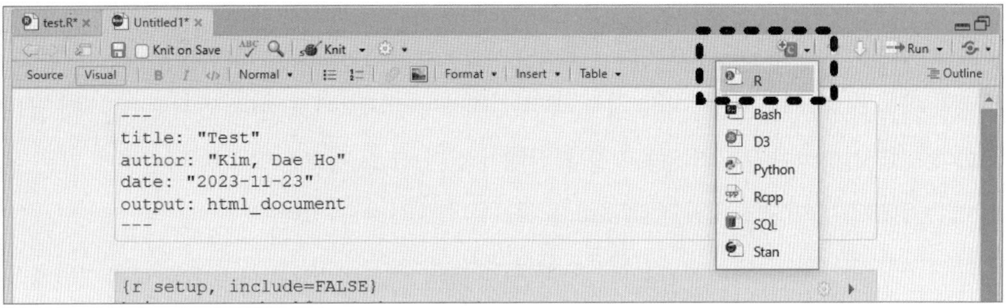

**그림 2.16: 마크다운 문서에 코드 청크 삽입하기**

## 2.4.2 파일로 저장하기

이제 `[File]` 메뉴의 [Save]를 선택한 다음, 파일 이름으로 test를 입력해 준다. 그러면 <그림 2.17>과 같이 확장자 'Rmd'가 자동으로 생성되어 저장된다.

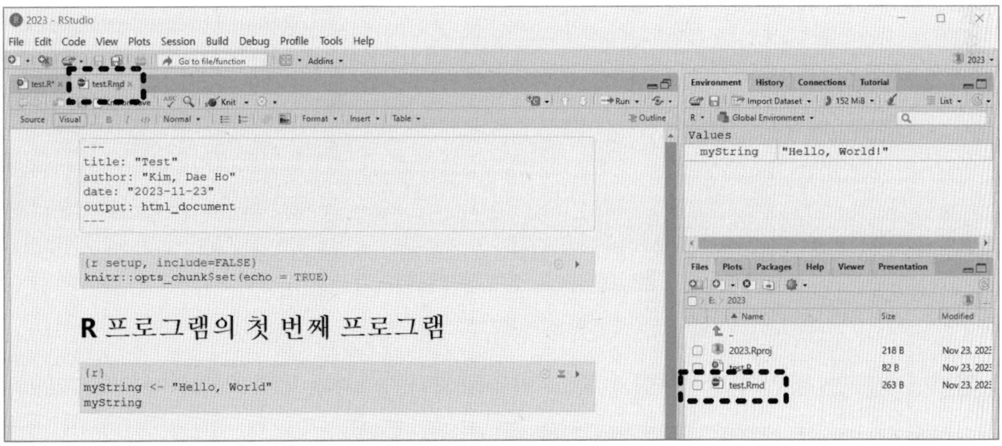

**그림 2.17: test.Rmd 문서 저장**

## 2.4.3 knit 하여 보고서 작성하기

R 마크다운 문서는 일반적인 문서에 R 스크립트가 코드 청크로 삽입되어 있는 형태이다. 이러한 R 마크다운 문서는 knit 하여 최종적으로 html 문서나, word 문서 또는 pdf 문서 등의 보고서를 생성할 수 있게 해준다.

그런데 <그림 2.12>에서 마크다운 문서를 생성할 때, 출력 형식(output format)을 HTML로 선택하였다. 따라서 현재 편집하고 있는 `test.Rmd` 문서를 knit하면 HTML 문서가 생성되는 것이다.

그러면 이제 `test.Rmd` 문서를 knit 하는 과정에 대하여 살펴보기로 한다. 먼저 문서 내에 있는 코드 청크를 실행하여 문제가 없는지를 확인해야 한다. 코드 청크는 오른쪽 상단부에 있는 실행 버튼이 있으며, 이를 클릭하면 해당 코드 청크를 실행시킬 수 있다.

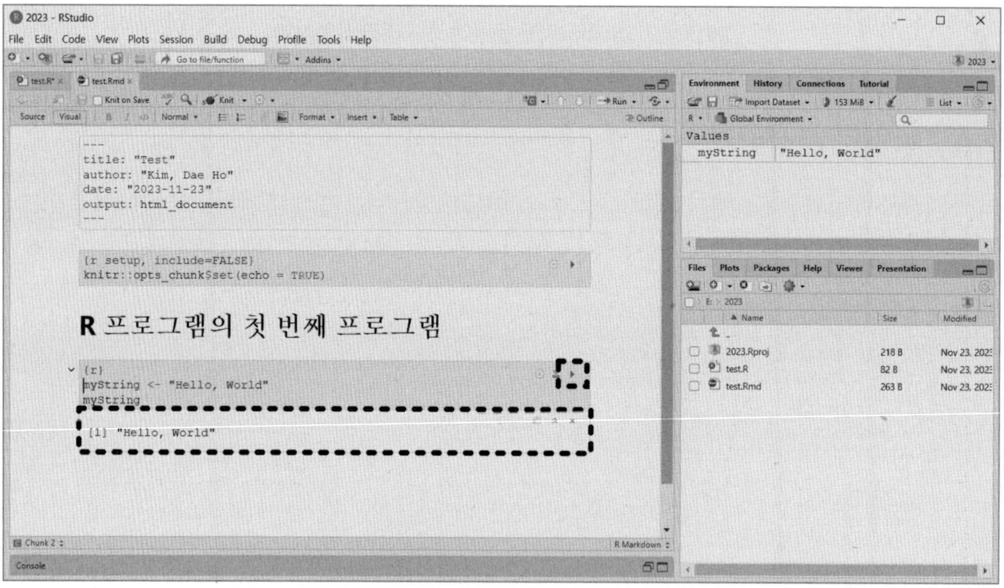


**그림 2.18: 코드 청크 실행하기**

만일 코드 청크에 에러가 발생하였으나, 그 이유를 모를 경우에는 `{r}` 안에 `error = TRUE`를 삽입하여 `{r error = TRUE}`로 수정해 준다.

이제 이 `test.Rmd` 파일을 편집 화면의 상단 중앙에 있는 knit 버튼을 클릭하여 knit를 한다. 이제 knit가 성공하면, html 미리 보기 화면이 다음의 <그림 2.19>와 같이 팝업이 되고, `[Files]` 목록에 `test.html` 문서가 생성된다.

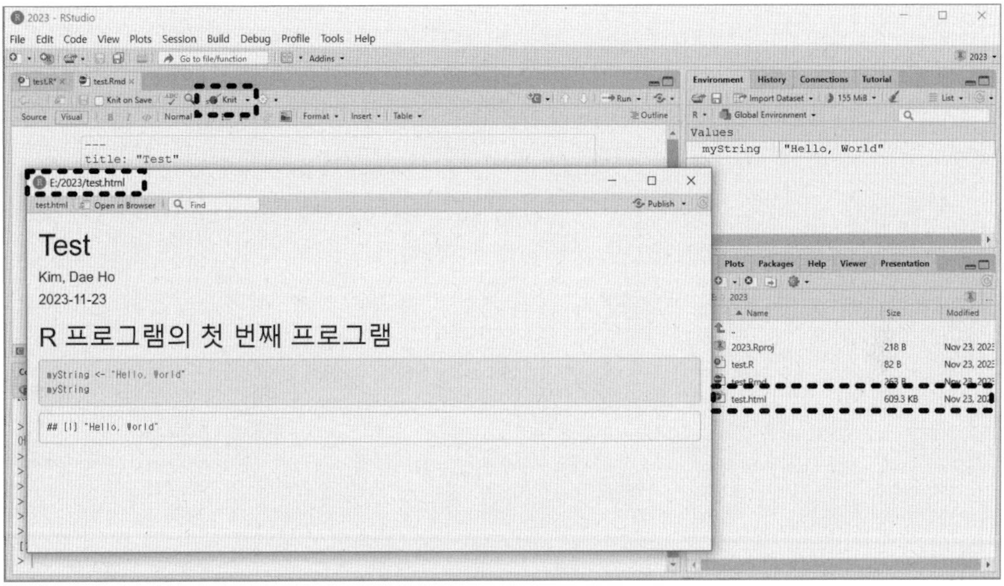


**그림 2.19: html 미리 보기 화면**

03

# 변수

# 3. 변수

## 3.1 식별자

변수(variable)는 필요에 따라 값을 변경할 수 있는 데이터를 저장하는 데 사용된다. 변수(그리고 함수와 객체)에게 주어진 고유 이름을 식별자(identifiers)라고 하며, 변수들은 이러한 식별자로 구분하여 사용한다.

### 3.1.1 R에서 식별자 작성 규칙

- 식별자는 문자, 숫자, 마침표 (.) 그리고 밑줄 (_)의 조합으로 만들어 진다.
- 식별자는 반드시 문자 또는 마침표로 시작해야 한다. 만일 마침표로 시작하면 뒤에 숫자가 올 수 없다.
- R의 예약어는 식별자로 사용할 수 없다.

### 3.1.2 R의 유효한 식별자 예

```
total, Sum, .fine.with.dot, this_is_acceptable, Number5,
var_name2.,  .var_name, var.name
```

변수명으로 한글을 사용할 수도 있지만 가능하면 영문으로 사용할 것을 권한다.

### 3.1.3 R의 잘못된 식별자

- tot@l : @기호는 식별자 내에 사용할 수 없다. @는 특별한 기능을 가지고 있다.
- 5um : 식별자는 숫자로 시작할 수 없다.
- _fine : 식별자는 밑줄(_)로 시작할 수 없다.

- TRUE : TRUE 는 예약어이므로 식별자로 사용할 수 없다.
- .0ne : 식별자가 점(.)으로 시작하면 숫자(0)가 올 수 없다.
- first-class : '-'는 산술 연산자이다. 연산자는 식별자에 사용할 수 없다. 이는 "first - class"와 같은 산술식을 나타내는 것이다.

### 3.1.4 식별자의 모범 사례

R의 이전 버전에서는 할당 연산자로 밑줄 (_)을 사용한 적이 있으며, 마침표 (.)는 여러 단어를 가진 변수 이름에 광범위하게 사용되었다.

현재 버전의 R은 밑줄(_)을 유효한 식별자로 지원하고 있으며, 마침표(.)는 긴 식별자의 단어를 구분해 주는 기호로 사용할 수 있다. R 마크다운에서 _을 사용하면 작동하지 않는 경우도 있다. 식별자를 지정하는 예를 들어 본다. a.var.name 이라는 식별자는 a_var_name보다 낫다는 것이다. 또는 aVarName과 같이 중간 중간에 대문자를 사용하는 낙타 대문자(camel case)를 사용하는 것도 좋은 방법이다.

## 3.2 변수 할당과 출력

할당 연산자인 <-, -> 또는 = 등을 이용하여, 변수에 값을 할당할 수 있다.

또한 단순히 변수명을 입력하거나, `print()` 함수와 `cat()` 함수를 이용하여 변수에 저장된 값을 출력/확인할 수도 있다. 이때 `cat()` 함수를 사용하면 여러 항목을 결합하여 출력할 수 있다.

### 3.2.1 변수 할당

먼저 변수에 값을 할당하는 방법을 살펴 보겠다.

먼저 할당 연산자로 '<-'를 이용하여 `c("Understanding", "R")` 이라는 문자열 데이터를 변수 `var.2`에 할당하는 방법은 다음과 같다.

```
## 변수에 값을 할당하는 방법이다.
# 왼쪽 방향의 연산자를 이용한 할당으로 가장 널리 사용되는 방법이다.
var.1 <- c("Understanding", "R")
```

- 위의 내용을 실행하면, 화면의 오른쪽 상단부의 환경 탭에 var.1이 나타난다.

그리고 다른 언어와 마찬가지로 '='를 할당 연산자로 사용할 수 있다. c(0, 1, 2, 3)이라는 숫자 데이터를 변수 var.2에 할당하면 다음과 같다.

```
## 변수에 값을 할당하는 방법이다.
# 등호 연산자를 이용한 할당이다.
var.2 = c(0, 1, 2, 3)
```

- 역시, 화면의 오른쪽 상단부의 환경 탭에 var.2가 나타난다.

변수의 할당에 대하여 제4장에서 더 자세히 살펴보기로 한다.

## 3.2.2 변수 출력

변수에 저장된 데이터는 기본적으로 변수 이름으로 확인할 수 있다. 다음은 var.1 변수에 저장되어 있는 데이터를 출력해 준다.

```
## 변수의 값을 확인하는 방법이다.
# 변수명 만으로 변수에 저장된 값을 확인할 수 있다.
var.1
## [1] "Understanding" "R"
```

- 이때, 화면 오른쪽 상단부에 있는 환경 탭의 목록에 var.1이 수록되어 있는지 확인하기 바란다. 만일, 환경 탭에 var.1이 수록이 되어 있지 않다면 "에러: 객체 'var.1'을 찾을 수 없습니다"라는 에러 메시지가 출력된다.

print() 함수를 이용해도 변수에 저장된 데이터를 확인할 수 있다. 콘솔 창의 프롬프트에 ?print()를 입력하면 print() 함수의 도움말을 확인할 수 있다. print() 함수의 인수로 변수명 var.1을 다음과 같이 입력해 주면 된다.

```
## 변수의 값을 확인하는 방법이다.
# print() 함수를 이용하여 var.1에 저장된 값을 출력한다.
print(var.1)
## [1] "Understanding" "R"
print(var.2)
## [1] 0 1 2 3
```

한편, cat() 함수를 이용하면 다양한 형태로 변수들을 결합하여 출력할 수 있다. 콘솔창의 프롬프트에 ?cat()를 입력하면 cat() 함수의도움말을 확인할 수 있다.

```
## 변수의 값을 확인하는 방법이다.
# cat() 함수의 이용 : 컴마로 구분된 3개의 요소를 연속적으로 결합하여 출력하고 있다.
cat("var.1 is ", var.1 ,"\n")
## var.1 is  Understanding R
cat("var.2 is ", var.2 ,"\n")
## var.2 is  0 1 2 3
```

- 첫 줄에 있는 \n(줄 바꿈)을 제거하고 출력해 보기 바란다.
- cat() 함수는 이렇게 \n이용하여 줄 바꿈을 해 줄 수 있다.

# 3.3 상수

이름에서 알 수 있듯이 상수(constants)는 값을 변경할 수 없는 객체이다. 상수의 기본 유형으로 '숫자형 상수'와 '문자형 상수'를 들 수 있다.

## 3.3.1 숫자형 상수

모든 숫자가 이 범주에 속한다. 숫자형은 정수(integer), 실수(double) 또는 복합(complex, 수학의 복소수) 유형일 수 있는데, `typeof()` 함수로 그 유형을 확인할 수 있다.
상수 값 맨 뒤에 L이 있는 숫자 상수는 정수로 간주되고, i가 있는 숫자 상수는 복소수로 간주된다. R에서 숫자형 데이터들은 기본적으로 실수형으로 인식한다.

```
## 상수의 유형을 확인한다.
# 실수형의 데이터.예
typeof(5)
## [1] "double"
```

- 5라는 숫자는 보기에는 자연수이지만, R에서는 실수(`double`)로 처리한다.

만일 특별히 숫자형 데이터를 정수형으로 이용하고자 한다면, 숫자 뒤에 L자를 입력해서 구분해 주면 된다.

```
## 상수의 유형을 확인한다.
# 정수형 데이터 예
typeof(5L)
## [1] "integer"
```

그리고, 숫자에 i를 붙이면 복소수가 된다.

```
## 상수의 유형을 확인한다.
# 복소수형 데이터 예
typeof(5i)
## [1] "complex"
```

한편 0x 또는 0X가 앞에 오는 데이터(0 ~ 9, A ~ F)는 16 진수로 해석된다.

```
## 상수의 유형을 확인한다.
# 16진수형 데이터 예
0xff
## [1] 255
0xF + 1
## [1] 16
```

## 3.3.2 문자형 상수

문자형 상수는 작은 따옴표(') 또는 큰 따옴표(")를 구분 기호로 사용하여 나타낼 수 있다.

```
## 상수의 유형을 확인한다.
# 문자형 상수의 예
'example'
## [1] "example"
```

그리고, 숫자형 데이터라고 하더라도, "" 안에 있으면 숫자가 아닌 문자형 상수가 된다. 다음과 같이 "5"는 5와 완전히 다른 데이터임을 알 수 있다.

```
## 상수의 유형을 확인한다.
# 숫자형 데이터와 문자형 데이터 비교 예
typeof("5")
## [1] "character"
typeof(5)
## [1] "double"
```

## 3.3.3 내장 상수

R에는 미리 정의되어 있는 내장 상수(built-in constants)들이 있다. 다음은 대표적인 내장 상수의 예이며, 해당 값들은 다음과 같다.

```
## 내장된 상수의 예를 확인한다.
# 영문 대문자 상수이다.
LETTERS
##  [1] "A" "B" "C" "D" "E" "F" "G" "H" "I" "J" "K" "L" "M" "N" "O" "P" "Q" "R" "S"
## [20] "T" "U" "V" "W" "X" "Y" "Z"

# 영문 소문자 상수이다.
letters
##  [1] "a" "b" "c" "d" "e" "f" "g" "h" "i" "j" "k" "l" "m" "n" "o" "p" "q" "r" "s"
## [20] "t" "u" "v" "w" "x" "y" "z"

# 영문 월 이름(full)이다.
month.name
##  [1] "January"   "February"  "March"     "April"     "May"       "June"
##  [7] "July"      "August"    "September" "October"   "November"  "December"

# 영문 축약 월 이름이다.
month.abb
##  [1] "Jan" "Feb" "Mar" "Apr" "May" "Jun" "Jul" "Aug" "Sep" "Oct" "Nov" "Dec"

# 상수 파이 = 3.141593 이다.
pi
## [1] 3.141593
```

특히, 영문자에 대하여 특정 문자 "C"를 선택하여 출력할 수 있다.

```
### 영문자의 특정 요소(3번째 요소 : c)만 확인한다.
LETTERS[3]
## [1] "C"
letters[3]
## [1] "c"
```

월 이름 중 '3월'을 선택하여 출력하면 다음과 같다.

```
### 특정 요소(3번째 요소 : March)만 확인한다.
month.name[3]
## [1] "March"
month.abb[3]
## [1] "Mar"
```

그런데, 이러한 내장된 문자 상수들은 예약어가 아니기 때문에 변수로도 사용할 수 있다. 따라서 이 내장 상수들에 의존하는 것은 그리 바람직하지 않다. 예를 들어, `pi` 상수의 경우 이는 예약어가 아니기 때문에 다음과 같이 식별자로도 사용할 수 있다.

```
# R의 내장 상수는 예약어가 아니며, 변수로 사용될 수도 있다.
pi
## [1] 3.141593
pi <- 56
pi
## [1] 56
```

- `pi`를 변수 식별자로 사용해도 전혀 문제가 발생하지 않음을 알 수 있다.

# 3.4 연산자

R에는 산술 연산, 논리 연산 그리고 비트 연산 등의 연산 작업을 수행하는 다양한 연산자(operator)들이 있다.
R의 연산자는 주로 다음 범주로 분류할 수 있다.

- 산술 연산자(arithmatic operators)
- 비교 연산자(relational operators)
- 논리 연산자(logical operators)
- 할당 연산자(assignment operators)

### 3.4.1 산술 연산자

이 연산자는 덧셈, 뺄셈, 곱셈 그리고 나눗셈과 같은 산술 연산을 수행하는 데 사용된다. 다음의 <표 3.1>은 R에서 사용할 수 있는 대표적인 산술 연산자들을 보여주고 있다.

**표 3.1: 산술 연산자**

| 연산자 | 설명 |
|---|---|
| x + y | 덧셈 |
| x - y | 뺄셈 |
| x * y | 곱셈 |
| x / y | 나눗셈 |
| x ^ y | 제곱 (또는 **) |
| x %% y | 나눗셈의 나머지 |
| x %/% y | 나눗셈의 몫 |

간단한 산술 연산자의 사용에 대한 예를 들어 보겠다.

먼저 연산에 사용할 두 개의 변수 x와 y를 생성한다.

```
## 산술 연산자의 사용 예이다.
# 변수 2개를 할당한다.
x <- 5
y <- 16
```

데이터의 덧셈 연산 예이다. x와 y를 더한 결과를 반환한다.

```
## 산술 연산자의 사용 예이다.
# 데이터의 덧셈 연산 예.
x + y
## [1] 21
```

데이터의 뺄셈 연산 예이다. x에서 y를 뺀 결과를 반환한다.

```
## 산술 연산자의 사용 예이다.
# 데이터의 뺄셈 연산 예.
x - y
## [1] -11
```

데이터의 곱셈 연산 예이다. x와 y를 곱한 결과를 반환한다.

```
## 산술 연산자의 사용 예이다.
# 데이터의 곱셈 연산 예.
x * y
## [1] 80
```

데이터의 나눗셈 연산 예이다. y를 x 로 나눈 결과를 반환한다.

```
## 산술 연산자의 사용 예이다.
# 데이터의 나눗셈 연산 예.
y / x
## [1] 3.2
```

데이터의 몫 연산 예이다. y를 x 로 나누었을 때의 몫을 반환한다.

```
## 산술 연산자의 사용 예이다.
# 데이터의 몫 연산 예.
y %/% x
## [1] 3
```

데이터의 나머지 연산 예이다. y를 x 로 나누었을 때의 나머지를 반환한다.

```
## 산술 연산자의 사용 예이다.
# 데이터의 나머지 연산 예입니다.
y %% x
## [1] 1
```

데이터의 제곱 연산 예이다. y의 x 제곱을 반환한다.

```
## 산술 연산자의 사용 예이다.
## 데이터의 제곱 연산 예
y ^ x                    # 또는 y ** x
## [1] 1048576
```

### 3.4.2 비교 연산자

비교 연산자는 값을 비교하는 데 사용된다. 다음의 <표 3.2>는 이러한 비교 연산자의 목록을 보여주고 있다.

**표 3.2: 비교 연산자**

| 연산자 | 설명 |
|---|---|
| x < y | x가 y보다 작은가 |
| x > y | x가 y보다 큰가 |
| x <= y | x가 y보다 작거나 같은가 |
| x >= y | x가 y보다 크거나 같은가 |
| x == y | x가 y와 같은가 |
| x != y | x가 y와 다른가) |

비교 연산자는 이와 같이 두 변수 간의 값을 비교하는데에 사용되는 연산자이다. 그리고 관계 연산의 결과는 'TRUE' 또는 'FALSE'로 반환이 된다. 다음의 예를 살펴보기로 한다.
먼저 관계 연산에 사용될 두 개의 변수 x와 y를 생성한다.

```
# 데이터
x <- 105
y <- 161
```

관계 연산을 이용한 x와 y의 비교 연산의 예를 살펴보기로 한다.

먼저 변수 x와 y의 대소 비교 연산을 예로 들면 다음과 같다.

```
## 관계 연산자의 사용 예이다.
# 데이터의 대소 비교 예
x < y
## [1] TRUE

# 데이터의 대소 비교 예
x > y
## [1] FALSE

# 데이터의 대소 비교 예
x <= 5
## [1] FALSE

# 데이터의 대소 비교 예
y >= 20
## [1] TRUE
```

그리고 변수의 동등 비교는 같음(==)과 다름(!=)의 연산자를 이용한다.

```
## 관계 연산자의 사용 예이다.
# 데이터의 같음 비교 얘
y == 16
## [1] FALSE

# 데이터의 다름 비교 예
x != 5
## [1] TRUE
```

### 3.4.3 논리 연산자

논리 연산자는 AND, OR 등과 같은 부울 연산을 수행하는 데 사용된다. 다음의 <표 3.3>은 논리 연산자의 목록을 보여 주고 있다.

**표 3.3: 논리 연산자**

<table>
<tr><th>연산자</th><th>설명</th></tr>
<tr><td>!x</td><td>논리 NOT</td></tr>
<tr><td>x & y</td><td>요소 단위의 논리곱 (AND)</td></tr>
<tr><td>x && y</td><td>스칼라의 논리곱(AND)</td></tr>
<tr><td>x | y</td><td>요소 단위의 논리합(OR)</td></tr>
<tr><td>x || y</td><td>스칼라의 논리합(OR)</td></tr>
</table>

연산자 &와 |는 피연산자들의 요소별 연산을 수행한다. 그러나 && 그리고 ||는 피연산자의 첫 번째 요소만을 검사하여 TRUE 또는 FALSE 논리값을 반환한다.

이때, 0은 FALSE로 간주되고, 0이 아닌 숫자는 TRUE로 간주된다.

논리 연산자의 사용에 대하여 다음의 예를 통해 살펴본다.

논리 연산을 위해 두 개의 벡터 x와 y를 생성한다.

```
# 논리 연산을 위해 두 개의 벡터를 생성한다.
x <- c(3, TRUE, 0, FALSE)
y <- c(TRUE, FALSE, TRUE, FALSE)
```

- 벡터 x는 형의 강제 변환으로 정수형 벡터가 된다. 환경 창에서 확인할 수 있다.

두 벡터에 대한 NOT 논리 연산을 해 보겠다.

```
## 논리 연산자의 사용 예이다.
# 벡터를 이용한 NOT 연산 예
! x
## [1] FALSE FALSE  TRUE  TRUE
```

- 0은 FALSE로, 그 외의 숫자는 TRUE로 변환이 되어 논리 연산이 된다.

두 벡터의 요소 단위 논리곱 연산을 해 보겠다.

```
## 논리 연산자의 사용 예이다.
# 벡터를 이용한 요소 단위 논리곱 연산 예
x & y
## [1]  TRUE FALSE FALSE FALSE
```

- 요소별 논리곱의 경우, 비교되는 두 개의 요소가 모두 TRUE일 때만 결과가 TRUE가 된다.

두 벡터의 요소 단위 논리합 연산을 해 보겠다.

```
## 논리 연산자의 사용 예이다.
# 벡터를 이용한 요소 단위 논리합 연산 예
x | y
## [1]  TRUE  TRUE  TRUE FALSE
```

- 요소별 논리합의 경우, 비교되는 두 개의 요소가 모두 FALSE일 때만 결과가 FALSE가 된다.

이제는 논리곱(&&)과 논리합(||) 연산에 대하여 살펴 보겠다. 두 개의 벡터 x와 y를 다음과 같이 생성한다.

```
# 두 개의 논리형 벡터를 생성한다.
x <- c(TRUE, TRUE, FALSE, FALSE)
y <- c(TRUE, FALSE, TRUE, FALSE)
```

먼저 스칼라 x1과 스칼라 y1에 대하여 논리곱 연산을 해 보겠다. 이를 위해 스칼라 x1과 스칼라 y1을 다음과 같이 생성한다.

```
## 논리 연산자의 사용 예이다.
# 스칼라 x1과 y1을 생성한다.
x1 <- c(FALSE)
y1 <- c(TRUE)
```

이제 스칼라 x1과 스칼라 y1에 대하여 논리곱 연산을 해 보겠다.

```
## 논리 연산자의 사용 예이다.
# x1과 y1의 논리곱 연산 예
x1 && y1
## [1] FALSE
```

이제 스칼라 x1과 스칼라 y1에 대하여 논리합 연산을 해 보겠다.

```
## 논리 연산자의 사용 예이다.
# x1과 y1의 논리합 연산 예
x1 || y1
## [1] TRUE
```

- 'x&y'연산과 'x&&y' 연산 그리고 'x|y' 연산과 'x||y' 연산 등의 결과를 꼭 비교 확인해 보기 바란다.

## 3.4.4 할당 연산자

할당 연산자는 변수에 데이터를 할당하는 데 사용되면, 다음의 <표 3.4>는 사용 가능한 할당 연산자의 목록을 보여주고 있다.

**표 3.4: 할당 연산자**

| 연산자 | 설명 |
|---|---|
| <-, <<-, = | 왼쪽 방향의 할당 |
| ->, ->> | 오른쪽 방향의 할당 |

연산자 <-와 =는 거의 같은 환경에서 변수에 데이터를 할당하며, 거의 같은 의미로 사용된다. 그러나, R에서는 "=" 보다는 "<-" 연산자를 더 많이 사용한다.

그런데, <<- 연산자는 상위 환경의 변수에 데이터를 할당하는 데 사용된다 (전역 할당과 비슷

하다). 이 연산자에 대하여는 제 15장의 사용자 정의 함수에서 다루기로 한다.

왼쪽에서 오른쪽 방향으로의 할당(->)은 사용 가능하지만 거의 사용되지 않으며, 사용하지 않는 것을 권고한다.

# 3.5 연산자 우선 순위와 결합

## 3.5.1 연산자 우선 순위

단일 표현식에서 여러 연산자를 사용하는 경우 실행되는 작업 순서를 파악하려면 다음과 같은 연산자의 우선 순위를 알아 두어야 한다.

우선 순위는 실행 순서, 즉 어떤 연산자가 더 높은 우선 순위를 갖는지를 정의한다.

다음의 예를 살펴 보겠다.

```
## 연산자의 연산 우선 순위 예이다.
# 다음의 식은 12 + ( 3 * 5 )로 연산이 된다.
12 + 3 * 5
## [1] 27
```

- 여기서 * 연산자는 + 보다 우선 순위가 높으므로 12+3*5는 12+(3*5)로 해석이 되고 연산이 이루어진다.

그런데 이러한 이 연산의 순서는 괄호를 사용하여 변경할 수 있다. 다음의 예를 살펴 보기로 한다.

```
## 연산자의 연산 우선 순위 예이다.
# 괄호를 이용하여 연산의 우선 순위를 강제로 변경할 수 있다.
(12 + 3) * 5
## [1] 75
```

- 이 연산은 기본적으로 () 안의 식이 먼저 실행되어 그 결과를 가지고 다음 연산이 이루어진다.

## 3.5.2 연산자 결합

표현식에서 우선 순위가 동일한 여러 연산자를 동시에 사용할 수 있다. 이 경우 실행 순서는 연산자 결합(associativity)을 통해 결정된다.

R에서 다른 연산자의 우선 순위와 결합은 다음의 <표 3.5>와 같다.

**표 3.5: 다른 연산자의 우선 순위와 결합**

| 연산자 | 설 명 | 연관성 |
|---|---|---|
| ^ | 제곱 | 오른쪽에서 왼쪽으로 |
| - x, + x | 단항 음수, 단항 양수 | ==> |
| %% | 나머지 | ==> |
| *, / | 곱하기, 나누기 | ==> |
| +, - | 덧셈, 뺄셈 | ==> |
| <, >, <=, >=, ==, != | 비교 연산 | ==> |
| ! | 논리 NOT | ==> |
| &, && | 논리 AND | ==> |
| \|, \|\| | 논리 OR | ==> |
| ->, ->> | 오른쪽 방향의 할당 | ==> |
| <-, <<- | 왼쪽 방향의 할당 | <== |
| = | 왼쪽 방향의 할당 | <== |

대부분이 왼쪽에서 오른쪽 방향으로의 결합되고 있음을 알 수 있다. 예를 들어, 다음과 같이 하나의 식에 / 연산자가 두 번 사용되는 경우에는 왼쪽에서 오른쪽 방향으로 연산이 되는 것이다.

```
## 연산자의 연산 우선 순위 예이다.
3 / 4 / 5
## [1] 0.15
```

- 즉, 3/4/5는 /연산자의 왼쪽에서 오른쪽 방향으로 결합되므로 (3/4)/5로 실행된다.

그런데, 이 연산의 순서도 괄호 ()를 사용하여 변경할 수 있다. 그리고 그 결과는 앞의 결과와 완전히 달라짐을 알 수 있다.

```
## 연산자의 연산 우선 순위 예이다.
3 / (4 / 5)
## [1] 3.75
```

# 3.6 객체와 클래스

R은 S3 클래스, S4 클래스, 그리고 참조(reference) 클래스 등의 3개의 클래스를 가지고 있다. 이번 절에서는 이들 클래스에 대하여 간단히 소개하기로 한다. 자세한 내용은 16장에서 살펴보기로 한다.

## 3.6.1 객체와 클래스

R에서도 객체 지향 프로그래밍(object oriented programming)을 할 수 있다. 사실 R의 모든 것은 객체(object)라고 할 수 있다.
객체는 클래스에 작용하는 몇 가지 속성과 메소드를 가진 데이터 구조이다. 클래스(class)는 객체의 청사진으로서, 우리는 클래스를 집을 짓기 전의 스케치(프로토타입)처럼 생각할 수 있다. 여기에는 바닥, 문, 창문 등에 대한 모든 세부 정보가 포함되어 있다. 이러한 설명(세부 정보)을 바탕으로 우리는 집을 짓는다. 그리고 이 집은 하나의 객체가 되는 것이다. 이렇듯 클래스를 이용하면 많은 객체를 만들 수 있는데, 객체를 클래스의 인스턴스("예")라고도 하며, 이 객체를 만드는 프로세스를 인스턴스화(instantiation)라고 한다.
대부분의 프로그래밍 언어는 단일 클래스 시스템을 사용하고 있지만 R은 세 개의 클래스 시스템을 사용한다. 즉, S3, S4 그리고 참조(reference) 클래스 시스템인 것이다.

이 클래스들은 각각의 고유 특징을 가지고 있으며, 어떤 클래스를 사용할 지 여부는 사용자의 선호도에 달려 있다.

### 3.6.2 S3 클래스

S3 클래스는 본질적으로 다소 원시적이라 할 수 있다. 이 클래스에 대한 공식적인 정의는 없으며 클래스 속성(attribute)을 추가하는 것만으로 이 클래스의 객체를 생성할 수 있다.

이러한 단순함은 R 프로그래밍 언어에서 이 클래스가 널리 사용된다는 사실을 설명해 준다. 실제로 대부분의 R 내장 클래스는 S3 유형이다.

다음은 아직 다루진 않은 리스트(list) 데이터 구조를 이용한 S3 클래스 생성에 대하여 간단히 살펴 보겠다.

먼저 리스트 변수 s를 다음과 같이 만들어 보고, **class()** 함수를 이용하여 변수 s의 클래스를 확인해 보겠다.

```
## S3 클래스의 예이다.
# 리스트 변수 s를 생성한다.
s <- list(name = "John", age = 21, GPA = 3.5)
# 변수 s의 클래스를 확인한다
class(s)
## [1] "list"
```

- 그러면 s 객체의 클래스는 `list` 임을 알 수 있다.

이제 변수 s의 클래스를 `class()` 함수를 이용하여 `student`로 변경해 보겠다.

```
## S3 클래스의 예이다.
# 변수 s를 새로운 클래스 student로 지정한다.
class(s) <- "student"
class(s)
## [1] "student"
```

- s 객체의 클래스는 `student`로 변경되었다.

### 3.6.3 S4 클래스

S4 클래스는 S3 클래스를 개선한 것이다. 이 클래스는 같은 클래스의 객체를 다소 비슷하게 보이게 하는 데 도움이 되는 공식적으로 정의된 구조를 가지고 있다.

클래스 컴포넌트는 **setClass()** 함수를 사용하여 정의되고, 객체는 **new()** 함수로 생성된다. 여기서는 간단히 setClass() 함수를 사용하여 student 클래스를 만들고, new() 함수를 이용하여 s1 객체를 생성해 보겠다.

먼저 student 클래스를 정의해 보겠다.

```
## S4 클래스의 예이다.
# student 클래스를 생성한다.
setClass("student",
         slots = list(name="character", age="numeric", GPA="numeric"))
```

이제 student 클래스인 s1 객체를 new() 함수로 생성하고, s1의 데이터를 확인해 보겠다.

```
## S4 클래스의 예이다.
# student 클래스를 생성한다.
setClass("student",
         slots = list(name="character", age="numeric", GPA="numeric"))

# s1 객체를 생성한다.
s1 <- new("student")
s1
## An object of class "student"
## Slot "name":
## character(0)
##
## Slot "age":
## numeric(0)
##
## Slot "GPA":
## numeric(0)
```

- s1은 아직 데이터가 할당되어 있지 않은 객체이며, 3개의 슬롯으로 정의되어 있다.

## 3.6.4 참조 클래스

참조(reference) 클래스는 위의 두 클래스에 비해 나중에 도입된 클래스이다. 그리고 다른 주요 프로그래밍 언어에서 보았던 객체 지향 프로그래밍과 더 유사하게 활용된다.

참조 클래스는 기본적으로 환경(environment)이 추가된 S4 클래스라고 할 수 있다. 참조 클래스는 **setRefClass()** 함수로 정의가 된다. 다음은 setRefClass() 함수로 student 클래스를 생성하는 예를 보여주고 있다.

```
## 참조 클래스의 예이다.
setRefClass("student")
```

## 3.6.5 클래스간 비교

S3 클래스, S4 클래스 그리고 참조 클래스를 비교하면 다음의 <표 3.6>과 같다.

**표 3.6: 클래스간 비교**

| S3 클래스 | S4 클래스 | 참조 클래스 |
|---|---|---|
| **공식적 정의가 없음** | setClass() 함수를 이용하여 클래스 정의 | setRefClass() 함수를 이용하여 클래스 정의 |
| **클래스의 속성을 설정해서 객체 생성** | 객체는 new() 함수를 사용해서 생성함 | 객체는 생성 함수를 이용하여 생성됨 |
| **속성은 $로 접근함** | 속성은 @로 접근함 | 속성은 $로 접근함 |
| **메소드는 일반 함수에 속함** | 메소드는 일반 함수에 속함 | 메소드는 클래스에 속함 |
| **'copy-on-modify' 시멘틱을 따름** | 'copy-on-modify' 시멘틱을 따름 | 'copy-on-modify' 시멘틱을 따르지 않음 |

## 3.6.6 클래스의 속성

모든 객체는 속성(attribute)을 가질 수 있다. 그런데 이러한 속성은 attr() 함수를 통해 속성을 지정하거나 조회할 수 있다. 객체의 속성이 중요한 이유는 속성을 통해 데이터 구조를 설정할 수도 있고, 함수의 기능 구현에 있어서 속성을 지정하여 제어할 수도 있으며, 또 R 에서 객체를 구현할 수 있는 방법 중의 하나이기 때문이다. 이러한 속성을 통해 새로운 해결 전략을 만들 수도 있고, 문제를 해결하는 시간을 단축할 수도 있는 것이다.

### 3.6.7 객체 속성 정의

객체의 속성은 attr()함수를 이용해 정의할 수 있다. 먼저 문자형 벡터 y1을 생성한다.

```
## 객체 속성 정의 예이다.
# 문자형 벡터 y1을 생성한다.
y1 <- c("ID", "Name", "Grade", "Gender")
y1
## [1] "ID"     "Name"   "Grade"  "Gender"
```

문자형 벡터 y1에 attr() 함수를 이용하여 속성 이름과 그 값을 할당해 준다.

```
## 객체 속성 정의 예이다.
# y1의 속성(속성명과 속성값)을 지정한다.
attr(y1, "new_class") <- "This is the list of class"
y1
## [1] "ID"     "Name"   "Grade"  "Gender"
## attr(,"new_class")
## [1] "This is the list of class"
```

- attr() 함수를 이용하여 y1에 새로운 속성으로 new_class를 추가하고, 그 속성값으로 "This is the list of class"을 할당한다.
- y1에 데이터와 함께 속성 정보가 출력된다. 속성명이 new_class 임을 알 수 있다.

이제 y1의 new_class의 속성을 확인해 보겠다.

```
## 객체 속성 정의 예이다.
# y1의 속성을 조회한다.
attr(y1, "new_class")
## [1] "This is the list of class"
```

한편, 속성이 추가된 새로운 객체를 반환해 주는 structure() 함수가 있다. structure() 함수는 추가적인 속성이 설정된 객체를 반환한다.

**structure()** 함수의 형식은 다음과 같다.

```
structure(.Data, ...)
  •.Data : 다양한 속성이 첨부된 객체이다.
  •… : 데이터에 첨부 될 "tag = value" 형식으로 지정된 속성이다.
```

다음은 structure() 함수를 이용하여 문자형 벡터 y2를 생성하는데, new_class 속성을 설정하고 그 값을A Class로 할당한다.

```
## 객체 속성 정의 예이다.
# 문자형 벡터 y2에 new_class 속성을 설정하고 그 값을 A Class로 할당한다.
y2 <- structure(c("ID", "Name", "Grade", "Gender"), new_class = "A Class")
y2
## [1] "ID"     "Name"   "Grade"  "Gender"
## attr(,"new_class")
## [1] "A Class"
```

### 3.6.7.1 속성의 조회

객체의 속성을 조회하기 위해서는 **attributes()** 함수를 이용한다. 속성의 조회 결과는 리스트 형태로 반환된다.

y1 객체 속성을 attr() 함수와 attributes() 함수를 이용하여 조회해 보겠다.

```
## 객체 속성의 확인 예이다.
# y1 객체의 속성을 반환한다.
attr(y1, "new_class")
## [1] "This is the list of class"
```

- attr() 함수는 y1 객체의 new_class 속성의 값을 벡터 형으로 반환한다.

```
## 객체 속성의 확인 예이다.
# y1 객체의 속성을 반환한다.
attributes(y1)
## $new_class
## [1] "This is the list of class"
```

- attributes() 함수는 y1 객체의 new_class 속성의 값을 리스트 형으로 반환한다.

마찬가지로 객체 y2에 대하여도 각자 실습해 보기 바란다.

#### 3.6.7.2 세 가지 중요한 속성

아래의 속성들은 R의 기본 함수에서 그 사용법이 약속되어 있다.

- names : 각 요소에 지정될 수 있는 문자형 벡터이다.
- dimensions : 행렬과 배열에서 쓰인다.
- class : S3 객체 시스템에서 쓰인다.

데이터를 변형해도 이 속성들은 사라지지 않으며, 다양한 함수에서 이 속성들을 이용하여 기능을 구현하고 있다.

### 3.6.8 names 속성 만들기

names 속성을 만드는 방법으로는 1) **names()** 함수를 이용하는 방법과 2) 변수를 생성하면서 속성을 지정하는 방법이 있다.
names() 함수는 객체의 이름을 정의하거나 조회하는 함수이다.

#### 3.6.8.1 names() 함수 이용

숫자형 벡터 v를 생성하고, names() 함수를 이용하여 각 요소에 이름을 부여하는 예를 들어 보겠다. 먼저 숫자형 벡터 v를 다음과 같이 생성한다.

```
## names속성 만들기의 예이다.
# 숫자형 벡터를 생성한다.
v <- c(1, 2, 3)
v
## [1] 1 2 3
```

벡터 v의 각 요소에 names() 함수를 이용하여 속성 이름을 지정하겠다.

```
## names속성 만들기의 예이다.
# 이 객체의 names 속성을 ("A", "B", "C")로 생성.
names(v) <- c(LETTERS[1:3]); v
# v 객체에 names 속성이 포함되어 있다.
## A B C
## 1 2 3
```

- 각 요소 값 위에 이름이 표시됨을 알 수 있다.

이제는 벡터 v의 요소들에 부여된 이름을 확인해 보겠다. 이 또한 names() 함수를 이용하여 확인할 수 있다.

```
## names속성 확인 예이다.
# 벡터 v의 이름을 확인한다.
names(v)
## [1] "A" "B" "C"
```

### 3.6.8.2 변수를 생성할 때 names 속성 지정

names() 함수를 사용하지 않고, 벡터를 생성할 때 이름을 부여할 수도 있다. 다음은 벡터 y를 이 방법으로 하면 생성하면 다음과 같다. 물론 벡터 y의 names 속성 값은 names() 함수로 확인할 수 있다.

```
## names속성 만들기의 예이다.
# 벡터를 생성할 때 이름 속성을 지정하고 확인한다.
y <- c("A" = 1, "B" = 2, "C" = 3)
names(y)
## [1] "A" "B" "C"
```

### 3.6.8.3 names 속성의 조회

객체의 속성은 attr() 함수 또는 attributes() 함수를 통해서도 확인 가능함은 이미 알고 있다. 다만, **attr()** 함수의 경우, "names"를 인수로 설정하면 names 속성을 확인할 수 있다. attr() 함수를 이용하여 벡터 v의 names 속성 값을 확인해 보면 다음과 같다.

```
## names속성 조회 예이다.
# v 객체의 names 의 속성 값을 벡터 형으로 반환한다.
attr(v, "names")
## [1] "A" "B" "C"
```

- attr() 함수는 속성 조회 결과를 벡터로 반환한다.

attributes() 함수를 이용하여 벡터 v의 속성을 확인해 보겠다.

```
## names속성 조회 예이다.
# v 객체의 속성을 리스트 형으로 반환한다.
attributes(v)
## $names
## [1] "A" "B" "C"
```

- 벡터 v는 속성이 names 하나만 있음을 보여 주고, attributes() 함수는 그 값을 리스트로 반환한다.

# 04

# 벡터

# 4. 벡터

R에서 벡터(vector)는 가장 기본적인 데이터 구조이다. 즉, 다른 데이터 구조(배열, 행렬, 데이터 프레임, 리스트 등)들을 구성하게 해주는 기본적인 데이터 구조이다.
벡터에는 원자 벡터와 리스트 등 두 가지 유형이 있다.

- 원자 벡터(atomic vector)에는 논리형, 정수형, 실수형, 문자형, 복소수형 및 원시형(raw) 등의 6 가지 유형이 있으며, 정수형 벡터와 실수형 벡터는 집합적으로 숫자형 벡터라고 한다.
- 리스트(list)는 다른 목록을 포함할 수 있기 때문에 때때로 반복적 벡터(recursive vector)라고도 한다(리스트에 대하여는 8장에서 자세히 살펴보겠다).

원자 벡터와 리스트의 주요 차이점은 원자 벡터는 요소들이 동일한(homogeneous) 데이터 유형을 갖는 반면에, 리스트는 이질적(heterogeneous)일 수 있다는 것이다.
관련된 다른 객체는 NULL이다. NULL은 종종 벡터의 부재를 나타내는 데 사용된다. 벡터의 요소 데이터가 없음을 나타내는 데 사용되는 NA와 비교된다. NULL은 일반적으로 길이가 0 인 벡터(데이터 요소가 없는 공벡터)처럼 동작한다.

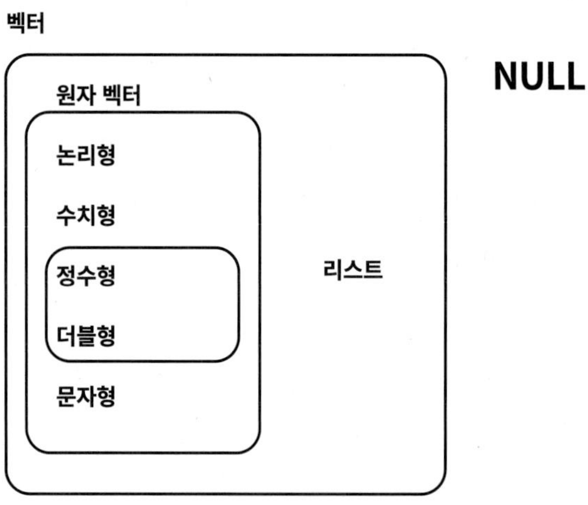


그림 4.1: 벡터의 유형

모든 벡터들은 벡터의 유형(type)과 길이(length)라는 두 가지 주요한 특성을 갖는다.

- 벡터의 유형은 벡터의 요소들이 갖는 데이터 유형을 나타내는 것으로 **typeof()** 함수로 확인할 수 있다.
- 벡터의 또 다른 중요한 속성은 벡터의 길이이다. 이것은 벡터 요소의 개수를 말하는 것으로 length() 함수로 확인할 수 있다.

# 4.1 벡터 만들기

벡터는 동일한 데이터 유형의 단일 값들이 일차원적으로 구성된 데이터 구조이다.

## 4.1.1 벡터의 생성

이러한 벡터를 생성하는 데에는 c()함수(Concatenate)를 이용한다. 벡터는 동일한 데이터 유형을 갖는 요소들을 각각 컴마로 구분하여 입력한다.
c() 함수를 이용하여 벡터를 생성한다.
각 요소는 컴마로 구분해야 한다. 예를 들면, c(e1, e2, e3, e4 …)
벡터에는 동일한 유형의 데이터 요소가 있어야 하므로, 이 함수는 요소가 다른 데이터 유형으로 구성되어 있는 경우, 동일한 유형으로 강제 변환(coercion)한다(벡터의 데이터 유형 변환은 4.6 부분에서 자세히 다루겠다).
벡터 생성과 관련하여, 예를 들어, 30, 35, 20라는 3개의 숫자로 구성된 벡터를 변수 x로 정의하고 싶다면 다음과 같이 해 주면 된다.

```
## 벡터 생성의 예이다.
# 숫자형 벡터 x를 생성한다.
x <- c(30, 35, 20)
```

변수 x에 데이터를 할당할 때는 앞의 예에서처럼 오른쪽에서 왼쪽 방향으로 한다. 위의 내용을 실행하면 R Studio 화면 오른쪽 상단에 있는 환경 창의 목록에 x가 표시됨을 확인할 수 있다.

### 4.1.2 벡터 요소가 하나일 때

그런데, 데이터 요소가 하나인 벡터의 생성은 c() 함수를 사용하지 않아도 된다. 이 경우는 벡터가 아닌 스칼라(scala)라고 한다. 스칼라는 단일 차원(0 차원)의 값을 갖는 데이터 구조이다. 그런데 R에서의 기본 데이터 구조는 벡터이다. 따라서 스칼라는 데이터 길이가 1인 벡터라고 할 수 있다.

```
## 벡터 생성의 예이다.
# c() 함수를 이용하여 데이터 요소가 하나인 벡터를 생성한다.
x <- c(80); x
## [1] 80

# c() 함수를 이용하지 않고, 데이터 요소가 하나인 벡터를 생성한다.
x <- 80; x
## [1] 80
```

- 데이터 요소가 하나인 벡터를 생성할 때 x <- c(80)이나 x <- 80은 동일한 표현이다.

### 4.1.3 데이터 요소의 확인

벡터 변수를 포함하여 모든 종류의 변수에 저장되어 있는 데이터를 확인하는 것은 매우 중요하다. 예를 들어, 벡터 변수를 생성한 다음, 그 변수에 저장된 데이터를 확인하는 경우 다음의 예에서 보듯이 세 가지 방법이 있다.

```
## 벡터 데이터의 확인 예이다.
# 첫번째 방법 : 변수를 생성하고 다음 줄에 변수 명을 입력한다.
x <- c(1,2,3,4)
x
## [1] 1 2 3 4

# 두번째 방법 : 변수를 생성하고 같은 줄에 세미콜론(';')을 입력하고 변수명 기입하
는 방법이다.
x <- c(1,2,3,4) ; x
## [1] 1 2 3 4

# 세번째 방법 : 변수 생성 구문 또는 수식을 괄호('()')로 묶어 주는 방법이다.
(x <- c(1, 2))
## [1] 1 2
```

## 4.2 벡터의 유형

벡터는 그 벡터를 구성하는 데이터 요소의 유형에 따라 벡터의 유형이 정해지게 된다.

- 숫자형 : 숫자형에는 1L, 2L, 3L 등의 데이터 요소로 구성된 정수형(integer)과, `1.5`, `2.5`, `3.0` 등의 데이터 요소로 구성된 실수형(double) 등이 있다. 이들은 집합적으로는 숫자형(numeric) 벡터라고 한다.
- 문자형 : "대한민국", "홍길동", "5", "2020-01-01" 등과 같이 따옴표("" 또는 ') 안의 문자들을 요소로 하는 벡터를 문자형(character) 벡터라고 한다.
    - "5"의 경우는 보기에는 숫자 5와 같지만, "5" 안에 있으면 단순한 기호로서의 5가 되어 문자로 처리가 된다.
    - 또한 "2020-01-01" 의 경우에도 날짜로 보이지만 이는 날짜가 아니고 단순한 문자열이다. 이를 날짜로 처리하기 위해서는 `as.Date()` 함수를 이용하여 벡터의 유형을 날짜형으로 강제 변환을 해야 한다.
- 논리형 : `TRUE`, `FALSE` 등의 논리값을 데이터 요소로 하는 벡터는 논리형(logical) 벡터이다.
- 날짜형 : "2020-01-01" , "Jan-03-2021" 등을 요소로 하는 벡터를 날짜형(Date) 벡터라고 한다. 이들 날짜형 벡터는 먼저 문자열 벡터로 생성한 다음, `as.Date()` 함수를 이용하여 벡터 유형을 강제 변경해야 날짜형 벡터로 사용할 수 있다.

여기서 특히, `integer`, `double`, `numeric`, `character`, `logical`, 그리고 `Date` 등은 꼭 기억해 두기 바란다. 이는 벡터의 유형을 확인하고 싶을 때, `typeof()` 함수를 사용하면 벡터의 유형을 확인하여 반환하는 결과이다.

`is.*()` 함수를 이용하는 경우에는 `*`에 해당하는 벡터 유형인지 확인하는 것이다. 또한, 벡터 유형의 강제 변환에 있어서도 `as.*()` 함수의 `*`에 사용하여 원하는 벡터형으로 강제 변환하게 된다.

벡터의 데이터 유형 변환은 4.6의 벡터 유형의 강제 변환 부분에서 자세히 다루기로 한다.

## 4.2.1 벡터 유형의 종류

### 4.2.1.1 숫자형 벡터

숫자형(numeric) 벡터는 실수형, 정수형, 그리고 복소수 형 등의 데이터 요소들로 구성된 벡터이다.

숫자형 벡터의 첫번째 유형은 실수형(double) 벡터이다. 다음은 실수형 벡터 x1을 생성하는 예이다.

```
## 숫자형 벡터의 예이다.
# 숫자형 벡터로서 실수형 벡터의 생성 예이다.
x1 <- c(1, 2, 3)
x1
## [1] 1 2 3
```

숫자형 벡터의 두번째 유형은 정수형(integer) 벡터이다. 다음은 정수형 벡터 x2를 생성하는 예이다. 정수형 벡터의 데이터 요소들은 모두 L이 삽입되어야 함을 주목하기 바란다.

```
## 숫자형 벡터의 예이다.
# 숫자형 벡터로서 정수형 벡터의 생성 예이다.
x2 <- c(1L, 2L, 3L)
x2
## [1] 1 2 3
```

숫자형 벡터의 세번째 유형은 복소수형(complex) 벡터이다. 다음은 복소수형 벡터 x3을 생성하는 예이다. 복소수형 벡터의 데이터 요소들은 모두 i가 삽입되어야 함을 주목하기 바란다.

```
## 숫자형 벡터의 예이다.
# 숫자형 벡터로서 복소수형 벡터의 생성 예이다.
x3 <- c(2+1i, 3+2i, 4+3i)
x3
## [1] 2+1i 3+2i 4+3i
```

#### 4.2.1.2 문자형 벡터

문자형(character) 벡터는 모두 "" 또는 "로 묶여 있는 데이터 요소들로 구성된 벡터이다.

다음은 문자형 데이터 요소들로 구성된 문자형 벡터를 생성하는 예이다. 각 요소들이 ""로 묶여 있음을 주목하기 바란다.

```
## 문자형 벡터의 예이다.
# 문자형 벡터를 생성하는 예이다.
y <- c("A", "B", "c")
y
## [1] "A" "B" "c"
```

#### 4.2.1.3 논리형 벡터

논리형(logical) 벡터는 데이터 요소들이 TRUE, FALSE 또는 T, F 등의 논리값이나 숫자로 구성된 벡터이다. 논리형 벡터의 각 요소는 0 또는 1이라는 정수값으로 저장이 된다.

```
## 논리형 벡터의 예이다.
# 논리형 벡터를 생성하는 예이다.
z <- c(TRUE, FALSE, T, F)
z
## [1]  TRUE FALSE  TRUE FALSE
```

#### 4.2.1.4 날짜형 벡터

날짜형(Date) 벡터는 `Sys.Date()`함수를 이용하여 시스템의 날짜를 확인하거나, `as.Date()` 함수 등의 함수를 사용해서 문자형 벡터를 날짜형 벡터로 강제 변환해서 생성하게 된다.

다음은 `Sys.Date()` 함수가 제공하는 오늘 날짜를 `today` 변수에 할당하고 생성하고, 그 내용을 확인하는 예이다.

```
## 날짜형 벡터의 예이다.
# Sys.Date() 함수는 오늘 날짜를 반환하는 함수이다.
today <- Sys.Date()

# today는 날짜형 벡터가 된다.
today
## [1] "2024-01-05"
```

다음의 예는 c("2020-01-01", "2021-01-01")와 같이 날짜 형태로 데이터 요소가 입력되어 이는 문자형 벡터 date를 생성하고, 이 date 벡터를 as.Date() 함수를 이용하여 날짜형 벡터로 변환하는 예이다.

```
## 날짜형 벡터의 예이다.
# 먼저 문자형 벡터 date를 생성한다.
date <- c("2020-01-01", "2021-01-01")

# 문자형 벡터를 as.Date() 함수를 이용하여 날짜형 벡터로 강제 변환한다.
date1 <- as.Date(date); date1
## [1] "2020-01-01" "2021-01-01"
```

그런데, 여기서 날짜형 벡터 date1의 경우, 반환되는 결과로 보기에는 date와 같은 문자형 벡터로 보이다. 그런데, class() 함수를 이용하여 벡터의 클래스를 확인해 보면 서로 다름을 알 수 있다.

```
## 날짜형 벡터의 예이다.
# date 변수의 클래스를 확인한다.
class(date)
## [1] "character"

# date 변수의 클래스를 확인한다.
class(date1)
## [1] "Date"
```

- date 변수의 클래스는 character인 반면에 date1 변수의 클래스는 Date 임을 알 수 있다.

또한, typeof() 함수를 이용하여 원시형 자료 형태도 확인해 보겠다

```
## 날짜형 벡터의 예이다.
typeof(date)
## [1] "character"
typeof(date1)
## [1] "double"
```

- date 변수는 character 형인 반면, date1 변수는 실수형(double)임을 알 수 있다. 이것이 시사하는 바는 상당한 차이가 있는 것이다. 한 예로 date1 변수는 산술 연산이 가능하다는 것이다.

## 4.2.2 벡터 유형의 확인

벡터 유형에 따라 다른 작업을 수행해야 할 때도 있다.

벡터의 유형을 확인하는 한 가지 방법은 원시형 데이터 유형을 확인할 수 있는 typeof() 함수를 사용하는 것이다(도움말은 ? typeof()을 참고하세요).

또 다른 방법은 TRUE 또는 FALSE 등의 논리값을 반환하는 is.*() 형태의 테스트 함수를 사용하는 것이다. 기본적으로 R은 is.vector() 함수와 is.atomic() 함수와 같은 다양한 함수들을 제공하고 있다.

다음의 예들을 참고하기 바란다.

```
## 벡터 유형을 확인하는 예이다.
# 숫자형인지 테스트한다.
is.numeric(3)
## [1] TRUE

# 정수형인지 테스트한다.
is.integer(3L)
## [1] TRUE

# 논리형인지 테스트한다.
is.logical(TRUE)
## [1] TRUE
```

```
# 논리형인지 테스트한다.
is.logical(2)
## [1] FALSE

# 문자형인지 테스트한다.
is.character("abc")
## [1] TRUE

# 문자형인지 테스트한다.환
is.character(4)
## [1] FALSE
```

#### 4.2.2.1 tester 패키지

참고로 R 객체의 특성을 시험할 수 있게 해 주는 tester 패키지의 is_*() 함수를 사용하면 더 안전하다.

#### 4.2.2.2 tester 패키지의 설치와 불러오기

먼저, 콘솔창의 프롬프트에서 install.packages("tester") 명령을 실행하여, tester 패키지를 다운받아 설치한다. 그리고, library(tester) 명령으로 tester 패키지를 불러와서 사용한다. 이를 코드 청크로 표현하면 다음과 같다.

```
# 콘솔창의 프롬프트에서 install.packages("tester") 명령을 실행한다.
# install.packages("tester")
library(tester)
## Warning: package 'tester' was built under R version 4.3.2
##
## Attaching package: 'tester'
## The following object is masked from 'package:tibble':
##
##     has_rownames
```

이제 T가 논리형인지 tester 패키지에서 제공하는 is_logical() 함수를 이용하여 확인해 보겠다.

```
## 벡터 유형을 확인하는 예이다.
# T가 논리형인지 테스트 한다.
is_logical_vector(T)
## [1] TRUE
```

#### 4.2.2.3 tester 패키지에서 제공하는 주요 함수

tester 패키지에서 제공하는 주요 함수들을 소개하면 다음의 <표 4.1>과 같다.

**표 4.1: tester 패키지에서 제공하는 주요 함수들**

| 함수 | 설명 |
| --- | --- |
| is_vector() | 객체가 벡터인지 테스트한다. |
| is_numeric_vector() | 객체가 숫자형 벡터인지 테스트한다. |
| is_string_vector() | 객체가 문자형 벡터인지 테스트한다. |
| is_logical_vector() | 객체가 논리형 벡터인지 테스트한다. |
| is_not_vector() | 객체가 벡터형이 아닌지 테스트한다. |
| is_integer() | 객체가 정수형인지 테스트한다. |
| is_not_integer() | 객체가 정수형이 아닌지 테스트한다. |
| is_negative() | 객체가 음수인지 테스트한다. |
| is_string() | 객체가 문자열인지 테스트한다. |
| is_not_string() | 객체가 문자열이 아닌지 테스트한다. |

#### 4.2.2.4 변수의 클래스와 유형 확인

생성된 변수가 어떠한 클래스에 속하는지를 아는 것은 매우 중요하다. 변수의 클래스를 확인하는 방법으로 class() 함수를 사용하면 된다. 그리고 변수의 원시 데이터 유형은 typeof() 함수를 이용하여 확인할 수 있다. 클래스와 관련한 자세한 내용은 16.1 절의 객체와 클래스를 참고하기 바란다.

앞에서 생성하였던 변수들의 클래스를 class() 함수로 확인해 보겠다.

```
## 벡터 클래스를 확인하는 예이다.
# 변수 x의 클래스를 확인한다.
class(x)
## [1] "numeric"

# 변수 y의 클래스를 확인한다.
class(y)
## [1] "character"
```

```
# 변수 z의 클래스를 확인한다.
class(z)
## [1] "logical"

# 변수 today의 클래스를 확인한다.
class(today)
## [1] "Date"
```

한편 typeof() 함수는 요소들의 원시적인 데이터 유형을 확인시켜 준다.

```
## 벡터 유형을 확인하는 예이다.
# 변수 x1의 데이터 유형을 반환한다.
typeof(x1)
## [1] "double"

# 변수 x2의 데이터 유형을 반환한다.
typeof(x2)
## [1] "integer"

# 변수 date의 데이터 유형을 반환한다.
typeof(date)
## [1] "character"

# 변수 date1의 데이터 유형을 반환한다.
typeof(date1)
## [1] "double"
```

#### 4.2.2.5 현재 사용 중인 모든 변수의 유형 확인하기

참고로 현재 사용하고 있는 모든 객체의 데이터 유형을 확인하기 위해서는 `sapply()` 함수와 `typeof ()` 함수를 다음과 같이 사용하면 된다.

```
# 현재 사용중인 모든 변수의 데이터 유형을 확인하여 반환해 준다.
sapply(ls(), typeof)
##       bea.result      beaver_data        Cars93_subset  cut.MPG.Highway
##      "character"      "character"          "character"      "character"
##        Cylinders             data          data.result             date
##      "character"      "character"          "character"      "character"
##            date1   freq.table.cyl      freq.table.Type             hlgf
##      "character"      "character"          "character"      "character"
##         hlgf2001          hlgf241             hlgf2411          hlgf243
##      "character"      "character"          "character"      "character"
##          hlgf245          hlgf247              hlgf249           IntStu
##      "character"      "character"          "character"      "character"
##           label1              mat             myString       par_origin
##      "character"      "character"          "character"      "character"
##               pi   print.InterStu            print.stu           ref.s4
##      "character"      "character"          "character"      "character"
##           ref.s5           ref.st   rel.freq.table.cyl                s
##      "character"      "character"          "character"      "character"
##               s1            s3.s3                s3.s4            s4.s2
##      "character"      "character"          "character"      "character"
##              stu          tab.T.C             tab.T.C1            today
##      "character"      "character"          "character"      "character"
##             True            Types                    v            var.1
##      "character"      "character"          "character"      "character"
##            var.2                x                   x1               x2
##      "character"      "character"          "character"      "character"
##               x3                y                   y1               y2
##      "character"      "character"          "character"      "character"
##                z
##      "character"
```

- 결과를 문자형 벡터로 반환한다.

### 4.2.3 벡터 요소의 개수 확인

한편, 벡터에 포함된 데이터 요소의 개수를 확인하는 것도 중요하다. 벡터의 데이터 요소 개수를 벡터의 길이라고 하는데, 벡터의 길이는 `length()` 함수로 구할 수 있다. 다음의 예를 확인하기 바란다.

```
## 벡터의 길이를 확인하는 예이다.
# 벡터 x의 길이를 확인한다.
length(x)
## [1] 2
# 벡터 y의 길이를 확인한다.
length(y)
## [1] 3

# 벡터 z의 길이를 확인한다.
length(z)
## [1] 4

# 벡터 today의 길이를 확인한다.
length(today)
## [1] 1
```

## 4.3 특수한 벡터 만들기

R은 데이터가 일정한 간격으로 증가/감소하거나, 같은 값이 반복되는 벡터를 생성할 수 있게 해주는 편리한 함수들을 제공한다.

### 4.3.1 반복값을 갖는 벡터 만들기

먼저 반복적인 값을 갖는 벡터를 생성하는 `rep()` 함수에 대하여 살펴보겠다. 여기서 rep는 replicate('복제하다' 라는 뜻)을 의미한다.

이 rep() 함수의 형식은 다음과 같다.

```
rep(벡터, times¦each = )
    • times : 벡터 요소 전체를 복제하는 회수를 지정
    • each : 벡터 요소 각각을 복제하는 회수 지정
```

다음과 같이 벡터 x를 생성한다.

```
# 벡터 x를 생성한다.
x <- c(2, 4, 6, 3, 5)
```

먼저, rep() 함수의 첫 인수인 times = 2 를 이용하여 벡터 x를 2번 반복하여 벡터 x1을 생성해 보겠다.

```
## 벡터 전체의 반복 회수의 지정 : times =
# 벡터 x를 2번 복제한다.
x1 <- rep(x, times=2); x1
##  [1] 2 4 6 3 5 2 4 6 3 5
```

- times = 인수를 사용하면 벡터 데이터 전체를 복사하게 된다.
- times = 2에서 times =를 제외하고 2라고 입력해도 같은 결과이다. 즉, times =가 디폴트 인수이다.

이번에는, rep() 함수의 each = 2 인수를 이용하여 벡터 x를 각각의 요소들을 반복해서 벡터 x2를 생성해 보겠다

```
## 요소 단위로 복제 회수를 지정 : each =
# 벡터 x에 있는 각각의 요소를 2번씩 복제한다.
x2 <- rep(x, each = 2); x2
##  [1] 2 2 4 4 6 6 3 3 5 5
```

- 각각의 요소가 2번씩 반복되고 있음을 확인할 수 있다.

한편, 벡터의 데이터 요소별로 반복 회수를 달리할 수도 있다. 다음의 예를 확인하기 바란다.

```
## 벡터의 데이터 요소별로 반복 회수를 달리할 수 있다.
# 요소별 상이한 복제 회수의 지정
x3 <- c(3, 5, 2, 4, 6, 8)
x4 <- rep(x3, c(2, 3, 1, 1, 3, 4)) ; x4
##  [1] 3 3 5 5 5 2 4 6 6 6 8 8 8 8
```

- 즉, times = 인수에 각 요소별 반복 회수를 지정한 벡터를 입력해 주면 된다.

또한, 위의 예에서는 rep() 함수의 첫번째 인수를 모두 숫자형 벡터로 하였으나, 문자형 벡터, 논리형 벡터 등에도 동일하게 적용할 수 있다.

```
## 문자형 벡터 ch를 생성한다.
ch <- c("a", "b", "c")

## 문자형 벡터 ch를 두번 반복하여 ch1 벡터를 생성한다(time = 2 인수 이용).
ch1 <- rep(ch, 2); ch1
## [1] "a" "b" "c" "a" "b" "c"

## 문자형 벡터 ch의 데이터 요소 각각을 세번 반복하여 ch2 벡터를 생성한다(each = 2
인수 이용)
ch2 <- rep(ch, each = 2); ch2
## [1] "a" "a" "b" "b" "c" "c"
```

### 4.3.2 연속 값을 요소로 하는 벡터 만들기

rep() 함수는 동일한 요소 값을 복제하는 반면에, seq() 함수는 등차수열을 만들어 주는 함수이다. 즉, 일정한 간격으로 요소들이 증가하거나 감소하는 요소를 갖는 벡터를 생성하고자 할 때 유용하다.

seq() 함수의 형식은 다음과 같다.

```
seq(from, to, by = ¦ length.out = ¦ along.with = )
  • from : 시작 값
```

- to : 마지막 값
- by = : 간격 값 (기본 값은 1)
- length.out = : 생성된 요소의 개수 지정
- along.with = : 인수 값으로 전달되는 벡터의 길이만큼 seq() 를 실행한다.

다음은 1부터 10까지 1씩 증가하는 10개의 데이터 요소를 갖는 벡터 x를 seq() 함수를 이용하여 생성하는 예이다.

```
## 연속 값을 요소로 하는 벡터 만들기의 예이다.
# 1부터 10까지 기본값으로 1씩 증가하는 요소로 구성된 벡터를 생성한다.
x <- seq(1, 10); x
##  [1]  1  2  3  4  5  6  7  8  9 10
```

다음은 10부터 0까지 1씩 감소하는 10개의 데이터 요소를 갖는 벡터 x를 seq() 함수를 이용하여 생성하는 예이다.

```
## 연속 값을 요소로 하는 벡터 만들기의 예이다.
# 감소하는 수열의 생성
x <- seq(10, 1); x
##  [1] 10  9  8  7  6  5  4  3  2  1
```

이번에는 1이 아닌 일정 간격으로 증가하고, 감소하는 수열을 생성해 보겠다. seq() 함수의 by = 인수에 원하는 간격을 지정해 주면 된다. 다음의 예를 확인하기 바란다.

```
## 연속 값을 요소로 하는 벡터 만들기의 예이다.
# by = 3 :  일정 간격(3)으로 증가하는 수열을 생성한다.
x <- seq(1, 10, by = 3); x
## [1]  1  4  7 10
```

한편, 첫 데이터 요소와 마지막 데이터 요소를 정하고, 그 사이에 생성하고 싶은 요소의 개수를 지정하여 벡터를 생성할 수도 있다. 이때 쓰이는 인수가 length.out = 이다.

예를 들어, 5를 첫 데이터 요소로 그리고 20을 마지막 데이터 요소로 하고, 이 두 데이터 요소를 포함하여 총 5개의 데이터 요소로 구성되는 벡터를 생성해 보겠다

```
## 연속 값을 요소로 하는 벡터 만들기의 예이다.
# along.with = : 다른 벡터의 길이와 같은 길이를 갖는 벡터를 생성한다.
x <- 1:10
y <- seq(5, 20, along.with = x) ; y
##  [1]  5.000000  6.666667  8.333333 10.000000 11.666667 13.333333 15.000000
##  [8] 16.666667 18.333333 20.000000
```

또한, 첫 데이터 요소와 마지막 데이터 요소를 정하고, 생성하고자 하는 벡터의 길이를 다른 벡터의 길이와 같게 하면서, 동시에 동일한 간격의 데이터 요소로 구성된 새로운 벡터를 생성할 수도 있다. 이때 사용하는 인수가 along.with = 인수이다.

예를 들어, 2로 시작하고 5로 끝나면서, 다음과 같은 벡터 x의 길이(10)와 같은 y벡터를 생성해 보겠다.


```
## 연속 값을 요소로 하는 벡터 만들기의 예이다.
# along.with = : 다른 벡터의 길이와 같은 길이를 갖는 벡터를 생성한다.
x <- 1:10
y <- seq(5, 20, along.with = x) ; y
##  [1]  5.000000  6.666667  8.333333 10.000000 11.666667 13.333333 15.000000
##  [8] 16.666667 18.333333 20.000000
```


## 4.3.3 : 을 이용한 벡터 생성

한편, 간단한 증가/감소 벡터의 생성은 콜론(:)을 이용하여 생성할 수도 있다. :은 기본적으로 증가/감소 값을 1로 하는 seq() 함수 대신에 사용할 수 있다. 즉, seq() 함수의 from 인수와 to 인수만을 지정한 경우, 증가/감소값을 나타내는 by 인수의 기본값을 1(감소의 경우는 -1)로 하여 처리한 결과와 동일한 것이다. 이처럼 벡터 요소의 값이 1씩 증가/감소하는 연속된 숫자로 구성된 벡터는 : 연산자로 쉽게 생성할 수 있다.

다음의 예를 확인하기 바란다.

```
## :을 이용한 벡터 만들기의 예이다.
# : 를 이용하여 1씩 증가하는 숫자로 구성된 벡터를 생성하는 예이다.
x <- 1:7; x
## [1] 1 2 3 4 5 6 7

# : 를 이용하여 1씩 감소하는 숫자로 구성된 벡터를 생성하는 예이다.
y <- 2:-2; y
## [1]  2  1  0 -1 -2
```

## 4.4 벡터 유형의 강제 변환

벡터의 유형을 변환하거나 강제로 변환하는 방법에는 암묵적으로 이루어지는 강제 변환과 명시적으로 강제 변환하는 두 가지 방법이 있다. 이 절에서는 이러한 벡터 유형의 강제 변환에 대하여 살펴보겠다.

### 4.4.1 암묵적 강제 변환

암묵적 강제 변환은 특정 유형의 벡터가 특정 상황에서 사용될 때 자동적으로 발생하는 강제 변환이다. 예를 들어 숫자형 벡터를 인수로 사용하는 요약 함수(summary() 함수)에 논리형 벡터를 사용하거나, 정수형 벡터가 인수로 사용되는데 실수형(double)벡터를 사용하는 경우에 벡터의 유형이 자동으로 강제 변환되는 것이다.

이미 가장 중요한 유형의 암시적 강제 변환(숫자를 사용하는 상황에서 논리 벡터를 사용)에 대하여 살펴본 바 있다. 예를 들어, 논리형 벡터에서의 TRUE 값은 정수형에서는 1로 변환되고, FALSE는 0으로 변환되는 것이다.

```
## 암묵적 강제 변환의 예이다.
# 논리형 데이터 요소와 숫자형 데이터 요소가 혼합된 벡터의 경우,
# 논리형이 숫자형으로 자동 강제 변환이 된다.
x <- c(TRUE, 3, FALSE, 5); x
## [1] 1 3 0 5
```

여기서, 우리가 확인할 수 있는 것은 논리 벡터의 합은 TRUE의 개수이고, 논리 벡터의 평균은 TRUE의 비율을 나타낸다는 것이다. 즉, sum() 함수와 mean() 함수의 인수로 이용되는 논리형 벡터는 정수형 벡터로 암묵적으로 강제 변환이 되어 처리되는 것이다.

다음과 같이 예제 벡터를 sample() 함수로 생성한다.

```
## 암묵적 강제 변환의 예이다.
# 논리형 데이터 세트를 생성한다.
set.seed(10)                              # 난수의 시작값을 설정한다.
x <- sample(20, 100, replace = TRUE)      # 1~20 사이의 수에서 무작위로 100개를
중복 추출
x
##   [1] 11  9 10 16 12  8  7 19 15 15 10  7 10  2 13  8 14  7  6  7 18 18 13  5  1
##  [26]  7 18  4 18 19 18 11 15  1 10 10 14 13  1  9  8 16 17 16 15 14  2  4  3 14
##  [51]  1  3 10 10  7 16 15 10  5 19  5 13 15  7 19 18  3 10 10 15 13 10 14  2  4
##  [76] 20  3 17 16 20  3  9 16 16  9 15 17 10  9  8  4  3 14 19 19 12  1 13  6  8
```

이제 x 벡터의 요소 각각에 대하여 비교 연산을 `x > 10` 수행하여 논리형 벡터 y를 생성한다

```
# 비교식 x > 10을 이용하여 논리형 벡터 y를 생성한다.
y <- x > 10
y
##   [1] TRUE  FALSE FALSE TRUE  TRUE  FALSE FALSE TRUE  TRUE  TRUE  FALSE FALSE
##  [13] FALSE FALSE TRUE  FALSE TRUE  FALSE FALSE FALSE TRUE  TRUE  TRUE  FALSE
##  [25] FALSE FALSE TRUE  FALSE TRUE  TRUE  TRUE  TRUE  TRUE  FALSE FALSE FALSE
##  [37] TRUE  TRUE  FALSE FALSE FALSE TRUE  TRUE  TRUE  TRUE  TRUE  FALSE FALSE
```

```
## [49] FALSE  TRUE   FALSE  FALSE  FALSE  FALSE  FALSE  TRUE   TRUE   FALSE  FALSE  TRUE
## [61] FALSE  TRUE   TRUE   FALSE  TRUE   TRUE   FALSE  FALSE  FALSE  TRUE   TRUE   FALSE
## [73] TRUE   FALSE  FALSE  TRUE   FALSE  TRUE   TRUE   TRUE   FALSE  FALSE  TRUE   TRUE
## [85] FALSE  TRUE   TRUE   FALSE  FALSE  FALSE  FALSE  FALSE  TRUE   TRUE   TRUE   TRUE
## [97] FALSE  TRUE   FALSE  FALSE
```

논리형 벡터 y의 TRUE 요소 개수와 그 비율을 구해 보겠다

```
## 암묵적 강제 변환의 예이다.
# 논리형 벡터의 TRUE 개수를 구한다.
sum(y)
## [1] 48
# 논리형 벡터의 TRUE 개수를 구한다.
mean(y)
## [1] 0.48
```

- sum() 함수와 mean() 함수는 기본적으로 숫자형 벡터를 인수로 한다.

위와 반대로 정수형을 논리형으로 암묵적 강제 변환하는 `if` 조건문의 일부 코드를 기술하면 다음과 같다.

```
if (length(x)) {
  # do something
}
```

`if (조건식)`의 경우, 조건식이 'TRUE' 이면, {} 부분을 실행하고, 'FALSE' 이면 {} 이하 부분을 실행하게 하는 조건 구문이다. 즉, `length(x)`의 경우 그 값이 0이면 FALSE로 변환되고, 그렇지 않으면 TRUE로 변환이 된다. 이로 인해 코드의 이해가 어려울 수 있기 때문에 이 경우에는 `length(x) != 0`과 같이 조건식을 명시적으로 표현해 주면 코드를 이해하는데 도움이 될 것이다.

`if (조건식)`에 대하여는 13.1.1 절에서 자세히 다루겠다

c() 함수를 사용하여 여러 유형을 포함하는 벡터를 만들 때, 어떤 일이 발생하는지 이해하는

것도 중요하다. 가장 복잡한 유형의 데이터가 항상 이긴다. 벡터의 데이터 요소들이 혼합되어 있는 경우, 벡터는 논리형 < 정수형 < 실수형 < 문자형 등의 순으로 암묵적으로 데이터 형을 강제 변환하게 된다.

다음의 예를 통하여 암묵적인 강제 변환을 확인하기 바란다.

```
## 암묵적 강제 변환의 예이다.
# TURE는 '논리형'이고, 1L은 '정수형'이다.
c(TRUE, 1L)
## [1] 1 1
typeof(c(TRUE, 1L))
## [1] "integer"

 # 1L은 '정수형'이지만, 1.5는 '실수형(double)'이다. -> 실수형
c(1L, 1.5)
## [1] 1.0 1.5
typeof(c(1L, 1.5))
## [1] "double"

# 1.5는 '실수형'이지만, "a"는 '문자형'이다  -> 문자형
c(1.5, "a"
## [1] "1.5" "a"
typeof(c(1.5, "a"))
## [1] "character"

# TRUE는 '논리형'이고, "a"는 "문자형" -> 문자형
c(TRUE, "a")
## [1] "TRUE" "a"
typeof(c(TRUE, "a"))
## [1] "character"

# TRUE는 '논리형'이고, "a"는 "실수형" -> 실수형
c(TRUE, 1.5)
## [1] 1.0 1.5
typeof(c(TRUE, 1.5))
## [1] "double"

# 1L은 '정수형'이고, "a"는 "문자형" -> 문자형
c(1L, "a")
## [1] "1" "a"
typeof(c(1L, "a"))
## [1] "character"
```

그런데, 벡터에서 각 요소의 데이터 유형을 다르게 해야 하는 경우가 있다. 이 때에는 위에서 리스트(list)를 이용하면 된다. 리스트에 대하여는 8 장을 참고하기 바란다.

## 4.4.2 명시적 강제 변환

### 4.4.2.1 데이터 유형 강제 변환 함수들

`as.logical()`, `as.integer()`, `as.double()` 또는 `as.character()` 등과 같은 함수를 이용하면 벡터 유형을 명시적으로 강제 변환할 수 있다. 명시적 강제 변환을 사용할 때마다 항상 업스트림 수정이 가능한지 확인하여 벡터가 처음에 잘못된 유형을 가지지 않도록 해야 한다. 예를 들어, `readr` 패키지의 `col_types` 사양을 조정해야 할 수도 있다.
다음의 <표 4.2>는 데이터 유형을 명시적으로 강제 변환하는 주요 함수들을 수록하고 있다.

**표 4.2: 데이터 유형 강제 변환 함수들**

| 함수 | 설명 |
|---|---|
| as.character(x) | x를 문자형으로 강제 변환 |
| as.numeric(x) 또는 as.double(x) | x를 숫자형 또는 실수형으로 강제 변환 |
| as.integer(x) | x를 정수형으로 강제 변환 |
| as.logical(x) | x를 논리형으로 강제 변환 |
| as.Date(x) | x를 날짜형으로 강제 변환 |
| as.complex(x) | x를 복소수형으로 강제 변환 |

벡터의 유형을 명시적으로 강제 변환하는 예를 위해 다음과 같이 `data1` 벡터를 생성한다.

```
## 명시적 강제 변환의 예이다.
# 정수형 벡터를 생성한다.
data1 <- 2010:2020
typeof(data1)
## [1] "integer"
```

- `data1`은 정수형 벡터이다.

이제 정수형 벡터 data1을 문자형, 실수형으로 강제 변환시켜 보겠다 정수형을 문자형으로 강제 변환하기 위해서는 as.character() 함수를, 실수형으로 강제 변환하기 위해서는 as.numeric() 함수를 그리고 정수형으로 강제 변환하기 위해서는 as.integer() 함수를 이용한다.

```
## 명시적 강제 변환의 예이다.
# 정수형 data1을 문자형 conv1으로 강제변환한다.
conv1 <- as.character(data1); typeof(conv1)
## [1] "character"

# 문자형 conv1을 정수형 conv2로 강제변환한다.
conv2 <- as.integer(conv1); typeof(conv2)
## [1] "integer"

# 정수형 conv2를 실수형 conv3으로 강제변환한다.
conv3 <- as.numeric(conv2); typeof(conv3)
## [1] "double"
```

이번에는 정수형 벡터를 as.logical() 함수를 이용하여 강제로 논리형으로 변경해 보겠다

```
## 명시적 강제 변환의 예이다.
# 정수형 벡터 data2를 논리형 벡터 conv4로 강제 변환하는 예이다.
data2 <- c(0, 2, 0, 1, 1, 0)
conv4 <- as.logical(data2); typeof(conv4)
## [1] "logical"
```

문자형 벡터를 as.Date() 함수를 이용하여 날짜형 벡터로 변경할 수 있다. 다만 문자형 벡터의 데이터 요소들이 통일된 형태의 날짜로 입력이 되어 있어야 한다.

```
## 명시적 강제 변환의 예이다.
# 날짜를 데이터 요소로 하는 문자형 벡터를 생성한다.
data3 <- c("2021-01-01", "2022-01-01", "2023-01-01", "2024-01-10")

## as.Date() 함수를 이용하여 문자형 벡터를 날짜형 벡터로 강제 변환한다.
conv5 <- as.Date(data3)

# 날짜형 벡터의 원시 데이터 형을 확인한다.
```

```
typeof(conv5)
## [1] "double"

# 날짜형 벡터의 클래스를 확인한다.
class(conv5)
## [1] "Date"
```

여기서 conv5의 경우 원시자료형으로는 double 형이며, 클래스는 Date 형 임을 알 수 있다.

#### 4.4.2.2 readr 패키지의 강제 변환 함수들

tidyverse 패키지 안에 포함되어 있는 readr 패키지에는 다음과 같은 벡터의 데이터 유형을 강제로 변환시켜 주는 parse_*() 함수들이 있다. 특히, parse_*() 함수들은 벡터의 요소 값을 결측치로 처리할 수 있게 해주는 na = 인수를 제공하고 있다.

parse_*() 함수들의 기본 형식은 다음과 같다.

```
parse_logical(x, na = c("","NA"), locale = default_locale(),
              trim_ws = TRUE)
parse_integer(x, na = c("","NA"), locale = default_locale(),
              trim_ws = TRUE)
parse_double(x, na = c("","NA"), locale = default_locale(),
              trim_ws = TRUE)
parse_character(x, na = c("","NA"), locale =
              default_locale(), trim_ws = TRUE)
parse_character(x, na = c("","NA"), locale =
              default_locale(), trim_ws = TRUE)
```

readr 패키지를 설치하고, 불러오기를 한다.

```
## 명시적 강제 변환의 예이다.
# 패키지 설치하고 불러옵니다.
# install.packages("readr")
library(readr)
```

다양한 parse_*() 함수의 사용 예를 확인하기 바란다.

```
## 명시적 강제 변환의 예이다.
# parse_integer() 함수 : 문자형 벡터를 정수형 벡터로 강제변환한다.
parse_integer(c("1", "2", "3"))
## [1] 1 2 3

# parse_double() 함수 : 문자형 벡터를 실수형 벡터로 강제변환한다.
parse_double(c("1.56", "2.34", "3.56"))
## [1] 1.56 2.34 3.56
# parse_logical() 함수 : 문자형 벡터를 논리형 벡터로 강제변환한다
parse_logical(c("true", "false"))
## [1]  TRUE FALSE

# parse_number() 함수 : 문자형 벡터를 숫자형 벡터로 강제변환한다
parse_number(c("0%", "10%", "150%"))
## [1]   0  10 150

# parse_number() 함수 : 문자형 벡터를 숫자형 벡터로 강제변환한다
parse_number(c("$1,234.5", "$12.45"))
## [1] 1234.50   12.45

# parse_datetime() 함수 : 문자형 벡터를 날짜-시간형 벡터로 강제변환한다
parse_datetime("2010-10-01 21:45")
## [1] "2010-10-01 21:45:00 UTC"

# parse_date() 함수 : 문자형 벡터를 날짜형 벡터로 강제변환한다
parse_date("2010-10-01")
## [1] "2010-10-01"

# parse_time() 함수 : 문자형 벡터를 시간형 벡터로 강제변환한다
parse_time("1:00pm")
## 13:00:00
```

특히, 날짜와 시간을 다루는 parse_datetime() 함수, parse_date() 함수, 그리고 parse_time() 함수들은 잘 숙지할 필요가 있다.

# 4.5 자동 반복

벡터 간에 상호 호환되도록 벡터의 유형을 암시적으로 강제변환하는 것에 대하여 지금까지 살펴 보았다. 그런데, R은 벡터의 길이도 암시적으로 강제 변환을 한다. 이번 절에서는 이러한 벡터 길이의 변환에 대하여 살펴보도록 하겠다.

길이가 서로 다른 두 벡터의 연산을 하는데 있어서, R은 두 벡터의 길이를 자동으로 맞춰준다. 길이가 더 짧은 벡터를 더 긴 길이를 갖는 벡터의 길이와 같게 데이터 요소들을 자동 반복(recycling)하여 채워준다. 이를 벡터의 자동반복(recyling)이라고 한다.

## 4.5.1 벡터와 스칼라의 연산

자동반복은 일반적으로 벡터와 "스칼라"의 혼합 연산에서 가장 유용하다. R은 실제로 스칼라가 없고, 대신 길이가 1인 벡터로 처리한다. 따라서 스칼라가 없기 때문에 대부분의 내장 함수는 스칼라를 벡터화하여 작동하게 된다.

이에 대하여 다음의 코드에서 확인해 보겠다.

먼저 `sample()` 함수를 이용하여 데이터 세트 `data`를 생성하겠다.

```
## 자동 반복의 예이다.
# data 벡터를 생성한다.
set.seed(5)
data <- sample(10)
data
##  [1]  2  9  7  3  1  6  5 10  4  8
```

- `sample(10)` 함수로 10개의 데이터 요소를 갖는 벡터가 생성되었다.

이제 벡터 `data`에 스칼라 100을 더해 보겠다.

```
## 자동 반복의 예이다.
# 벡터와 스칼라의 덧셈 연산을 한다.
data1 <-  data + 100
data1
##  [1] 102 109 107 103 101 106 105 110 104 108
```

- 스칼라 100은 마치 10개의 100요소를 갖는 벡터와 같이 자동 채움이 되어 연산되었음을 알 수 있다.

한편, R에서 기본적인 산술 연산은 벡터로 작동한다. 즉, 간단한 벡터 간의 산술 연산을 수행할 때 명시적으로 반복 구문을 수행할 필요가 없다.

### 4.5.2 길이가 다른 두 벡터의 연산

지금까지 벡터와 "스칼라"의 연산에 대하여 살펴보았다. 그런데, 길이가 다른 두 벡터의 연산은 어떻게 이루어지는가를 살펴볼 필요가 있다.
먼저 두 벡터의 길이가 배수 관계에 있는 경우에는 짧은 벡터는 자동 반복이 되어 연산이 된다.

```
## 자동 반복의 예이다.
# 길이가 배수의 관계가 있는 경우의 길이가 다른 두 벡터를 연산한다.
1:10 + 1:2
##  [1]  2  4  4  6  6  8  8 10 10 12
```

- 1:10은 요소가 10개이고, 반면에 1:2는 요소가 2개이다. 이 경우 1:2가 5번 자동 반복이 되어 연산이 됨을 알 수 있다.

한편, 두 벡터의 길이가 배수 관계에 있지 않은 경우에도 짧은 벡터는 자동반복이 된다.

```
## 자동 반복의 예이다.
# 길이가 배수의 관계가 있는 경우의 길이가 다른 두 벡터를 연산한다.
1:10 + 1:3
```

```
## Warning in 1:10 + 1:3: longer object length is not a multiple of shorter object
## length
##  [1]  2  4  6  5  7  9  8 10 12 11
```

- 1:10은 요소가 10개, 그런데 1:3은 요소가 3개이다. 즉 10은 3의 정수 배수가 안되어, 이와 관련한 경고 메시지로 "두 객체의 길이가 서로 배수관계에 있지 않습니다"를 반환한다. 그러나 계산은 정상적으로 이루어짐을 알 수 있다.

여기서 R은 가장 짧은 벡터를 가장 긴 벡터와 같은 길이로 확장함을 알 수 있다. 긴 벡터의 요소 개수가 짧은 벡터의 요소 개수에 정수 배수가 되면 R은 알아서 짧은 벡터를 자동 반복시켜 처리한다. 그리고, 정수 배수 관계에 있지 않은 경우에는 경고 메시지를 보여 준다.

벡터의 자동 반복은 매우 간결하고 영리한 코드를 만드는 데 사용할 수 있지만 문제를 조용히 숨길 수도 있다. 이러한 이유로 tidyverse 패키지의 벡터화된 함수는 스칼라가 아닌 다른 것을 자동 반복할 때 오류를 발생시킨다. tidyverse 패키지의 벡터 함수들은 rep() 함수를 사용하여 직접 자동 반복을 수행해야 한다.

# 4.6 벡터의 데이터 요소

## 4.6.1 벡터의 데이터 요소에 이름 붙이기

벡터의 데이터 요소에 이름을 붙일 수 있다.

c() 함수를 사용하여 벡터를 생성하면서 각 데이터 요소의 이름을 지정할 수 있다.

```
## 벡터 요소에 이름을 붙이는 예이다.
# 벡터를 생성하면서 각 요소의 이름을 붙일 수 있다.
c(x = 1, y = 2, z = 4)
## x y z
## 1 2 4
```

base 패키지의 names() 함수나 purrr 패키지의 set_names() 함수를 이용하여 벡터 객체의 names 속성에 이름을 부여할 수도 있다.

다음은 벡터 x를 생성하고, names() 함수를 이용하여 데이터 요소에 이름을 붙여주는 예이다.

```
## 벡터 요소에 이름을 붙이는 예이다.
# names() 함수를 이용하여 벡터의 요소에 이름을 붙이다.
x <- 1:3
names(x) <- letters[1:3] ; x
## a b c
## 1 2 3
```

그리고 이러한 이름을 제거하려면 다음과 같이 names() 함수에 NULL을 할당해 주면 된다.

```
## 벡터 요소에 이름을 붙이는 예이다.
# names() 함수에 NULL을 할당하여 이름을 없앨 수 있다.
names(x) <- NULL; x
## [1] 1 2 3
```

참고로 purrr 패키지에서 제공하는 set_names() 함수를 이용하는 예를 들어 보겠다

먼저 purr 패키지를 설치하고 불러오기 한다.

```
## 벡터 요소에 이름을 붙이는 예이다.
# purrr 패키지를 설치하고 불러옵니다.
# install.packages("purrr")
library(purrr)
```

이제 벡터 x에 대하여 set_names() 함수를 이용하여 데이터 요소에 이름을 붙여 보고, 또 이름을 제거해 보겠다.

```
## 벡터 요소에 이름을 붙이는 예이다.
# 벡터 x를 생성한다.
x <- 1:3

# 벡터 x의 데이터 요소에 이름을 붙이다.
set_names(x, c("A", "B", "C"))
```

```
## A B C
## 1 2 3

# 벡터 x의 데이터 요소 이름을 제거한다.
set_names(x, NULL)
## [1] 1 2 3
```

## 4.6.2 벡터의 데이터 요소 접근

벡터는 색인(인덱스, indexing)을 사용하여 벡터의 데이터 요소에 접근하여 그 요소 값을 확인할 수 있다. 인덱싱에 사용되는 벡터는 논리형, 정수형 또는 문자형 등이 사용된다.

### 4.6.2.1 정수형 벡터 색인

벡터의 색인번호(곧 인덱스)는 요소가 벡터 내에 위치하는 번호이다. R에서는 이 인덱스가 0이 아닌 1부터 시작한다. 그리고 이러한 색인 번호를 정수형 벡터로 생성한 다음, 벡터 요소의 접근을 위한 인덱스로 사용할 수 있다. 이때 인덱스를 사용하기 위해서는 `변수명[인덱스 벡터]`와 같이 변수명 다음의 대괄호([])안에 인덱스 벡터를 기입하면 된다.

벡터의 데이터 요소를 확인하는 예를 위해, 다음과 같이 벡터 x를 생성하고, 정수형 색인의 예를 살펴보면 다음과 같다.

```
## 벡터의 데이터 요소에 접근하는 예이다.
# 데이터를 생성한다.
x <- c(1, 2, 3, 4, 5)

## 2번째 데이터 요소를 확인한다.
x[2]
## [1] 2

## (1, 3, 5) 번째 데이터 요소를 확인한다.
x[c(1, 3, 5)]
## [1] 1 3 5
```

그런데, 색인 번호 앞에 (-) 기호를 붙여 그 요소를 제외시킬 수도 있다. 다음은 첫번째 요소를 제외한 나머지 데이터 요소를 확인하는 예이다.

```
## 벡터의 데이터 요소에 접근하는 예이다.
# 음수의 사용 (해당 요소 제외)
# 1번째 요소를 제외한 요소 값을 확인한다.
x[-1]
## [1] 2 3 4 5
```

그리고, 1, 3번째 요소를 동시에 제외한 나머지 요소를 확인하려는 경우의 예는 다음과 같다.

```
## 벡터의 데이터 요소에 접근하는 예이다.
# 음수의 사용 (해당 요소 제외)
# 1번째 요소를 제외한 요소 값을 확인한다.
x[c(-1, -3)]
## [1] 2 3 4 5
```

그런데 색인에 음수와 양수를 동시에 쓰면 에러가 발생하게 된다.

```
## 벡터의 데이터 요소에 접근하는 예이다.
# 색인으로 음수와 양수를 동시에 사용하면 Error가 발생한다.
x[c(-1, 3)]
## Error in x[c(-1, 3)]: only 0's may be mixed with negative subscripts
```

### 4.6.2.2 which() 함수의 이용

`which()` 함수를 이용하면, 원하는 조건을 만족하는 벡터의 데이터 요소 색인를 찾을 수 있다. 검색 조건을 `which()` 함수의 인수로 입력하면, `which()` 함수는 이 조건을 만족하는 벡터의 색인 번호를 반환해 준다.

다음은 벡터 x의 요소 중에서 2보다 큰 값을 가지는 요소의 색인을 반환하는 예이다.

```
## 벡터의 데이터 요소에 접근하는 예이다.
# 벡터 x를 생성한다.
x <- c(6, 2, -3, 1, 5)

# 벡터 x의 각 요소 중 2보다 큰 조건을 만족하는 색인 벡터 z를 구한다.
z <- which(x > 2)

# 벡터 z를 색인으로 사용한다.
x[z]
## [1] 6 5
```

- z는 x > 2 조건을 만족하는 데이터 요소의 색인 벡터이다.
- x[z]는 x > 2 조건을 만족하는 데이터 요소를 반환한다.

#### 4.6.2.3 논리형 벡터 색인

인덱싱에 논리형 벡터를 사용하면 논리형 벡터에서 TRUE 인 위치의 요소에 해당하는 벡터 요소만 반환한다. 이 유용한 기능을 벡터 필터링이라고 하며, 매우 유용하게 사용된다.

다음과 같이 x 벡터가 있을 때, 그 값이 2보다 큰(x > 2) 요소만 확인하고자 한다면, 다음과 같이 할 수 있다. 즉, 인덱스로 값을 비교하는 조건식을 이용할 수 있다.

```
## 벡터의 데이터 요소에 접근하는 예이다.
# 조건식을 만족하는 논리형 벡터를 이용하여 데이터 요소를 확인한다.

벡터를 생성한다.
x <- c(6, 2, -3, 1, 5)

# 색인에 검색 조건을 기입하여 데이터 요소를 확인한다.
x[x > 2]
## [1] 6 5
```

이는 다음과 같은 조건식으로 논리형 벡터를 생성하고, 이 논리형 벡터를 인덱싱에 사용하는 것이다.

```
## 벡터의 데이터 요소에 접근하는 예이다.
# 조건식을 만족하는 논리형 벡터를 이용하여 데이터 요소를 확인한다.

# 벡터를 생성한다.
x <- c(6, 2, -3, 1, 5)

# 조건식을 만족하는 논리형 벡터 Z를 생성한다.
z <- x > 2

# 논리형 벡터를 색인으로 사용한다.
x[z]
## [1] 6 5
```

- 논리형 벡터 z의 TRUE에 해당하는 데이터 요소와 대응이 되는 벡터 x의 데이터 요소가 반환된다.

다음과 같이 x 벡터가 있을 때, 그 값이 2와 4의 사이에 있는 요소만 확인하고자 할 때는, 3.4.3에서 학습하였던 논리 연산자 &를 사용하면 된다. 다음의 예를 확인하기 바란다.

```
## 벡터의 데이터 요소에 접근하는 예이다.
# 벡터를 생성한다.
x <- c(6, 2, -3, 1, 5, 3)

# 복합 검색 조건을 사용하여 인덱싱한다
x[x >=2 & x <=4]
## [1] 2 3
```

이는 다음과 같은 단계를 거쳐 그 결과가 출력되는 것이다.

```
# 벡터를 생성한다.
x <- c(6, 2, -3, 1, 5, 3)

# 조건식으로 데이터 요소를 비교한 결과를 논리형 벡터로 생성한다.
z <- ( x >= 2 & x <= 4 )

# 논리형 벡터 z를 색인으로 사용한다.
x[z]
## [1] 2 3
```

이러한 조건식에 의한 요소의 확인은 다음의 4.9에서 다루는 데이터 요소 값의 수정에서도 유용하게 활용할 수 있다.

#### 4.6.2.4 문자형 벡터 색인

이전에 4.6.1에서 벡터의 요소들에 이름을 붙이는 방법에 대하여 살펴보았다. 이렇게 데이터 요소에 이름을 붙이면 벡터를 처리할 때 유용한데, 각 요소에 붙여진 이름을 벡터의 인덱싱에 사용할 수 있기 때문이다. 즉, 이러한 데이터 요소의 이름 중 원하는 이름으로 구성된 문자형 벡터를 생성하여 벡터의 색인으로 사용하면 되는 것이다.

다음의 예를 확인하기 바란다.

```
## 벡터의 데이터 요소에 접근하는 예이다.
# 벡터를 생성한다.
x <- c(1, 3, 5, 7, 9)
x
## [1] 1 3 5 7 9

# x 벡터의 데이터 요소에 이름을 붙이다.
names(x) <- LETTERS[1:5]
x
## A B C D E
## 1 3 5 7 9

## x 벡터의 색인에 데이터 요소의 이름을 사용한다.
# "A" 이름을 갖는 데이터 요소를 확인한다.
x["A"]
## A
## 1

# "A", "C", "D"  이름을 갖는 데이터 요소를 확인한다.
x[c("A", "C", "D")]
## A C D
## 1 5 7
```

그런데, 문자형 벡터에는 (-) 기호를 사용할 수 없다.

```
## 벡터의 데이터 요소에 접근하는 예이다.
# 문자형 벡터에 - 기호는 사용할 수 없다.
x[-c("A", "C", "D")]
## Error in -c("A", "C", "D"): invalid argument to unary operator
```

# 4.7 벡터의 결합

## 4.7.1 벡터의 결합

여러 개의 벡터를 하나의 벡터로 결합하는 것은 c() 함수를 이용한다.

다음은 x, y 두 개의 벡터를 벡터 z로 결합하는 예를 보여주고 있다.

```
## 벡터의 결합 예이다.
# 두 개의 벡터를 생성한다.
x <- c(1, 2, 3); y <- c(4, 5, 6)

# 두 개의 벡터를 c() 함수를 이용하여 z 벡터로 결한다.
z <- c(x, y)
z
## [1] 1 2 3 4 5 6
```

## 4.7.2 벡터 요소의 추가

하나의 벡터에 데이터 요소를 추가하고 싶은 경우에는 4.10에서 다루는 벡터의 서브 세팅 방법으로 벡터를 분리하고 그 사이에 추가할 데이터 요소를 c() 함수롤 결합하는 방법을 사용한다. 예를 들어, 벡터 x의 4번째 데이터 요소로 8이라는 요소를 삽입하는 예는 다음과 같다.

```
## 벡터 요소를 추가하는 예이다.
# 벡터 x를 생성한다.
x <- c(1,3, 5, 7, 9, 11)

# 벡터 x를 x1과 x2로 서브 세팅한다.
x1 <- x[1:3]
x2 <- x[4:6]

# c() 함수로 x1과 x2 사이에 8을 추가하여 결합한다.
x <- c(x1, 8, x2); x
## [1]  1  3  5  8  7  9 11
```

## 4.7.3 문자형 벡터의 결합 함수

문자형 벡터의 결합은 paste() 함수나 paste0() 함수를 이용한다. 이 두 함수의 차이는 paste() 함수는 문자열을 결합할 때 구분자를 sep = 인수로 지정할 수 있다. 반면에, paste0() 함수는 요소들을 결합할 때 구분자 없이 모든 요소를 하나의 문자열로 결합해 준다. 이들 함수의 도움말은 콘솔창에 ?paste()와 ?paste0()을 입력하여 확인할 수 있다.

### 4.7.3.1 paste() 함수의 이용

paste() 함수를 이용하여 문자형 벡터를 결합하는 예를 들어 보겠다. 먼저 두 개의 문자형 벡터를 생성한다.

```
## 벡터의 결합 예이다.
# 데이터 세트
x <- c("이", "박", "김", "최", "차"); x
## [1] "이" "박" "김" "최" "차"
y <- c("순신", "원순", "재경", "창원", "태균"); y
## [1] "순신" "원순" "재경" "창원" "태균"
```

paste() 함수의 sep = 인수에 구분자를 입력하여 문자형 벡터의 각 요소들을 결합하는데 이용할 수 있다.

```
## 벡터의 결합 예이다.
# paste(x) 함수를 이용하여 문자형 벡터의 각 요소들을 결합한다.
# 구분자가 입력이 안된 경우 공란(" ")을 구분자로 한다.
s1 <- paste(x,y); s1
## [1] "이 순신" "박 원순" "김 재경" "최 창원" "차 태균"

# paste(x, sep ="," ) 함수를 이용하여 문자형 벡터의 각 요소들을 결합한다.
# 쉼표(",")을 구분자로 한다.
s2 <- paste(x, y, sep=","); s2
## [1] "이,순신" "박,원순" "김,재경" "최,창원" "차,태균"
# paste(x, sep ="" ) 함수를 이용하여 문자형 벡터의 각 요소들을 결합한다.
# 공란없이("") 두 벡터의 요소를 결합한다.
```

```
s3 <- paste(x, y, sep=""); s3
## [1] "이순신" "박원순" "김재경" "최창원" "차태균"
```

다음은 paste0() 함수로 문자형 벡터 두 개를 결합하는 예이다.

```
## 벡터의 결합 예이다.
# paste0(x) 함수를 이용하여 문자형 벡터의 각 요소들을 결합한다.
# x와 y의 각 요소들을 공란없이 결합하여 문자열 벡터를 생성한다.
s5 <- paste0(x, y); s5
## [1] "이순신" "박원순" "김재경" "최창원" "차태균"
```

# 4.8 벡터의 연산

벡터의 연산은 산술 연산, 비교 연산, 그리고 논리 연산 등으로 살펴볼 수 있다. 그리고 이러한 연산에 사용되는 연산자들에 대하여 3.4에서 이미 살펴본 바 있다.

## 4.8.1 산술 연산

### 4.8.1.1 단순 산술 연산

단순 스칼라의 경우에는 더하기(+), 빼기(-), 곱하기(*), 나누기(/), 나머지(%%), 몫(%/%) 등의 연산을 수행할 수 있다.

```
## 단순 산술 연산 예이다.
# 단순 덧셈 연산이다.
x <- 5 + 2; x
## [1] 7

# 단순 뺄셈 연산이다.
x <- 5 - 3; x
## [1] 2
```

```
# 단순 곱셈 연산이다.
x <- 5 * 2; x
## [1] 10

# 단순 나눗셈 연산이다.
x <- 5 / 2; x
## [1] 2.5

# 단순 나머지 연산이다.
x <- 5 %% 2; x
## [1] 1

# 단순 몫 연산이다.
x <- 5 %/% 2; x
## [1] 2

# 단순 제곱 연산이다.
x <- 5 ^ 2; x
## [1] 25
```

#### 4.8.1.2 벡터의 산술 연산

벡터의 산술 연산인 더하기(+), 빼기(-), 곱하기(*), 나누기(/), 나머지(%%), 몫(%/%) 등의 연산은 연산자 좌우에 있는 두 벡터에 대하여 대응되는 각 데이터 요소별로 연산이 이루어 진다.

다음의 벡터 산술 연산의 예를 확인해 보기 바란다.

```
## 벡터의 산술 연산 예이다.
# 벡터를 생성한다.
x <- c(1, 2, 3, 4)
y <- c(2, 3, 4, 5)
z <- c(1, 2)

# 벡터의 더하기 연산이다.
w1 <- x + y; w1
## [1] 3 5 7 9

# 벡터의 빼기 연산이다.
w2 <- x - z; w2
## [1] 0 0 2 2
```

```
# 벡터의 곱하기 연산이다.
w3 <- x * z; w3
## [1] 1 4 3 8

# 벡터의 나누기 연산이다.
w4 <- x / z; w4
## [1] 1 1 3 2

# 벡터의 몫 연산이다.
w5 <- y %/% x; w5
## [1] 2 1 1 1

# 벡터의 나머지 연산이다.
w6 <- y %% x; w6
## [1] 0 1 1 1

# 벡터의 제곱 연산이다.
w7 <- y ^ x; w7
## [1]   2   9  64 625
```

#### 4.8.1.3 서로 다른 유형의 벡터 연산

좌우의 벡터가 데이터 유형이 다른 경우에 연산이 어떻게 되는지 간단히 예를 들어 다음에서 살펴보겠다.

기본적으로 문자형 벡터의 경우에는 산술 연산이 되지 않다. 다음과 같은 벡터 y는 문자형 벡터로 y + 1과 같은 산술 연산시 에러가 발생함을 알 수 있다.

```
## 서로 다른 유형의 벡터 산술 연산 예이다.
# 다음의 벡터 y는 강제로 문자형 벡터로 변환이 된다.
y <- c("A", 1, 2)

# 문자형 데이터의 산술 연산은 에러 발생
z <- y + 1
## Error in y + 1: non-numeric argument to binary operator
```

논리형 벡터와 숫자형 벡터의 연산의 경우에는 논리형 벡터가 정수형 벡터로 강제 변환이 되어 산술 연산이 된다. 다음의 예를 확인하기 바란다.

```
## 서로 다른 유형의 벡터 산술 연산 예이다.
#  논리형 벡터 x와 숫자형 벡터 y를 생성한다.
x <- c(T, F, TRUE, FALSE)
y <- c(1, 3)

# 두 벡터의 산술연산이 된다.
x + y
## [1] 2 3 2 3
```

- 논리형 벡터 x는 `c(1, 0, 1, 0)`의 정수형 벡터로 강제 변환이 되어 산술 연산이 이루어진다.

### 4.8.2 비교 연산

비교 연산에는 3.4.2에서 살펴본 비교 연산자들이 사용되며, 이 연산자 좌우의 벡터들의 데이터 요소를 비교하고, 그 결과를 논리형(TRUE 또는 FALSE)으로 반환하는 연산이다.

- `>=, >, ==, <, <=` : 결과는 'TRUE' 또는 'FALSE'의 값을 가진다.

다음의 벡터의 비교 연산 예를 확인하기 바란다.

```
## 벡터의 비교 연산 예이다.
# 두 수를 비교한다.
x <- 5 < 3; x
## [1] FALSE

# 벡터 y를 특정 값과 비교한다.
y <- c(10, 20, 30)
z <- y <= 10
z
## [1]  TRUE FALSE FALSE

# 두 개의 벡터를 비교한다.
x <- c(2, 14, 5, 9)
y <- c(3, 11)
x < y
## [1]  TRUE FALSE FALSE  TRUE
```

### 4.8.3 논리 연산

3.4.3에서 살펴본 바 있는 논리 연산자(|, &, !, ||, &&) 등이 벡터의 논리 연산(AND, OR, NOT 등)에 사용된다.

숫자형 벡터의 경우 값이 0인 경우는 FALSE, 그 이외에는 TRUE가 된다.

다음의 벡터의 논리 연산에 대한 예를 확인하기 바란다.

```
## 벡터의 논리 연산 예이다.
# 벡터를 생성한다.
x <- c(TRUE, TRUE, FALSE, FALSE)
y <- c(TRUE, FALSE, TRUE, FALSE)

# 두 벡터의 요소별 논리합 연산을 한다.
# 두 요소가 모두 'FALSE'인 경우에만 'FALSE'. 그 이외에는 'TRUE'이다.
x | y
## [1]  TRUE  TRUE  TRUE FALSE

# 두 벡터의 요소별 논리곱 연산을 한다.
# 두 요소가 모두 'TRUE'인 경우에만 'TRUE'. 그 이외에는 'FALSE'이다.
x & y
## [1]  TRUE FALSE FALSE FALSE

# 벡터의 논리부정 연산이다.
!x
## [1] FALSE FALSE  TRUE  TRUE

# 벡터의 논리합 연산이다.
x[1] || y[1]
## [1] TRUE

# 벡터의 논리곱 연산이다.
x[1] && y[1]
## [1] TRUE

# isTRUE() 함수의 사용 예이다.
isTRUE(y)
## [1] FALSE
```

# 4.9 벡터의 수정

4.6.2에서 살펴본 벡터 요소에 접근하는 방법을 이용하여 수정을 원하는 데이터 요소에 접근하고, 할당 연산자(<-)를 이용하여 접근된 요소에 새로운 값을 할당하면 요소 데이터의 수정이 이루어지는 것이다.

먼저 정수형 색인 2로 요소에 접근하여 요소 데이터를 수정해 보겠다.

```
## 벡터의 수정 예이다.
# 벡터를 생성한다.
x <- seq(-2, 8, 2)

# 단일 색인을 이용한 수정
x[2] <- 20; x
## [1] -2 20  2  4  6  8
```

- x[2]가 하나의 변수로 사용된다는 점을 주목하기 바란다.

이제 색인으로 정수형 벡터를 사용하고 데이터를 수정해 보겠다. 다음은 3번째와 4번째 데이터 요소를 15로 변경하는 예이다.

```
## 벡터의 수정 예이다.
# 정수형 벡터 색인을 이용한 수정
x[c(3, 4)] <- 15; x
## [1] -2 20 15 15  6  8
```

- x[c(3, 4)]도 하나의 변수로 사용된다.

이번에는 논리형 벡터를 색인으로 하여 데이터 요소에 접근하고 데이터를 수정하는 방법에 대하여 살펴보겠다.

다음은 앞의 벡터 x에서 10보다 작은 데이터 요소를 찾고, 그 데이터 요소를 모두 10으로 변경하는 예이다.

```
## 벡터의 수정 예이다.
# 조건식을 만족하는 논리형 벡터 색인을 이용하여 데이터 요소를 수정한다.
x[x < 10] <- 10; x
## [1] 10 20 15 15 10 10
```

- x[x <= 10]도 하나의 변수로 사용된다.

이제 문자형 벡터를 색인으로 하여 데이터 요소에 접근하고 데이터를 수정하는 방법에 대하여 살펴보겠다 다음은 벡터 x에 names() 함수로 이름을 부여하고, 문자형 벡터 c("A", "D")를 색인으로 하여 해당 데이터 요소 값을 3으로 변경하는 예를 보여주고 있다.

```
## 벡터의 수정 예이다.
# 벡터 이름을 문자형 색인으로 하여 데이터 요소를 수정한다.
# 벡터 x에 이름을 붙이다.
names(x) <- LETTERS[1:6]
x[c("A", "D")] <- 3; x
##  A  B  C  D  E  F
##  3 20 15  3 10 10
```

# 4.10 벡터의 서브 세팅

벡터를 서브 세팅하는 방법에는 4.6.2에서 살펴본 데이터 요소에 접근하는 3가지의 인덱싱 방법을 활용하는 방법과 결측치를 처리하는 방법 등의 네 가지 방법이 있다. 이 절에서는 이러한 벡터의 서브 세팅에 대하여 살펴보겠다.

## 4.10.1 정수형 벡터 색인을 이용한 서브 세팅

정수형 벡터 색인을 이용한 서브 세팅은 벡터의 데이터 요소에 대한 색인으로 구성된 숫자형 벡터를 이용하는 방법이다.

다음은 벡터 x1을 생성하고, 특정 순서의 색인 벡터로 서브 세팅하는 예이다.

```
## 벡터의 서브 세팅 예이다.
# 벡터를 생성한다.
x1 <- c("one", "two", "three", "four", "five")

# 정수형 벡터를 색인으로 이용한 서브 세팅 방법이다.
# x1의 3, 2, 5 번째의 순으로 요소들을 서브 세팅한다.
y1 <- x1[c(3, 2, 5)]; y1
## [1] "three" "two"   "five"
```

- x1을 서브 세팅하여 벡터 y1에 할당하였다.

다음은 색인 번호를 복수 번 선택하는 색인 벡터를 생성하여 서브 세팅하는 예를 보여주고 있다.

```
# 정수형 벡터를 색인으로 이용한 서브 세팅 방법이다.
# y2벡터는 x1의 1번째 요소를 2번, 5번째 요소를 3번,
# 그리고 2번쨰 요소를 1번 서브 세팅한다.
y2 <- x1[c(1, 1, 5, 5, 5, 2)]; y2
## [1] "one"  "one"  "five" "five" "five" "two"
```

색인 번호를 음수로 사용하여 그 데이터 요소를 제외시킬 수 있다. 다음은 (1, 3, 5) 요소를 제외하고 서브 세팅하는 예를 보여주고 있다.

```
## 벡터의 서브 세팅 예이다.
# 정수형 벡터를 색인으로 이용한 서브 세팅 방법이다.
# 음수의 사용은 그 요소를 제거한다. 즉, y3는 x1의 1번째,
# 3번째, 5번째 요소를 제외한 서브 세팅이다.
y3 <- x1[c(-1, -3, -5)]; y3
## [1] "two"  "four"
```

그런데, 색인 벡터에 양수 색인과 음수 색인을 동시에 사용할 수는 없다. 이 경우에는 에러가 발생하게 된다.

```
## 벡터의 서브 세팅 예이다.
# 정수형 벡터를 색인으로 이용한 서브 세팅 방법이다.
# 그러나 음수와 양수를 동시에 사용하면 Error가 발생한다.
y4 <- x1[c(1, -1)]; y4
## Error in x1[c(1, -1)]: only 0's may be mixed with negative subscripts
## Error in eval(expr, envir, enclos): object 'y4' not found
```

### 4.10.2 논리형 벡터 색인을 이용한 서브 세팅

서브 세팅의 조건을 조건식으로 설정하고 조건식의 결과인 논리형 벡터를 색인에 이용하여 벡터를 서브 세팅하는 방법이다.

다음은 벡터의 요소가 짝수인 요소들만 서브 세팅하는 예를 보여주고 있다.

```
## 벡터의 서브 세팅 예이다.
# 벡터를 생성한다.
x3 <- c(2, 4, 3, 2, 5, 7)

# 논리형 벡터를 이용한 서브 세팅이다.
y5 <- x3[x3 %% 2 == 0]; y5
## [1] 2 4 2
```

### 4.10.3 문자형 벡터 색인을 이용한 서브 세팅

벡터 요소에 이름이 부여되어 있는 경우의 그 이름들로 구성된 문자형 벡터를 색인으로 이용하여 서브 세팅하는 방법이다.

다음은 이름이 부여된 벡터 x4에 대하여 이름으로 구성된 문자형 벡터 c("xyz", "def")로 x4를 색인하여 서브 세팅하고 변수 y6에 할당하는 예를 보여주고 있다.

```
## 벡터의 서브 세팅 예이다.
# 벡터의 이름을 이용한 서브 세팅이다.
# x4는 이름이 붙여진 벡터이다.
x4 <- c(abc = 1, def = 2, xyz = 5)
y6 <- x4[c("xyz", "def")]; y6
## xyz def
##   5   2
```

### 4.10.4 결측치를 처리한 서브 세팅

결측치 NA를 포함하고 있는 벡터의 경우 !isNA() 함수를 이용하여 결측치를 제거할 수 있으며, 이러한 결측치가 제거된 벡터를 생성할 수 있다.

```
## 벡터의 서브 세팅 예이다.
# 결측치를 포함하는 벡터를 생성한다.
x5 <- c(10, 3, NA, 5, 8, 1, NA)

## 결측치를 제거하는 !is.na() 함수를 이용하여 서브 세팅한다.
y7 <- x5[!is.na(x5)]; y7
## [1] 10  3  5  8  1
```

- NA는 결측치를 나타낸다.
- y7은 x5의 요소 중 NA가 아닌 요소(!is.na(x5))만을 서브 세팅한 벡터이다.

이러한 결측치를 제외한 서브 세팅은 데이터의 전처리에 많이 사용되는 방법이다.

## 4.11 벡터의 연산 함수

숫자형 벡터의 연산과 관련하여 R이 제공하는 주요 함수들을 알아두면 편리하다. 다음에서 몇 가지 예를 살펴 보겠다.

```
## 벡터와 관련된 알아두면 좋은 함수
# 벡터를 생성한다.
x <- c(1, 4, 4, 8, 2)
y <- c(3, 2, -2, 4, -1)

# 개별 요소 각각에 적용되는 함수이다.
# 각 요소의 제곱근을 반환한다.
sqrt(x)
## [1] 1.000000 2.000000 2.000000 2.828427 1.414214

# 개별 요소 각각에 적용되는 함수이다.
# 각 요소의 절대값을 반환한다.
abs(y)
## [1] 3 2 2 4 1

# 벡터 요소 전체의 합계, 곱하기 등에 적용되는 함수이다.
# 모든 요소의 합을 반환한다.
sum(x)
## [1] 19

# 벡터 요소 전체의 합계, 곱하기 등에 적용되는 함수이다.
# 모든 요소의 곱을 반환한다.
prod(x)
## [1] 256

# 벡터 요소 전체의 합계, 곱하기 등에 적용되는 함수이다.
# 앞의 요소와의 차를 반환한다.
diff(x)
## [1]  3  0  4 -6

# 벡터 요소 전체의 합계, 곱하기 등에 적용되는 함수이다.
# 요소의 누적 합을 반환한다.
cumsum(x)
## [1]  1  5  9 17 19

# 벡터 요소 전체의 합계, 곱하기 등에 적용되는 함수이다.
# 요소의 누적 곱을 반환한다.
cumprod(x)
## [1]   1   4  16 128 256
```

```
# 벡터에 대한 기본 통계량을 제공하는 함수이다.
# 벡터 요소의 최소값을 반환한다.
min(x)
## [1] 1

# 벡터에 대한 기본 통계량을 제공하는 함수이다.
# 벡터 요소의 최대값을 반환한다.
max(x)
## [1] 8

# 벡터에 대한 기본 통계량을 제공하는 함수이다.
# 벡터 요소들의 평균을 반환한다.
mean(x)
## [1] 3.8

# 벡터에 대한 기본 통계량을 제공하는 함수이다.
# 벡터 요소들의 중앙값을 반환한다.
median(x)
## [1] 4

# 벡터에 대한 기본 통계량을 제공하는 함수이다.
# 벡터 요소들의 분산을 반환한다.
var(x)
## [1] 7.2

# 벡터에 대한 기본 통계량을 제공하는 함수이다.
# 벡터 요소들의 표준편차를 반환한다.
sd(x)
## [1] 2.683282

# 벡터에 대한 기본 통계량을 제공하는 함수이다.
# 통계적 요약 정보를 반환한다.
summary(x)
##    Min. 1st Qu.  Median    Mean 3rd Qu.    Max.
##     1.0     2.0     4.0     3.8     4.0     8.0

# 벡터 간의 관계성을 반환하는 함수이다.
# x와 y의 공분산을 반환한다.
cov(x, y)
## [1] 2.55
```

```
# 벡터 간의 관계성을 반환하는 함수이다.
# x와 y의 상관관계를 반환한다.
cor(x, y)
## [1] 0.3671441

# 벡터의 범위와 분위수를 반환하는 함수이다.
# x의 범위를 반환한다.
range(x)
## [1] 1 8

# 벡터의 범위와 분위수를 반환하는 함수이다.
# x의 최대, 최소, 사분위수 값을 반환한다.
quantile(x)
##   0%  25%  50%  75% 100%
##    1    2    4    4    8

# 벡터 요소의 개수를 반환하는 함수이다.
length(x)
## [1] 5

# 벡터를 오름차순으로 정렬된 결과를 반환하는 함수이다.
sort(x)
## [1] 1 2 4 4 8

# 벡터를 내림차순으로 정렬된 결과를 반환하는 함수이다.
sort(x, decreasing = TRUE)
## [1] 8 4 4 2 1

# 오름차순으로 정렬된 벡터 요소의 번호를 반환한다.
order(x)
## [1] 1 5 2 3 4

# 집합 함수이다.
# 두 벡터의 합집합(중복 제외)을 반환한다.
union(x, y)
## [1]  1  4  8  2  3 -2 -1

# 집합 함수이다.
# 두 벡터의 교집합을 반환한다.
intersect(x, y)
## [1] 4 2
```

```
# 집합 함수이다.
# 두 벡터의 차집합을 반환한다.
setdiff(x, y)
## [1] 1 8

# 중복값을 제외한 유일값으로 구성된 벡터를 반환하는 함수이다.
d <- c(1, 2, 3, 1, 1, 3, 2, 4)
uniq_d <- unique(d)
uniq_d
## [1] 1 2 3 4

# sample() 함수는 벡터를 자동으로 생성하는 함수이다.
samp.data <- sample(1:5, 20, rep=TRUE)
samp.data
##  [1] 3 3 2 5 4 2 5 3 1 4 3 2 5 2 2 3 1 2 4 5
```

# 4.12 특수 상수

R은 특별한 의미를 담고 있는 상수들을 제공하고 있다.

## 4.12.1 NULL, NA

데이터 처리와 관련하여 NULL 또는 NA라는 특수 상수를 제공하고 있다. 이들 상수가 갖는 의미는 다음과 같다.

- NULL : 보통 변수의 초기화에 사용된다.
- NA : 보통 무응답의 경우에 사용된다.

다음은 NULL과 NA에 대한 예를 보여주고 있다.

```
## NULL의 사용을 보여 준다.
# 벡터 x를 초기화한다.
x <- NULL

## NULL의 사용을 보여 준다.
# is.null() 함수로 벡터 x가 NULL인지 테스트한다.
is.null(x)
## [1] TRUE

## 결측치 NA의 입력
# y의 네번째 요소가 NA 즉, 결측치이다.
y <- c(1, 2, 3, NA, 5); y
## [1]  1  2  3 NA  5

## is.na() 함수를 이용하여 데이터 요소가 NA인지 확인한다.
y <- c(1, 2, 3, NA, 5)
z <- is.na(y); z
## [1] FALSE FALSE FALSE  TRUE FALSE

## 다양한 예를 보여 준다.
# z벡터 중 NA값을 갖는 요소의 번호를 반환한다.
which(z)
## [1] 4

## 다양한 예를 보여 준다.
# z의 요소 중 NA가 아닌 요소만을 반환한다.
y[!z]
## [1] 1 2 3 5

## 다양한 예를 보여 준다.
# y의 요소 중 NA가 아닌 요소만을 반환한다.
y[-which(z)]
## [1] 1 2 3 5
```

### 4.12.2 Inf, -Inf, NaN

R에서는 양의 무한대의 의미를 갖는 `Inf`, 음의 무한대를 의미하는 `-Inf` 그리고 수학적으로 부정을 의미하는 NaN 등의 특수 상수가 제공된다.

이들 특수 상수에 대하여 다음의 예를 살펴보기 바란다.

```
## Inf, -Inf, is.infinite() 함수
# Inf : infinite : '무한대'를 의미한다.
z1 <- 10/0; z1
## [1] Inf

## Inf, -Inf, is.infinite() 함수
# is.infinite() 함수 : Inf 인지 테스트한다.
is.infinite(z1)
## [1] TRUE

z2 <- -10/0; z2
## [1] -Inf
is.infinite(z2)
## [1] TRUE

## NaN, is.nan() 함수
# NaN : not a number 를 의미한다. (수학적으로는 부정)
w <- 0/0; w
## [1] NaN

## NaN, is.nan() 함수
# is.nan() 함수 : NaN 인지 테스트한다.
is.nan(w)
## [1] TRUE
```

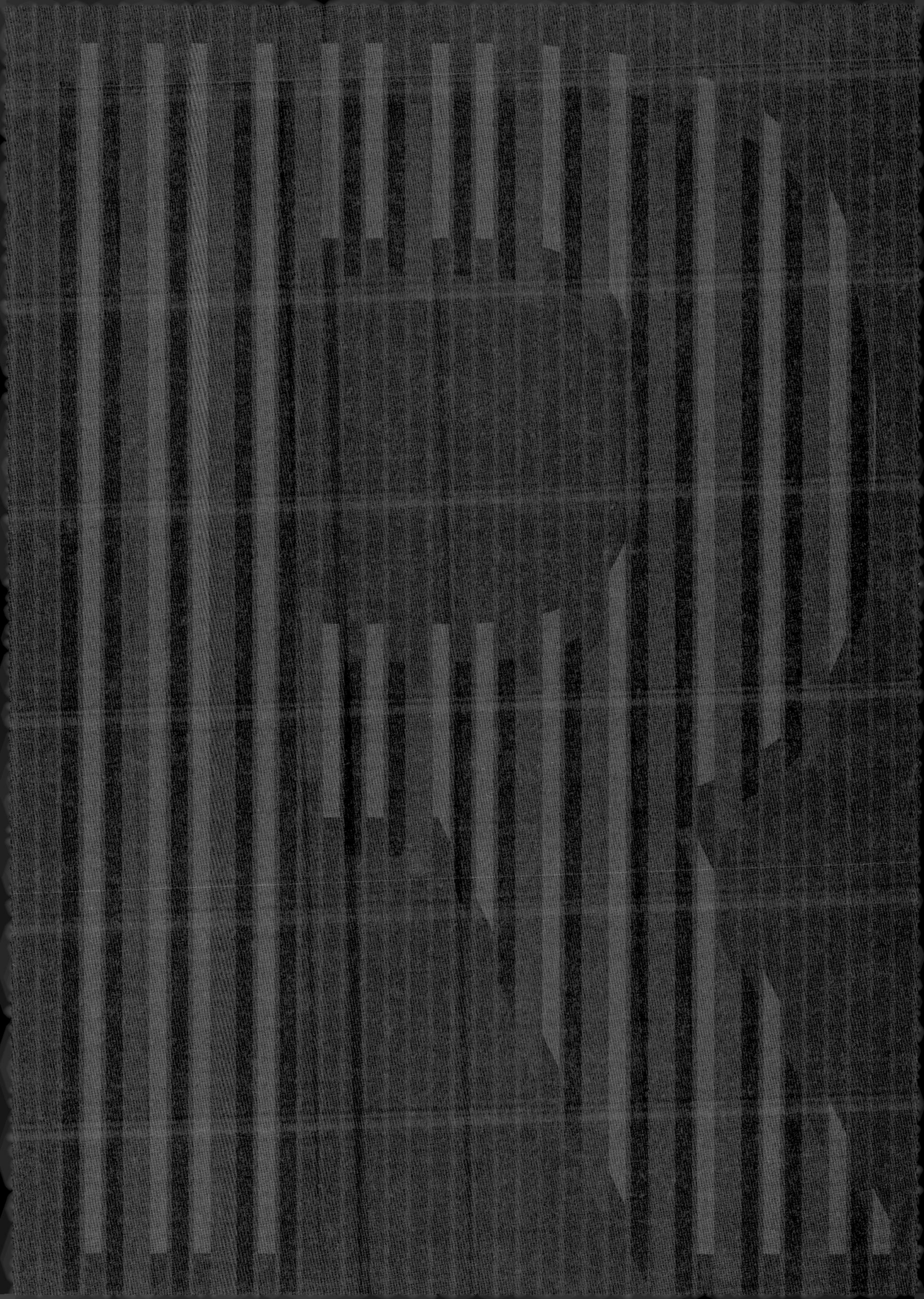

# 05

# 요인

# 5. 요인

이 장에서는 R 프로그래밍의 요인(factor)과 요인의 수준(levels)에 대하여 학습하기로 한다.
요인은 "미리 정의된 유한한 수의 값"에 사용되는 데이터 구조이다.
R에는 차트를 작성하거나, 통계 분석을 수행할 때 범주형 데이터(categorical data)를 처리하기 위하여 요인(factor)이라는 특수한 데이터 클래스를 제공하고 있다. 요인은 매우 유용하며, 실제로 R을 이용한 데이터 작업의 적합성을 높여 주는데 기여하고 있다.
이러한 요인은 범주형 데이터를 표현해 준다. 요인은 기본적으로 문자형 벡터의 형태이다. 그러나, 데이터를 저장할 때 각각의 요소에 대한 레이블이 정수 값(수준)으로 저장되며, 정렬이 된 순서 또는 정렬이 되지 않은 순서로도 저장될 수도 있다.
요인은 '요일' 또는 설문 조사의 질문에 대한 '응답 항목' 등과 같은 범주형 변수의 여러 수준(값) 간에 구조화된 관계를 형성한다. 이렇게 하면 한 요소가 다른 요소와 어떻게 관련되는지 쉽게 확인할 수 있다. 요인은 문자형 벡터처럼 보이며 종종 그렇게 동작하지만, 실제로 R에서는 정수형 벡터로 처리하고 있다. 따라서 이들을 문자열로 취급할 때에 매우 조심해야 한다.
그리고, 요인 객체는 중요한 두 개의 속성을 가진다. 그것은 `class` 속성과 `levels` 속성이다. `class` 속성은 요인이 'factor' 임을 알려 주고, 정수형 벡터와 다르게 사용되게 한다. `levels` 속성은 '미리 정해진 값(유한 개의 값들)'로 정의된 수준 만을 포함할 수 있다. 그리고, 기본적으로 R은 항상 가나다 순 또는 알파벳 순으로 수준이 정렬된다.
참고로 '수준'은 요인 변수에 저장되어 있는 '데이터의 종류'를 나타낸다고 생각하면 이해가 빠를 것이다.

## 5.1 요인의 생성

먼저 요인의 생성을 위해 문자형 벡터를 생성한다. 그리고 이 문자형 벡터를 `factor()` 함수를 이용하여 요인으로 변환해 준다.

예를 들어, 다음은 st_data 라는 문자형 벡터를 먼저 생성하고, factor() 함수를 이용하여 이를 범주형 변수 floor_type 으로 변환하는 과정을 보여준다.

```
## 요인의 생성 예이다.
# 먼저 문자형 벡터를 생성해 준다.
# 4개의 문자열 요소를 갖는 문자형 벡터 st_data를 생성한다.
st_data <- c("earth", "cement", "cement", "earth")

# 요인의 생성
# factor() 함수를 이용하여 st_data를 '요인'으로 변환한다
floor_type <- factor(st_data)
floor_type
## [1] earth  cement cement earth
## Levels: cement earth
```

- floor_type 변수는 4개의 데이터 요소를 가지고 있고, cement와 earth 두 개의 수준을 가지고 있는 요인 변수임을 알 수 있다.

이제 class() 함수를 이용하여 이 객체의 클래스를 확인해 보기로 한다.

```
## 요인 객체의 클래스를 확인한다.
class(floor_type)
## [1] "factor"
```

- 클래스가 "factor"임을 알 수 있다.

typeof() 함수를 이용하여 이 객체의 원시 데이터 유형을 확인해 보기로 한다.

```
## 요인 객체의 데이터 유형을 확인한다.
typeof(floor_type)
## [1] "integer"
```

- 요인은 데이터 유형이 정수(integer)형 임을 알 수 있다.

그리고 하나의 객체가 요인인지를 확인하기 위해서는 다음과 같이 `is.factor()` 함수를 사용한다.

```
## 요인 객체인지 확인한다.
is.factor(floor_type)
## [1] TRUE
```

이제 요인 객체가 가지고 있는 속성을 `attributes()` 함수를 이용하여 확인해 보기로 한다.

```
## 요인 객체의 속성을 확인한다.
attributes(floor_type)
## $levels
## [1] "cement" "earth"
##
## $class
## [1] "factor"
```

- 요인 객체는 `$levels`와 `$class` 라는 두 개의 속성이 있음을 확인할 수 있다.

여기서, R Studio의 환경 창을 보면, `floor_type Factor w/ 2 levels "cement", "earth" : 2 1 1 2` 으로 나타나 있는 것을 알 수 있다.

- `floor_type` 이라는 객체는 `Factor` 클래스임을 나타낸다.
- 2개의 수준으로 "cement"와 "earth"가 있음을 나타낸다.
- 실제 저장된 데이터는 2 1 1 2로 되어 있음을 나타낸다. 즉, 원래의 문자열 데이터 ("earth", "cement", "cement", "earth")가 수준의 순서를 나타내는 2 1 1 2의 정수형으로 저장됨을 의미한다.

# 5.2 요인의 데이터 요소에 접근하기

요인의 구성 요소에 접근하는 것은 4.6.2에서 살펴본 "벡터의 구성 요소에 대한 접근하는 방법"을 사용하면 된다.

다음의 예는 앞에서 생성한 floor_type 변수에 대하여 정수형 벡터 색인으로 데이터 요소를 접근하는 방법을 보여준다.

```
## 요인의 데이터 요소 접근 예이다.
# 정수형 벡터를 색인으로 이용하는 방법이다.
# 2번째 요소를 반환한다.
floor_type[2]
## [1] cement
## Levels: cement earth

# 정수형 벡터를 색인으로 이용하는 방법이다.
# 2번째와 4번째 요소를 반환한다.
floor_type[c(2, 4)]
## [1] cement earth
## Levels: cement earth

# 정수형 벡터를 색인으로 이용하는 방법이다.
# 1번 요소를 제외하고 반환한다.
floor_type[-1]
## [1] cement cement earth
## Levels: cement earth
```

- 출력되는 데이터 요소는 기본적으로 벡터 형태로 출력이 된다. 그리고 아랫 줄에 Levels가 표시됨을 알 수 있다.

이번에는 (조건식의 결과로 생성된) 논리형 벡터를 색인으로 하여 데이터 요소에 접근하는 방법을 보여주고 있다.

```
## 요인의 데이터 요소 접근 예이다.
# 논리형 벡터를 색인으로 이용하는 방법이다.
floor_type[c(TRUE, FALSE, FALSE, TRUE)]
## [1] earth earth
## Levels: cement earth
```

- TRUE에 해당하는 색인의 데이터 요소를 반환함을 알 수 있다.

which() 함수를 이용한 데이터 요소의 접근 방법을 살펴보면 다음과 같다.

```
# which() 함수의 이용
which(floor_type == "earth")
## [1] 1 4
```

- which() 함수는 이 함수의 인수에 있는 '조건식을 만족하는 요소'의 '색인 번호'를 정수형 벡터로 반환함을 알 수 있다.

# 5.3 요인에 데이터 추가하기

## 5.3.1 수준의 확인

요인에 데이터를 추가하기 위해서는 그 데이터가 요인 변수의 수준있는지 먼저 확인을 해야 한다. 요인 변수의 수준을  levels() 함수로 확인이 가능하다.

```
## 요인의 데이터 추가 예이다.
# levels() 함수 : floor_type 변수의 수준을 확인한다.
levels(floor_type)
## [1] "cement" "earth"
```

- floor_type 변수는 요인 변수로서 "earth"와 "cement" 등의 두 개의 수준을 가지고 있음을 알 수 있다.

만일 추가하고자 하는 데이터가 수준에 있는 데이터라면 간단히 다음과 같이 데이터를 추가할 수 있다. 예를 들어, floot_type의 5번째 요소로 "cement"를 입력해 보기로 한다.

```
## 요인의 데이터 추가 예이다.
# levels() 함수 : floor_type 변수의 수준을 확인한다.
floor_type[5] <- "cement"
floor_type
## [1] earth  cement cement earth  cement
## Levels: cement earth
```

- 5번째 요소로 cement가 추가되어 있음을 알 수 있다.

그런데, 수준에 없는 stone 이라는 데이터를 추가하고자 하면 다음과 같은 에러가 발생한다.

```
## 요인의 데이터 추가 예이다.
# 수준에 없는 데이터를 추가해 보기로 한다.
# 5번째 요소로 stone을 할당한다.
floor_type[5] <- "stone"
## Warning in '[<-.factor'('*tmp*', 5, value = "stone"): invalid factor level, NA
## generated
floor_type
## [1] earth  cement cement earth  <NA>
## Levels: cement earth
```

- stone은 floor_type의 수준에 없기 때문에 경고 메시지가 반환되고 NA값이 입력된다.
- stone을 새로운 수준으로 설정하지 않은 이상 stone은 floor_type에 입력되지 않는다.

따라서, stone을 floor_type 변수에 데이터로 추가하기 위해서는 먼저 stone을 floor_type 변수의 새로운 수준으로 추가를 해 주어야 한다. 다음에서 "stone"을 새로운 수준으로 추가하는 방법에 대하여 살펴 보기로 한다.

## 5.3.2 수준의 추가

먼저 "stone"을 새로운 수준으로 추가하기로 한다.

이를 위해 현재의 floor_type의 수준을 나타내고 있는 levels(floor_type)과 "stone"을 c() 함수를 이용하여 벡터 결합해 준다. 그리고 이를 다시 새로운 floor_type의 levels(floor_type)

에 할당해 주면 된다.

다음의 코드를 확인해 보기 바란다.

```
## 요인의 수준 추가 예이다.
# floor_type에 새로운 수준 stone을 추가해 준다.
levels(floor_type) <- c(levels(floor_type), "stone")
levels(floor_type)
## [1] "cement" "earth"  "stone"
```

- floor_type 의 수준에 stone이 추가되었음을 알 수 있다.

이제 stone이 floor_type의 새로운 수준으로 추가되었으며, floor_type의 5번째 데이터 요소로 stone을 입력할 수 있게 된다.

```
## 요인의 데이터 추가 예이다.
# 새로운 데이터 stone을 5번째 요소로 추가한다.
floor_type[5] <- "stone"
floor_type
## [1] earth  cement cement earth  stone
## Levels: cement earth stone
```

- 5번 째 요소였던 NA가 stone으로 변경되었다.

## 5.3.3 요인의 데이터 저장 방식

여기서 수준의 순서는 "cement", "earth" 순으로 알파벳 순서이며, 자동으로 1, 2의 값이 배정된다. 즉, R은 이 벡터의 첫 번째 요소가 earth 이지만 cement가 알파벳 순서 상으로 볼 때 먼저 오기 때문에 cement가 1 수준이 되며, 이 1 수준인 "cement"에 정수값 1을 할당하고, 2 수준인 "earth"에는 정수값 2를 배정하여 저장하게 되는 것이다.

이렇듯 요인의 데이터는 문자열로 보이지만, 실제로 저장되는 것은 정수형 숫자로 저장이 되는 것이다.

R의 메모리에서 이러한 요인은 정수 (1,2)로 표시되지만, 요인의 수준값은 정수보다 더 많은

정보를 제공하고 있는데, 숫자인 1과 2 보다 문자인 "cement"와 "earth"가 더 많은 것을 설명하고 있기 때문이다. 어느 숫자가 "earth"인지 궁금할 때 정수 데이터만으로는 알 수가 없다. 그리고 요인은 이러한 문자 정보를 수준으로 저장하고 있는 것이다.
따라서, 요인을 다루는데 있어서 수준의 관리가 중요한 것이다. 다음 절에서 요인의 수준을 관리하는 방법을 학습하기로 한다.

# 5.4 수준 관리

## 5.4.1 수준의 확인

5.3에서 요인의 데이터를 추가하기 위해 요인의 수준을 확인하는 방법에 대하여 이미 살펴보았다. 앞에서 살펴본대로, `levels()` 함수를 사용하여 요인의 수준(요인의 값의 종류들)을 확인할 수 있다. 그리고 이와 더불어 `nlevels()` 함수를 이용하면 수준의 수를 확인할 수 있다.

```
## 요인의 수준 확인 예이다.
# floor_type 변수의 수준을 확인한다.
levels(floor_type)
## [1] "cement" "earth"  "stone"

# floor_type 변수의 수준의 갯수를 반환한다.
nlevels(floor_type)
## [1] 3
```

그런데, 때로는 요인의 순서가 사전적인 가나다순이나 알파벳순이 아닌 경우가 많이 있다. 다음에는 수준의 순서를 지정하는 방법을 학습하기로 한다.

## 5.4.2 수준의 순서 지정

때로는 요인의 순서가 알파벳이나 가나다 순이 아닌, 의미에 따른 순서가 중요할 수 있다. 이런 경우 요인들의 수준에 순서를 지정할 수 있다.

예를 들어, "낮음", "중간", "높음" 등이 수준인 경우 이러한 수준을 지정하지 않으면, R은 자동으로 가나다 순인 "낮음", "높음", "중간" 등의 순서로 수준의 순서를 정하게 된다. 그러나 이는 분석의 관점에서 보면 옳지 않은 순서이다.

이렇듯 수준의 순서를 설정하는 것은 데이터의 시각화를 향상시키거나 특정 유형의 분석에 중요하게 작용할 수 있다. 따라서 수준의 순서를 유의미하게 지정하는 것이 중요한 것이다.

요인의 수준을 우리가 원하는 순서로 지정하는 방법은 factor() 함수의 levels = 인수에 원하는 순서의 수준들을 문자형 벡터로 지정해 주면 된다.

다음은 기존의 floor_type 요인 변수를 factor() 함수를 이용하여 요인의 수준을 변경하는 예를 보여 주고 있다.

factor() 함수의 첫번째 인수에 floor_type 변수를 그리고 두번째 인수로 levels =에 원하는 순서의 수준 벡터를 지정해 주고, 이를 floor_type1 변수에 할당한 예이다.

```
# levels =  인수에 문자형 벡터로 순서를 지정해 준다.
floor_type1 <- factor(floor_type, levels = c("stone", "earth", "cement"))
floor_type1
## [1] earth  cement cement earth  stone
## Levels: stone earth cement
```

- 수준의 순서가 알파벳 순서가 아닌 "stone", "earth", "cement" 순으로 변경되었다.

## 5.4.3 수준의 변경

수준의 순서를 지정하는 것과 더불어 수준을 변경하는 것도 중요할 수 있다. 그리고 수준은 쉽게 변경할 수 있다.

예를 들어, 실수로 "cement"가 아닌 "brick"으로 다시 코딩해야 한다고 가정해 보기로 한다.

먼저, levels() 함수를 이용하여 cement 수준의 색인을 확인한다.

```
## 요인의 수준 변경의 예이다.
# 기존의 floor_type의 수준을 확인한다.
levels(floor_type)
## [1] "cement" "earth"  "stone"
```

- levels() 함수는 문자형 벡터로 그 결과를 반환한다. 그리고 첫번째 요소가 cement임을 알 수 있다.

이제 이 색인에 해당하는 수준을 brick으로 변경해 주면 된다.

```
## 요인의 수준 변경의 예이다.
# 수준 벡터의 첫요소를 brick으로 변경해 준다.
levels(floor_type)[1] <- "brick"

# 수정된 수준이름이 반환된다.
levels(floor_type)
## [1] "brick" "earth" "stone"
```

이제 수준을 변경한 결과 floor_type이 어떻게 변경되었는지 확인해 보기로 한다.

```
## 요인의 수준 변경의 예이다.
# 수준이 변경된 후의 floor_type 의 데이터를 확인한다.
floor_type
## [1] earth brick brick earth stone
## Levels: brick earth stone
```

- cement 데이터가 모두 brick으로 변경되었음을 알 수 있다.

## 5.4.4 수준의 서열화

지금까지 살펴본 요인은 명목 변수처럼 우열의 순서가 지정되어 있지 않는다. R은 명목 변수(nominal variable)와 서열 변수(ordinal variable)의 차이를 구분하지 않는다.

그런데 factor() 함수 내에 ordered = TRUE라는 옵션을 사용하여 요인의 수준에 서열이 지정된다. 이렇게 서열화된 요인이 만들어 진다. 그리고 이 서열화된 요인은 서열 변수가 되는 것이다.

서열화된 수준은 < 기호에 의해 낮은 순위부터 높은 순위로 그 순위를 표시해 준다.

다음은 floor_type 변수를 factor() 함수의 ordered = TRUE 인수를 이용하여 서열 변수로 만드는 예를 보여준다.

```
## 요인의 수준 서열화 예이다.
# floor_type을 서열화 변수로 만듭니다.
floor_type_ordered <- factor(floor_type, ordered = TRUE)
floor_type_ordered
## [1] earth brick brick earth stone
## Levels: brick < earth < stone
```

- `Levels: brick < earth < stone` 처럼 수준에 < 기호로 수준의 서열이 표시됨을 알 수 있다. 요인이 서열화된 요인인지를 확인하는 것은 `is.ordered()` 함수를 이용한다.

```
## 요인의 수준 서열화 예이다.
# 서열 변수인지를 테스트한다.
is.ordered(floor_type_ordered)
## [1] TRUE
```

## 5.4.5 서열 변수의 생성

한편 `ordered()` 함수를 이용하여 서열화된 요인을 생성할 수도 있다.

다음은 `ordered()` 함수를 이용하여 문자형 벡터를 서열 변수 `ordered_floor` 로 생성하는 예를 보여준다.

```
## 서열 변수의 생성 예이다.
# 서열화된 요인의 생성
ordered_floor <- ordered(c("earth", "cement", "cement", "earth"), c("earth",
"cement"))
ordered_floor
## [1] earth  cement cement earth
## Levels: earth < cement
```

서열 변수의 클래스를 확인해 보기로 한다.

```
## 서열 변수의 생성 예이다.
# 서열변수의 클래스를 확인한다.
class(ordered_floor)
## [1] "ordered" "factor"
```

- 클래스가 "ordered" "factor" 임을 알 수 있다.

그리고 변수가 서열 변수인지를 확인하는 것은 is.ordered() 함수를 이용한다.

```
## 서열 변수의 생성 예이다.
# 서열화 여부의 확인
is.ordered(ordered_floor)
## [1] TRUE
```

# 5.5 요인형으로의 변환

## 5.5.1 벡터의 요인형 변환

기존의 벡터를 요인형으로 변환하고자 하는 경우에는 as.factor() 함수를 이용하면 된다. 다음은 문자형 벡터 str_data를 as.factor() 함수를 이용하여 요인 변수 floor를 생성하는 예를 보여준다.

```
## 벡터의 요인 변환 예이다.
# 문자형 벡터의 생성한다.
str_data <- c("earth", "cement", "cement", "earth")

# as.factor() 함수를 이용하여 문자형 벡터를 요인으로 변환한다.
floor <- as.factor(st_data)
```

- as.factor() 함수가 factor() 함수처럼 사용되었다.

그런데 여기서 주의할 점은 as.factor() 함수는 factor() 함수처럼 levels = 나 ordered = 인

수를 사용할 수 없다는 점이다.

또한 floor 변수가 요인 변수인지를 is.factor() 함수로 확인할 수 있다.

```
## 벡터의 요인 변환 예이다.
# floor 변수인지 확인한다.
is.factor(floor)
## [1] TRUE
```

앞에서 살펴 본 것과 같이, 수준의 설정/변경은 levels() 함수를 이용하고, 수준의 서열은 ordered() 함수로 지정할 수 있다.

### 5.5.2 요인의 유형 변환

요인을 문자형 벡터로 변환하려면 as.character() 함수를 사용하면 된다.

다음은 앞에서 사용한 floor_type1 요인 변수를 as.character() 함수를 이용하여 문자형 벡터 floor_type2로 변환하는 예이다.

```
## 요인의 유형 변환 예이다.
# as.character() 함수를 이용하여 문자형 벡터로 변환한다.
floor_type2 <- as.character(floor_type1)
floor_type2
## [1] "earth"  "cement" "cement" "earth"  "stone"

# floor_type2의 데이터 유형을 확인한다.
typeof(floor_type2)
## [1] "character"
```

수준이 숫자로 표시되는 요인(예 : 농도 수준 또는 연도 등)을 숫자형 벡터로 변환하는 것은 약간 까다롭다.

다음과 같이 year_fct 변수를 as.numeric() 함수로 변환을 하면 그 결과는 수준이 아닌 요인의 인덱스 값을 반환하므로 완전히 새로운 (이 경우 원하지 않는) 숫자 집합이 생성된다.

이를 방지하는 한 가지 방법은 인수를 문자로 변환한 다음 숫자로 변환하는 것이다. 또 다른 방법은 levels() 함수를 기능을 사용하는 것이다.

```
## 요인의 유형 변환 예이다.
# 요인 변수 생성한다.
year_fct <- factor(c(1990, 1983, 1977, 1998, 1990))

# 요인을 as.numeric() 함수를 이용하여 숫자형 벡터로 변환한다.
as.numeric(year_fct)
## [1] 3 2 1 4 3
```

- 요인을 바로 숫자형으로 강제변환하면 1990 ~ 1990이 아닌 1 ~ 5 등의 정수값으로 변환이 됨을 알 수 있다. 즉, 숫자 데이터의 수준 번호로 저장이 되는 것이다.

이러한 문제를 해결하는 데에는 다음의 두 가지 방법을 이용할 수 있다.

- (첫번째 방법) 요인을 as.character() 함수를 이용하여 문자형 벡터로 변환하고, as.numeric() 함수를 이용하여 숫자형 벡터로 변환하는 방법이다.

```
## 요인의 유형 변환 예이다.
# 요인을 문자형으로 변환하는 첫번째 방법이다.
as.numeric(as.character(year_fct))
## [1] 1990 1983 1977 1998 1990
```

- (두번째 방법) 요인의 수준을 levels() 함수를 이용하여 확인한 다음, 이를 as.numeric() 함수로 숫자형 벡터로 변환하고, 이 숫자형 벡터의 색인으로 요인변수를 사용하는 방법이다.

```
## 요인의 유형 변환 예이다.
# 요인을 문자형으로 변환하는 두번째 방법이다.
# 가장 추천하는 방법
as.numeric(levels(year_fct))[year_fct]
## [1] 1990 1983 1977 1998 1990
```

이 두가지 방법은 같은 결과를 가져옴을 알 수 있다. 그렇지만 가능한 한 levels() 함수를 활용하는 후자의 방식을 사용할 것을 권장한다.

참고로 권장되는 두번째 방법의 세 가지 중요한 단계를 정리하면 다음과 같다.

- 모든 요인 수준을 확인한다 : levels(year_fct)
- 이 수준을 사용하여 숫자 값으로 변환한다 : as.numeric(levels(year_fct))
- 그런 다음 대괄호 안에 year_fct를 색인으로 사용하여 숫자 값을 확인한다. as.numeric(levels(year_fct))[year_fct]

## 5.6 gl() 함수를 이용한 요인의 생성

gl() 함수는 수준의 패턴을 지정하여 원하는 요인을 생성하는 데 사용된다.

gl() 함수의 형식은 다음과 같다.

```
gl(x, k, length, labels, ordered)
인수 :
  • x : 수준 수
  • k : 복제 수
  • length : 생성된 결과의 길이(요소 갯수)
  • labels : 벡터에 대한 레이블 (선택 사항)
  • ordered : 수준의 서열화 여부
```

gl() 함수를 이용하여 요인을 생성하는 방법을 예를 들어 살펴 보기로 한다.

gl() 함수의 x와 k 인수만을 지정하여 요인을 생성할 수 있다. 다음은 x = 2, k = 5 를 gl() 함수의 인수로 하여 요인 f1을 생성하는 예이다.

```
## gl() 함수를 이용한 요인 생성 예이다.
# x와 k만 지정한 경우
f1 <- gl(2,5)
f1
##  [1] 1 1 1 1 1 2 2 2 2 2
## Levels: 1 2
```

- x = 2 : 1부터 2까지의 정수를 수준으로 한다.

• k = 5 : 데이터 요소로 각 수준을 5번씩 복제한다.

다음은 x = 3, k = 4와 함께 length = 12 를 gl() 함수의 인수로 하여 요인 f2을 생성하는 예이다.

```
## gl() 함수를 이용한 요인 생성 예이다.
# 길이를 지정한 경우
f2 <- gl(3, 4, 12)
f2
##  [1] 1 1 1 1 2 2 2 2 3 3 3 3
## Levels: 1 2 3
```

• length = 12 : 생성된 요인의 길이를 12로 한다.

다음은 x = 3, k = 4, length = 12와 함께 수준의 레이블을 지정할 수 있는 label = 인수를 gl() 함수의 인수로 하여 요인 f3을 생성하는 예이다.

```
## gl() 함수를 이용한 요인 생성 예이다.
# 길이와 라벨을 지정한 경우
x3 <- gl(3, 4, 12, label = letters[1:3])
x3
##  [1] a a a a b b b b c c c c
## Levels: a b c
```

• label = letters[1:3] : 요인의 수준의 갯수가 x = 3 이므로, letters[1:3]으로 하여 영문 소문자 3개를 각 수준의 레이블로 지정하였다.

서열 변수를 생성해 보기로 한다. gl() 함수에 ordered = TRUE를 추가해 주면 수준이 서열화된다.

```
## gl() 함수를 이용한 요인 생성 예이다.
# 서열 요인을 생성한다.
x4 <- gl(3, 4, 12,
         label = letters[1:3],
         ordered = T)
x4
##  [1] a a a a b b b b c c c c
## Levels: a < b < c
```

• x3의 특성에 수준들이 <로 서열화되어 있음을 알 수 있다.

# 5.7 요인의 서브 세팅

요인의 서브 세팅은 4.10에서 살펴본 벡터의 서브 세팅과 유사하다. 그리고, 요인을 서브 세팅할 때 요인의 수준들은 변경되지 않는다.

예를 들어, 다음의 candy_patterns 변수를 생각해 보기로 한다.

```
## 요인의 서브 세팅 예이다.
# 요인 변수 candy_patterns을 생성한다.
candy <- c("pattern", "pattern", "pattern", "plain",
           "plain", "plain", NA, "pattern", "plain", "pattern",
           "plain", "plain", "plain", NA)
candy_patterns <- factor(candy)
candy_patterns
##  [1] pattern pattern pattern plain   plain   plain   <NA>    pattern plain
## [10] pattern plain   plain   plain   <NA>
## Levels: pattern plain
```

먼저 candy_patterns 변수의 수준을 levels() 함수로 확인해 봅니다.

```
## 요인의 서브 세팅 예이다.
# 수준을 확인한다.
levels(candy_patterns)
## [1] "pattern" "plain"
```

- candy_patterns 변수의 수준은 "pattern" "plain" 2개이다.

요소의 색인번호로 서브 세팅을 할 수 있다. 예를 들어 1:3번째 요소들을 서브 세팅하여 sub_candy 변수에 할당해 보기로 한다.

```
## 요인의 서브 세팅 예이다.
# 첫 3개의 값만 서브 세팅해 보기로 한다. 벡터의 서브세팅과 유사한다.
# 첫 3개의 요소를 선택한다.
sub_candy <- candy_patterns[1:3]
sub_candy
```

```
## [1] pattern pattern pattern
## Levels: pattern plain
```

- candy_patterns[1:3] : 정수형 벡터 1:3을 색인으로 하여 candy_patterns을 서브 세팅한다.
- sub_candy 변수도 "pattern" "plain"을 수준으로 하는 요인 변수임을 알 수 있다.

서브 세팅을 할 때 [] 안에 drop = TRUE 옵션을 사용하여 데이터에 없는 수준을 제거할 수도 있다.

```
## 요인의 서브 세팅 예이다.
# 서브세팅할 때 사용하지 않는 수준을 제거한다. (drop = TRUE 옵션 사용)
sub_candy <- candy_patterns[1:3, drop = TRUE]
sub_candy
## [1] pattern pattern pattern
## Levels: pattern
```

- sub_candy 변수에 "pattern" 수준 만이 있음을 알 수 있다.

# 5.8 요인 변수의 활용 예

## 5.8.1 요인 변수의 발생빈도

요인 객체는 범주형 변수로서 요인 객체에 대한 연산은 주로 요인의 수준별 발생 빈도와 관련한 연산을 하게 된다. 이와 관련하여 사용할 수 있는 함수로는 table() 함수와 proportions() 함수 등을 들 수 있다.

table() 함수는 교차 분류 요인(cross-classifying factor)을 사용하여 요인 수준의 각 조합에 대한 발생 빈도표 즉 도수 분포표(frequency table)를 반환한다.

다음은 앞에서 생성한 candy_patterns 변수에 대하여 각 수준의 발생빈도를 table() 함수로 구하는 예이다.

```
# 요인의 수준별 도수분포표를 구한다.
table(candy_patterns)
## candy_patterns
## pattern   plain
##       5       7
```

• candy_patterns 객체의 수준별 빈도수를 보여주는 "도수분포표"를 반환한다.

proportions() 함수(또는 prop.tables() 함수)는 table() 함수의 결과를 인수로 하여 상대 도수 분포표를 반환해준다.

```
# 요인의 수준별 상대도수분포표를 구한다.
proportions(table(candy_patterns))
## candy_patterns
##   pattern     plain
## 0.4166667 0.5833333
```

table() 함수와 proportions() 함수는 요인변수의 분석에 매우 유용한 함수임을 알 수 있다. 참고로 table() 함수는 벡터에도 활용할 수 있다.

## 5.8.2 요인 변수의 시각화

데이터가 요인으로 저장되면 plot() 함수를 사용하여 각 요인의 수준별 관측치를 한 눈에 시각화 할 수 있다. 앞에서의 candy_patterns 변수를 시각화하면 다음의 <그림 5.1>과 같다.

```
## 막대 그래프를 다시 그려 봅니다.
plot(candy_patterns)
```

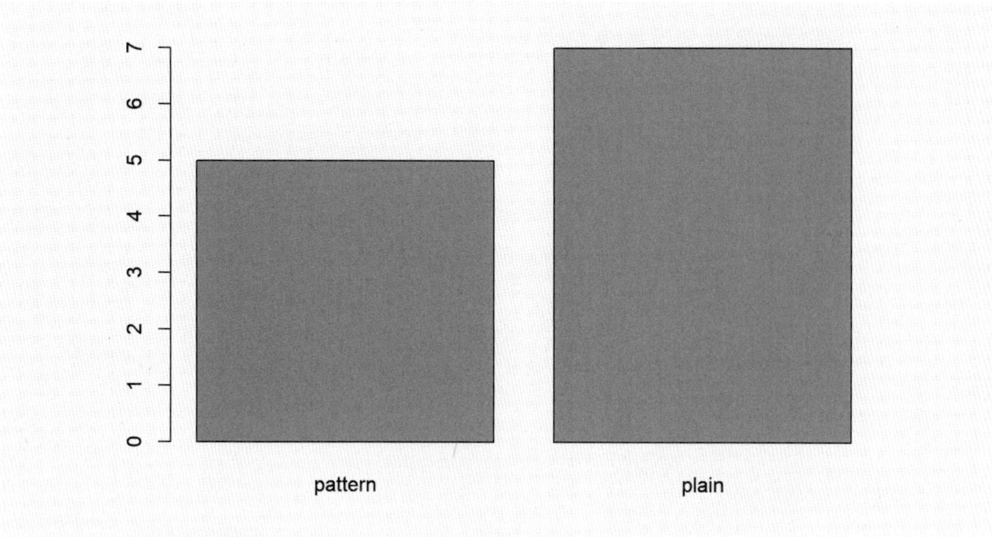


**그림 5.1: 요인의 시각화**

그런데, candy_patterns 에는 candy 에 관한 정보가 없는 NA값이 있다. 이런 누락된 데이터를 결측치라고 한다. 이러한 결측치는 데이터의 시각화에 표시가 되지 않는다. 이러한 결측치를 시각화에 반영하기 위해 candy에 있는 NA값을 "unknown"으로 할당하고 candy를 다시 candy_patterns 요인 변수로 변환해 보기로 한다.

```
## 결측치를 "unknown"로 대체한다.
candy[is.na(candy)] <- "unknown"    # is.na() 함수를 사용한다.
candy_patterns <- factor(candy)
candy_patterns
##  [1] pattern pattern pattern plain   plain   plain   unknown pattern plain
## [10] pattern plain   plain   plain   unknown
## Levels: pattern plain unknown
```

- unknown이 새로운 수준으로 추가되었다.

```
## 결측치를 unknown으로 처리한 후 시각화한다.
plot(candy_patterns)
```

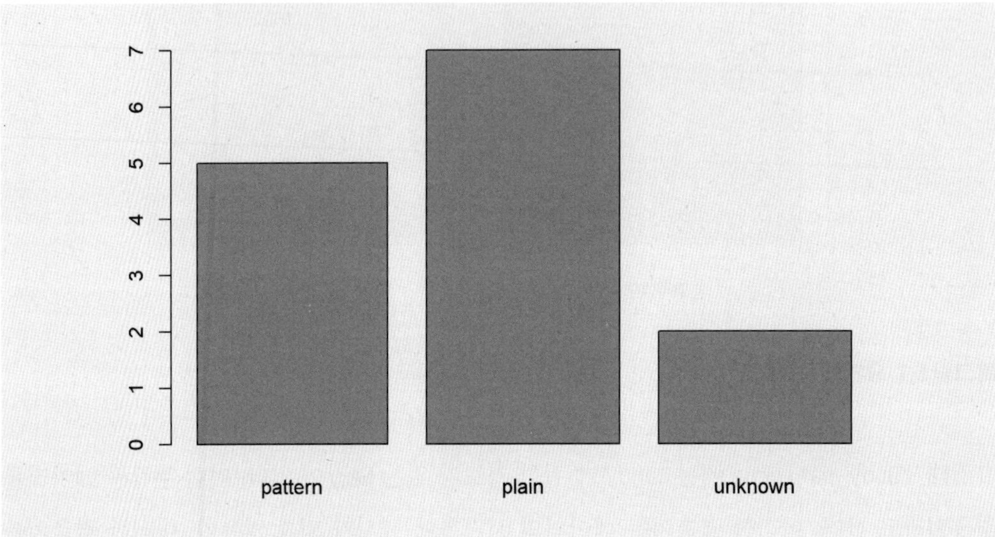


**그림 5.2: 결측치를 처리한 후의 시각화**

# 06

# 행렬

# 6. 행렬

이 장에서는 2차원 구조인 행렬(matrix)에 대하여 학습하기로 한다. 행렬을 만들고, 수정하고, 행렬 요소에 액세스하는 방법 등을 살펴 보기로 한다.

행렬은 2차원 데이터 구조로서, 행렬은 벡터와 유사하지만 "행"과 "열"의 2개의 차원(dim) 속성을 가지고 있다. 객체의 속성을 확인하는 `attributes()` 함수를 이용하여 행렬 객체의 속성을 확인하면 `dim` 속성을 확인할 수 있다. 그리고 이 속성의 값은 각각 행의 개수와 열의 개수를 나타낸다. 또한, `dim()` 함수를 이용해서 행렬 객체의 차원 속성을 확인할 수도 있다.

## 6.1 행렬 생성

`matrix()` 함수를 사용하여 행렬(matrix)을 만들 수 있다.

행렬의 차원은 `nrow`와 `ncol` 인수에 적절한 값을 전달하여 정의할 수 있다.

두 차원 모두에 값을 제공할 필요는 없다. 이 두 차원 중 하나만 제공되면 다른 차원은 데이터 길이에서 유추가 되어 자동으로 처리된다.

`matrix()` 함수의 형식은 다음과 같다.

```
matrix(data = NA, nrow = 1, ncol = 1, byrow = FALSE, dimnames = NULL)
인수 :
  • data : 데이터 (일차원의 벡터)
  • nrow : 행의 차원(개수)
  • ncol: 열의 차원(개수)
  • byrow : 행 우선 여부 (기본값은 FASLE, 즉 열 우선)
  • dimnames : 행과 열의 이름
```

### 6.1.1 행의 개수를 지정하여 행렬 생성

행렬을 생성하는 예를 들어 보겠다.

일차원의 벡터를 matrix() 함수의 data 인수로 하고, nrow = 인수 혹은 ncol = 인수를 이용하여 행의 개수와 열의 개수를 지정하여 생성할 수 있다.

먼저, c(4, 2, 3, 5, 4, 7) 벡터를 인수로 하고, 행의 개수를 nrow = 2로 하여, 행렬 x1을 생성하면 다음과 같다.

```
## 행렬 생성의 예이다.
# 벡터에 대하여 행렬의 행의 개수를 지정하여 행렬을 생성한다.
# 열 우선(첫 번째 열부터 행을 채워감)으로 요소가 채워진다.
x1 <- matrix(c(4, 2, 3, 5, 4, 7), nrow = 2)
x1
##      [,1] [,2] [,3]
## [1,]    4    3    4
## [2,]    2    5    7
```

- 전체 요소의 개수가 6개인 벡터를 행이 2개인 2차원 행렬로 생성한다.
- 이때 벡터의 각 요소가 행렬에 채워지는 순서를 잘 확인하기 바란다(열우선).

### 6.1.2 열의 개수를 지정하여 행렬 생성

다음은 c(4, 2, 3, 5, 4, 7) 벡터를 인수로 하고, 열의 개수를 ncol = 2로 하여 행렬 x2를 생성하면 다음과 같다.

```
## 행렬 생성의 예이다.
# 벡터에 대하여 행렬의 열의 개수를 지정하여 행렬을 생성한다.
# 열 우선으로 요소가 채워진다.
x2 <- matrix(c(4, 2, 3, 5, 4, 7), ncol = 2)
x2
##      [,1] [,2]
## [1,]    4    5
## [2,]    2    4
## [3,]    3    7
```

열의 차원을 2로 정하여 행렬을 생성하고 있다. 전체 요소의 개수가 6개 이므로 행의 차원은 3으로 유추된다.

이때 벡터의 각 요소가 행렬에 채워지는 순서를 잘 확인하기 바란다. 여기서도 열우선으로 채워진다.

#### 6.1.2.1 행 우선으로 데이터를 채우기

앞의 예에서 행렬의 데이터 요소들이 열 우선으로 채워진 것을 볼 수 있다. 여기서, `byrow = TRUE` 인수를 사용하면 데이터가 행 우선으로 채워지게 된다.

```
## 행렬 생성의 예이다.
# 벡터에 대하여 행렬의 행의 개수를 지정하여 행렬을 생성한다.
# 행렬의 요소가 행 우선으로 채워진다
x3 <- matrix(c(4, 2, 3, 5, 4, 7), nrow = 2, byrow = TRUE)
x3
##      [,1] [,2] [,3]
## [1,]    4    2    3
## [2,]    5    4    7

# 벡터에 대하여 행렬의 열의 개수를 지정하여 행렬을 생성한다.
# 행렬의 요소가 행 우선으로 채워진다
x4 <- matrix(c(4, 2, 3, 5, 4, 7), ncol = 2, byrow = TRUE)
x4
##      [,1] [,2]
## [1,]    4    2
## [2,]    3    5
## [3,]    4    7
```

그러나 행렬은 이후 절에서도 볼 수 있듯이, 기본적으로 열 우선 순서로 데이터를 저장한다.

### 6.1.3 벡터 결합으로 행렬 만들기

행렬을 만드는 또 다른 방법은 `cbind()` 함수를 이용한 열 결합, 또는 `rbind()` 함수를 이용한 행 결합으로 행렬을 만드는 것이다.

다음은 v1, v2, v3 등 세 개의 벡터를 cbind() 함수를 이용하여 열 결합으로 행렬 x5를 생성하는 예를 보여주고 있다.

```
## 행렬 생성의 예이다.
# 3개의 벡터를 생성한다.
v1 <- c(1, 2, 3, 4)
v2 <- c(5, 6, 7, 8)
v3 <- c(9, 10, 11, 12)

# cbind() 함수를 이용하여 세 개의 벡터를 열 결합하여 행렬을 만든다.
x5 <- cbind(v1, v2, v3)
x5
##      v1 v2 v3
## [1,]  1  5  9
## [2,]  2  6 10
## [3,]  3  7 11
## [4,]  4  8 12
```

- 열 결합으로 만들어진 행렬의 경우 열의 이름에 자동으로 벡터의 이름이 부여된다.

다음은 v1, v2, v3 등 세 개의 벡터를 rbind() 함수를 이용하여 행 결합으로 행렬 x6을 생성하는 예를 보여주고 있다.

```
## 행렬 생성의 예이다.
# rbind() 함수를 이용하여 세 개의 벡터를 행 결합하여 행렬을 만든다.
# v1, v2, v3가 행렬의 열을 구성한다.
x6 <- rbind(v1, v2, v3)
x6
##    [,1] [,2] [,3] [,4]
## v1    1    2    3    4
## v2    5    6    7    8
## v3    9   10   11   12
```

- 행 결합으로 만들어진 행렬의 경우 행의 이름에 자동으로 벡터의 이름이 부여된다.

### 6.1.4 dim() 함수를 이용한 행렬의 생성

dim() 함수에 행렬의 차원을 인수로 설정함으로써 벡터를 행렬로 변환할 수도 있다.

```
## 행렬 생성의 예이다.
# 벡터를 생성한다.
data <- c(4, 2, 3, 5, 4, 7)

## dim() 함수를 이용하여 벡터를 행렬로 변환한다.
# 행렬의 차원을 (2, 3)으로 설정한다.
dim(data) <- c(2, 3)
data
##      [,1] [,2] [,3]
## [1,]    4    3    4
## [2,]    2    5    7
```

- data는 이제 행렬로 변환이 되었다.

## 6.2 행렬의 차원

### 6.2.1 차원에 이름 붙이기

한편 행렬의 차원(행과 열)의 이름을 리스트(list) 형태로 정의하여, matrix() 함수의 dimnames = 인수에 지정해 주면, 행렬의 행과 열에 이름을 붙여지게 된다(리스트와 관련하여서는 8 장을 참고하기 바란다.).

다음은 벡터 data를 이용하고, 2행 3열의 행렬 x7을 생성하는데, 각 행의 이름과 열의 이름을 mat.names 라는 리스트 변수로 지정하는 예를 보여주고 있다.

```
## 행렬 차원의 이름을 붙이는 예이다.
# 행렬을 이루는 요소들의 1차원 벡터이다.
data <- c(4, 2, 3, 5, 4, 7)

# 행렬의 행과 열의 이름을 각각 리스트의 요소로 지정한다.
# 첫번째 요소가 행의 이름이 되고, 두번째 요소가 열의 이름이 된다.
mat.names <- list(c("1행", "2행"),
                  c("1열", "2열", "3열"))

## 2행 3열의 행렬 x5를 생성한다.
x7 <- matrix(data, nrow = 2, dimnames = mat.names)
x7
##     1열 2열 3열
## 1행   4   3   4
## 2행   2   5   7
```

한편, 다음에서 살펴볼 행렬 차원의 이름을 수정하는 방법으로도 행렬의 행과 열의 이름을 지정할 수도 있다.

attributes() 함수로 x7 객체의 속성을 확인해 보겠다.

```
## attributes() 함수로 객체의 속성을 확인한다.
attributes(x7)
## $dim
## [1] 2 3
##
## $dimnames
## $dimnames[[1]]
## [1] "1행" "2행"
##
## $dimnames[[2]]
## [1] "1열" "2열" "3열"
```

- x7 객체에 dim 속성과 더불어 dimnames 속성이 추가되어 있음을 알 수 있다.
- dimnames 속성의 첫번째 요소에는 행의 이름이, 그리고 두번째 요소에는 열의 이름이 문자형 벡터로 입력되어 있음을 알 수 있다.

### 6.2.2 차원의 이름 수정하기

행렬 객체의 행과 열의 이름은 두 개의 유용한 함수인 colnames() 함수와 rownames() 함수를 사용하여 확인하거나 변경할 수 있다.

먼저 x7 행렬의 행과 열의 이름을 확인해 보겠다.

```
## 행렬 차원의 이름을 수정하는 예이다.
# 행렬 x7의 행 이름을 확인한다
rownames(x7)
## [1] "1행" "2행"

# 행렬 x7의 열 이름을 확인한다
colnames(x7)
## [1] "1열" "2열" "3열"
```

행렬의 행 이름과 열 이름은 문자형 벡터로 반환이 된다. 행 이름과 열 이름을 변경해야 하는 경우, 행 이름 벡터와 열 이름 벡터를 새로이 할당해 주면 된다.

다음은, 행렬 x7의 행 이름으로 c("Row #1", "Row #2") 그리고 열 이름은 c("Col #1", "Col #2", "Col #3")으로 수정하는 예를 보여준다.

```
## 행렬 차원의 이름을 수정하는 예이다.
# 행렬의 행 이름을 수정한다.
rownames(x7) <- c("Row #1", "Row #2")
x7
##        1열 2열 3열
## Row #1   4   3   4
## Row #2   2   5   7

# 행렬의 열 이름을 수정한다.
Colnames(x7) <- c("Col #1", "Col #2", "Col #3")
x7
##        Col #1 Col #2 Col #3
## Row #1      4      3      4
## Row #2      2      5      7
```

### 6.2.3 차원 속성의 확인

dim() 함수를 이용하면 행렬 객체의 차원 속성인 행의 개수와 열의 개수를 확인할 수 있다.

```
## 행렬 차원의 속성을 확인하는 예이다.
# dim() 함수를 이용하여 행렬의 차원 속성을 확인한다.
dim(x1)
## [1] 2 3

# dim() 함수를 이용하여 행렬의 차원 속성을 확인한다.
# 첫번째 요소는 행의 개수를 반환한다.
dim(x1)[1]
## [1] 2

# dim() 함수를 이용하여 행렬의 차원 속성을 확인한다.
# 두번째 요소는 열의 개수를 반환한다.
dim(x1)[2]
## [1] 3
```

또한 nrow() 함수와 ncol() 함수를 이용하여 행의 개수와 열의 개수를 각각 확인할 수 있다.

```
## 행렬 차원의 속성을 확인하는 예이다.
# nrow() 함수를 이용하여 행의 개수를 확인한다.
nrow(x1)
## [1] 2

# ncol() 함수를 이용하여 열의 개수를 확인한다.
ncol(x1)
## [1] 3
```

# 6.3 행렬의 데이터 요소 접근

2차원(행과 열) 구조를 갖는 행렬은 행과 열의 색인을 대괄호안에 [행번호, 열번호]의 형태로 입력하여 데이터 요소에 접근할 수 있다. 즉 var 행렬의 데이터 요소는 var[row, column]의 형태로 접근할 수 있다. 여기서 row와 col은 벡터이다.

그리고 4.6.2에서와 마찬가지고 row와 col을 각각 정수형 벡터, 문자형 벡터 그리고 논리형 벡터 등으로 지정할 수도 있다. 또한, 마이너스 기호(-)를 사용하여 해당하는 행이나 열을 제외시킬 수도 있다. 그리고, row나 col 이 비어있는 경우에는 해당 행이나 열의 모든 요소를 선택하게 된다. 예를 들어, var[1, ]은 행렬 var 1행의 모든 열에 있는 데이터 요소들을 접근한다.

## 6.3.1 정수형 벡터 색인에 의한 접근

먼저 행렬의 row와 col을 각각 정수형 벡터로 지정하여 행렬의 데이터 요소에 접근할 수 있다. 다음은 행렬 mat를 행 결합으로 생성하고, 정수형 벡터를 색인으로 지정하여 mat의 데이터 요소에 접근하는 예를 보여주고 있다.

rbind() 함수를 이용하여 행 결합으로 행렬 mat를 생성하겠다.

```
## 행렬의 데이터 요소 접근 예이다.
# 벡터의 행 결합으로 행렬 mat를 생성한다.
mat <- rbind(c(1, 5, 3, 6),
             c(3, 6, 4, 8),
             c(2, 4, 8, 7))
mat
##      [,1] [,2] [,3] [,4]
## [1,]    1    5    3    6
## [2,]    3    6    4    8
## [3,]    2    4    8    7
```

다음은 행과 열의 색인을 모두 생략하고 mat[ , ]를 접근하는 예이다.

```
## 행렬의 데이터 요소 접근 예이다.
# row와 col을 정수형 벡터로 색인하여 mat의 데이터 요소에 접근한다.
# row와 col을 모두 생략하여 접근한다.
mat[,]
##      [,1] [,2] [,3] [,4]
## [1,]    1    5    3    6
## [2,]    3    6    4    8
## [3,]    2    4    8    7
```

- 모든 행과 모든 열의 데이터 요소를 접근함을 알 수 있다. 즉, mat와 같다.

다음의 예는 row에 c(1,2) 즉, 1행과 2행 그리고 col에 c(2,3)의 정수형 벡터를 색인으로 하여 데이터 요소에 접근하는 예를 보여주고 있다.

```
## 행렬의 데이터 요소 접근 예이다.
# row와 col을 정수형 벡터로 색인하여 mat의 데이터 요소에 접근한다.
# 1행과 2행 그리고 2열과 3열이 교차하는 데이터 요소에 접근한다.
mat[c(1,2),c(2,3)]
##      [,1] [,2]
## [1,]    5    3
## [2,]    6    4
```

다음의 예는 3행과 2행 그리고 모든 열의 요소를 접근하기 위해 mat[c(3,2), ]를 지정한 예를 보여주고 있다.

```
## 행렬의 데이터 요소 접근 예이다.
# row와 col을 정수형 벡터로 색인하여 mat의 데이터 요소에 접근한다.
# row는 정수형 벡터로 그리고 col은 생략하여 접근한다.
mat[c(3,2), ]
##      [,1] [,2] [,3] [,4]
## [1,]    2    4    8    7
## [2,]    3    6    4    8
```

- 열 번호 색인을 생략하였으므로 모든 열의 데이터 요소를 접근하게 된다.
- 행 번호 색인 벡터로 c(3,2)로 함으로써, 반환되는 데이터 요소의 순서도 3행이 먼저 반환됨을 알 수 있다.

그리고 2열을 제외한 나머지 모든 데이터 요소를 접근하고자 할 때에는 mat[ , -2]의 형태로 데이터 요소에 접근하는 예는 다음과 같다.

```
## 행렬의 데이터 요소 접근 예이다.
# row와 col을 정수형 벡터로 색인하여 mat의 데이터 요소에 접근한다.
# 2열을 제외한 모든 데이터 요소에 접근한다.
mat[, -2]
##      [,1] [,2] [,3]
## [1,]    1    3    6
## [2,]    3    4    8
## [3,]    2    8    7
```

## 6.3.2 문자형 벡터 색인에 의한 접근

행렬 요소를 접근하는데 row와 col을 각각 문자형 벡터로 지정할 수도 있다. 다만, 이때 행렬의 행과 열 차원에 이름 속성이 설정되어 있어야 한다. 물론, 이러한 이름 속성은 6.2.1에서 살펴본 바와 같이 다양한 방법으로 행렬 차원의 이름을 부여할 수 있음을 살펴본 바 있다.

다음의 예는 앞에서 생성한 행렬 mat의 행과 열에 rownames() 함수와 colnames() 함수를 이용하여 c("row.1", "row.2", "row.3")와 c("col.1", "col.2", "col.3", "col.4") 등의 문자형 벡터로 이름을 붙이는 방법을 보여주고 있다.

```
## 행렬의 데이터 요소 접근 예이다.
# mat의 행과 열에 이름을 붙이다.
rownames(mat) <- c("row.1", "row.2", "row.3")
colnames(mat) <- c("col.1", "col.2", "col.3", "col.4")
mat                                  #
##       col.1 col.2 col.3 col.4
## row.1     1     5     3     6
## row.2     3     6     4     8
## row.3     2     4     8     7
```

다음은 '("row.1", "row.2")' 행과 '("col.2", "col.3")' 열이 교차하는 mat의 데이터 요소를 접근하는 예를 보여 준다.

```
## 행렬의 데이터 요소 접근 예이다.
# row와 col을 행 이름과 열 이름으로 구성된 문자형 벡터로 색인한다.
# (row.1, row.2) 행과 (col.2, col.3) 열의 교차 요소를 출력한다.
mat[c("row.1", "row.2"), c("col.2", "col.3")]
##       col.2 col.3
## row.1     5     3
## row.2     6     4
```

다음은 행은 c("row.3", "row.2")와 모든 열이 교차하는 데이터 요소를 접근하기 위하여 mat[c("row.3", "row.2"),]로 색인하는 예를 보여주고 있다.

```
## 행렬의 데이터 요소 접근 예이다.
# row와 col을 행 이름과 열 이름으로 구성된 문자형 벡터로 색인한다.
# (row.3, row.2)의 행과 모든 열의 데이터 요소를 접근한다.
mat[c("row.3", "row.2"), ]
##       col.1 col.2 col.3 col.4
## row.3     2     4     8     7
## row.2     3     6     4     8
```

그런데 문자형 벡터로 색인으로 하여 특정 행이나 열을 제외하여 접근할 수는 없다. 다음의 'row.2' 행을 제외한 행과 모든 열이 교차하는 데이터 요소를 접근할 때 에러가 발생함을 보여 주는 예이다.

```
## 행렬의 데이터 요소 접근 예이다.
# row와 col을 행 이름과 열 이름으로 구성된 문자형 벡터로 색인한다.
mat[-"row.2", ]
## Error in -"row.2": invalid argument to unary operator
```

### 6.3.3 논리형 벡터 색인에 의한 접근

행렬 요소의 row와 col에 대하여 각각 논리형 벡터를 이용하여 접근할 수도 있다. 그런데, 논리형 벡터를 이용하는 경우에는 행이나 열의 위치를 바꿀 수는 없다.

다음의 예를 살펴보기 바란다.

다음은 '(1행, 2행)'과 '(2열, 3열)'이 교차하는 데이터 요소를 접근하기 위하여, 논리형 벡터로 색인으로 하여 mat의 데이터 요소에 접근하는 예를 보여주고 있다.

```
## 행렬의 데이터 요소 접근 예이다.
# row와 col을 논리형 벡터로 색인하여 데이터 요소에 접근한다.
# (1, 2)행과 (2, 3) 열의 교차 요소를 접근한다.
mat[c(T, T, F), c(F, T, T, F)]
##       col.2 col.3
## row.1     5     3
## row.2     6     4
```

다음은 모든 행과 모든 열에 있는 mat의 데이터 요소를 접근하는 예를 보여주고 있다.

```
## 행렬의 데이터 요소 접근 예이다.
# row와 col을 논리형 벡터로 색인하여 데이터 요소에 접근한다.
# 모든 행과 모든 열의 요소를 접근한다.
mat[c(T, T, T), c(T, T, T, T)]  # mat 와 같다.
##       col.1 col.2 col.3 col.4
## row.1     1     5     3     6
## row.2     3     6     4     8
## row.3     2     4     8     7
```

다음은 (2, 3)행과 모든 열이 교차하는 데이터 요소를 접근하는 논리형 벡터를 색인으로 하여 mat의 데이터 요소에 접근하는 예를 보여주고 있다.

```
## 행렬의 데이터 요소 접근 예이다.
# row와 col을 논리형 벡터로 색인하여 데이터 요소에 접근한다.
# (2, 3)행과 모든 열이 교차하는 데이터 요소를 접근한다.
mat[c(F, T, T), ]
##       col.1 col.2 col.3 col.4
## row.2     3     6     4     8
## row.3     2     4     8     7
```

그런데, 여기서 주목해야 할 점은 인덱싱 후 반환된 행렬이 단일 행 행렬 또는 단일 열 행렬이면 그 결과로 벡터가 반환된다는 것이다.

이때, 벡터 형태가 아닌 행렬 형태로 출력하고 싶으면 `[ ]` 안에 `drop = FALSE` 인수를 입력해 주면 벡터가 아닌 행렬 형태로 반환하게 된다.

```
## 행렬의 데이터 요소 접근 예이다.
# 한 개의 행/열을 인덱싱하는 경우 그 결과는 벡터로 반환된다.
# 1행으로 된 단일 행렬은 "벡터 형태"로 반환한다.
mat[1, ]
## col.1 col.2 col.3 col.4
##     1     5     3     6

## 한 개의 행/열을 인덱싱하는 경우 그 결과는 벡터로 반환된다.
# 1열로 된 단일 행렬은 "벡터 형태"로 반환한다.
mat[ ,1]
## row.1 row.2 row.3
##     1     3     2

## drop = TRUE 옵션을 삽입하여 행렬 형태로 출력할 수 있다.
# 1행으로 된 "행렬 형태"로 출력한다.
mat[1, , drop = FALSE]
##       col.1 col.2 col.3 col.4
## row.1     1     5     3     6

## drop = TRUE 옵션을 삽입하여 행렬 형태로 출력할 수 있다.
# 1열로 된 "행렬 형태"로 출력한다.
mat[ , 1, drop = FALSE]
##       col.1
## row.1     1
## row.2     3
## row.3     2
```

## 6.3.4 벡터 형태로 요소 접근

한편, 행렬을 마치 하나의 벡터처럼 행렬의 데이터 요소에 접근할 수도 있다. 이 경우 행렬은 열 단위로 요소들을 결합한 벡터로 처리하게 된다.

```
## 행렬의 데이터 요소 접근 예이다.
# 단일 벡터의 요소를 접근하듯이 색인에 의해 첫 4개의 요소에 접근한다.
mat[1:4]
## [1] 1 3 2 5

# 2, 5, 8 번째 데이터 요소에 접근한다.
mat[c(2, 5, 8)]
## [1] 3 6 4

# c(T,F)를 색인으로 접근하는 경우, c(T, F)가 자동반복된다.
# 즉, 1, 3, 5, 7, 9, 11 번 요소를 출력한다.
mat[c(TRUE, FALSE)]
## [1] 1 2 6 3 8 8
```

위에서 살펴본 바와 같이 mat를 벡터 형태로 색인하여 접근을 하는 경우에는 행렬의 데이터 요소를 (1 3 2 5 6 4 3 4 8 6 8 7) 형태의 열 우선으로 결합된 벡터로 하여 처리함을 알 수 있다.

## 6.3.5 조건식에 의한 요소 접근

다음과 같이 row와 col 위치에 "필터링 조건식"을 입력하여 조건에 만족하는 행과 렬의 요소에 접근할 수도 있다.

다음은 벡터 형식으로 모든 데이터 요소에 접근하는 조건식을 색인에 이용하는 예로써 5보다 큰 데이터 요소만 반환하는 예를 보여 준다.

```
## 행렬의 데이터 요소 접근 예이다.
mat[mat>5]
## [1] 6 8 6 8 7
# 벡터 형식으로 5보다 튼 데이터 요소만을 반환한다.
```

마찬가지로, 짝수인 데이터 요소만을 벡터 형식으로 반환하는 예는 다음과 같다.

```
## 행렬의 데이터 요소 접근 예이다.
# 벡터 형식으로 짝수인 요소만 반환한다.
mat[mat %% 2 == 0]
## [1] 2 6 4 4 8 6 8
```

행 또는 열의 색인에 조건식을 적용하고, 그 조건을 만족하는 행 또는 열을 반환할 수 있다. 이 경우는 실제로 자주 사용되므로 잘 숙지하기 바란다.

다음의 예는 `col.2` 열의 데이터 요소가 4보다 큰 모든 행의 요소를 반환하는 예를 보여주고 있다.

```
## 행렬의 데이터 요소 접근 예이다.
# 행과 열에 조건식을 적용한 예이다.
## col.2 열의 값이 5보다 큰 행만 출력한다.
mat[mat[ , "col.2"] > 4, ]
##       col.1 col.2 col.3 col.4
## row.1     1     5     3     6
## row.2     3     6     4     8
```

- `mat[, "col.2"] > 4 : mat` 의 `col.2` 요소에 대하여 5보다 큰지를 비교한다. 이 결과는 (TRUE  TRUE  FALSE)의 논리형 벡터가 된다.
- 이제 이 논리형 벡터가 `mat[행색인, ]`의 행 색인으로 이용된다.
- 결국 `mat[mat[, "col.2"] > 5,]` 식은 `mat[c(1, 2), ]` 또는 `mat[c(T, T, F), ]`가 된다.

`mat[mat[,"col.2"] > 5, ]`의 내용을 단계별로 분석해 보면 다음과 같다.

```
## 행렬의 데이터 요소 접근 예이다.
# [1단계] col.2 요소에 대하여 5보다 큰 지를 비교하여 그 결과를 논리형 벡터 condi
에 할당한다.
condi <- mat[, "col.2"] > 4
condi
## row.1 row.2 row.3
##  TRUE  TRUE FALSE

# 논리형 벡터 condi를  mat의 행 색인에 적용한다.
mat[condi, ]
##       col.1 col.2 col.3 col.4
## row.1     1     5     3     6
## row.2     3     6     4     8
```

# 6.4 행렬의 수정

## 6.4.1 행렬 요소 값의 수정

위에서 살펴본 방법으로 접근된 행렬 요소들에 할당 연산자(<-)로 새로운 데이터를 할당하여 행렬의 데이터 요소를 수정할 수 있다.

다음은 mat를 mat1에 할당해 주고, mat1의 2행 2열 요소 값을 10으로 수정하는 예이다.

```
## 행렬의 수정 예이다.
# mat 를 mat1 으로 복사해 준다.
mat1 <- mat

# 2행 2열의 요소 값을 10으로 수정한다.
mat1[2,2] <- 10; mat1
##       col.1 col.2 col.3 col.4
## row.1     1     5     3     6
## row.2     3    10     4     8
## row.3     2     4     8     7
```

mat1의 데이터 요소 중 5보다 작은 데이터들을 모두 0으로 변경하는 예를 다음에서 보여주고 있다.

```
## 행렬의 수정 예이다.
# 5보다 작은 요소들은 모두 0으로 수정한다.
mat1[mat < 5] <- 0; mat1
##       col.1 col.2 col.3 col.4
## row.1     0     5     0     6
## row.2     0    10     0     8
## row.3     0     0     8     7
```

## 6.4.2 행과 열의 추가

rbind() 함수와 cbind() 함수를 사용하여 행렬에 행이나 열을 각각 추가 할 수 있다.

먼저 cbind() 함수를 이용하여 행렬에 새로운 열을 추가해 보겠다. 다음은 행렬 mat에 c(7, 6,

7) 벡터를 col.5 라는 열 이름을 부여하고, cbind() 함수를 이용하여 열 결합하여 행렬 mat2에 할당하는 예를 보여주고 있다.

```
## 행렬의 행과 열의 추가 예이다.
# cbind() 함수를 이용하여 열 벡터를 추가하여 mat2 를 생성한다.
mat2 <- cbind(mat, col.5 = c(7, 6, 7))
mat2
##       col.1 col.2 col.3 col.4 col.5
## row.1     1     5     3     6     7
## row.2     3     6     4     8     6
## row.3     2     4     8     7     7
```

이제 rbind() 함수를 이용하여 행렬에 새로운 행을 추가해 보겠다. 다음은 행렬 mat에 c(1, 2, 3) 벡터를 row.4 라는 행 이름을 부여하고, rbind() 함수를 이용하여 행 결합하여 행렬 mat3에 할당하는 예를 보여주고 있다.

```
## 행렬의 행과 열의 추가 예이다.
# rbind() 함수를 이용하여 행 벡터를 추가하여 mat3 를 생성한다.
mat3 <- rbind(mat, row.4 = c(1,2,3))
## Warning in rbind(mat, row.4 = c(1, 2, 3)): number of columns of result is not a
## multiple of vector length (arg 2)
mat3
##       col.1 col.2 col.3 col.4
## row.1     1     5     3     6
## row.2     3     6     4     8
## row.3     2     4     8     7
## row.4     1     2     3     1
```

- 그런데 추가하는 벡터 c(1, 2, 3)의 데이터 요소가 기존의 행렬의 행의 요소 수보다 적다.
- 이 경우 경고 메시지가 반환되며, 자동반복으로 나머지 요소를 할당하게 된다.

# 6.5 행렬의 서브 세팅

앞에서 학습한 행렬 요소에 접근 방법으로 접근된 요소들을 새로운 변수에 할당함으로써 행렬을 서브 세팅할 수 있다.

다음은 앞에서 살펴 본 정수형 벡터로 색인한 결과를 새로운 변수에 할당하여 행렬을 서브 세팅하는 예를 보여주고 있다.

```
## 행렬의 서브 세팅 예이다.
# row와 col을 정수형 벡터로 색인한다.
# 1 & 2행과 2 & 3열이 교차하는 요소를 서브 세팅하여 mat4에 할당한다.
mat4 <- mat[c(1,2),c(2,3)]
mat4
##       col.2 col.3
## row.1     5     3
## row.2     6     4

# row와 col을 정수형 벡터로 색인한다.
# 3행과 2열의 순서로 전체 열의 요소를 서브 세팅하여 mat5로 할당한다.
mat5 <- mat[c(3,2), ]
mat5
##       col.1 col.2 col.3 col.4
## row.3     2     4     8     7
## row.2     3     6     4     8

# row와 col을 정수형 벡터로 색인한다.
# 1행을 제외한 모든 요소들을 서브 세팅하여 mat6에 할당한다.
mat6 <- mat[-1,]
mat6
##       col.1 col.2 col.3 col.4
## row.2     3     6     4     8
## row.3     2     4     8     7
```

# 6.6 행렬의 연산

## 6.6.1 행렬의 산술 연산

두 개의 행렬 x와 y가 있을 때 일반적인 행렬 x와 y에 일반적인 산술 연산자를 사용하여 산술연산을 하는 경우에는 행렬의 각각의 요소별로 연산이 이루어 진다.

다음의 산술 연산의 예를 확인하기 바란다.

```
## 행렬의 산술 연산 예이다.
# 두 개의 예제 행렬을 만든다.
# 두 행렬의 행과 열의 개수가 같다
x <- matrix(c(1:6), ncol = 3)
y <- matrix(c(1, -1, 2, 3, 2, -1), ncol = 3)

# 산술연산자 덧셈 연산자(+)를 이용한 연산의 경우 요소별로 연산이 된다.
x + y
##      [,1] [,2] [,3]
## [1,]    2    5    7
## [2,]    1    7    5

# 산술연산자 곱셈 연산자(*)를 이용한 연산의 경우 요소별로 연산이 된다.
x * y
##      [,1] [,2] [,3]
## [1,]    1    6   10
## [2,]   -2   12   -6

# 산술연산자 나머지 연산자(%%)를 이용한 연산의 경우 요소별로 연산이 된다.
x %% y
##      [,1] [,2] [,3]
## [1,]    0    1    1
## [2,]    0    1    0

# 산술연산자 몫 연산자(%/%)를 이용한 연산의 경우 요소별로 연산이 된다.
x %/% y
##      [,1] [,2] [,3]
## [1,]    1    1    2
## [2,]   -2    1   -6
```

다음의 행렬을 인수로 한 다양한 산술연산 함수로서 sum() 함수와 mean() 함수의 사용 예를 살펴보기 바란다.

```
## 행렬의 산술 연산 예이다.
# sum(), mean() 함수 등
sum(x)
## [1] 21
mean(x)
## [1] 3.5
```

- sum() 함수와 mean() 함수는 행렬의 전체 데이터 요소를 연산하고 하나의 데이터를 반환함을 알 수 있다.

rowSums() 함수와 colSums() 함수는 각각 행렬의 행의 합계와 열의 합계를 구하는 함수이다. 다음의 예를 살펴보기 바란다.

```
## 행렬의 산술 연산 예이다.
# rowSums(), colSums() 함수 등
rowSums(x)
## [1]  9 12
colSums(x)
## [1]  3  7 11
```

그런데, 행과 열 각각의 합이나 평균 등을 구하고자 하는 경우, apply() 함수를 이용할 수도 있다.

```
## 행렬의 산술 연산 예이다.
# apply() 함수를 이용한다.
# 차원 1 즉, 행에 sum 함수를 적용한다.
apply(x, 1, sum)
## [1]  9 12

# apply() 함수를 이용한다.
# 차원 2 즉, 열에 sum 함수를 적용한다.
apply(x, 2, sum)
## [1]  3  7 11
```

- sum 대신에 mean, sd 등을 이용하여 평균과 표준편차 등을 구할 수 있다.

위의 예에서 사용한 apply() 함수의 사용에 대하여 좀 더 살펴보겠다.

apply() 함수의 기본적인 문법은 다음과 같다.

```
apply(x, MARGIN, FUN, …)
인수 :
  • x : 함수를 적용할 행렬을 포함한 배열 데이터이다.
  • MARGIN = : 1이면 행단위, 2이면 열단위로 FUN을 적용한다.
  • FUN : 적용할 함수 (sum, mean, sd, median, … 사용자 정의 함수도 가능)
```

apply() 함수의 사용과 관련하여 다음의 예들을 확인하기 바란다.

다음은 행렬의 첫번째 차원인 행(MARGIN = 1)을 대상으로 apply() 함수를 사용하여 합계(FUN = sum), 평균(FUN = mean), 표준편차(FUN = sd) 등을 구하는 예를 보여준다.

```
## 행렬의 산술 연산 예이다.
# apply() 함수에  MARGIN = 1과 FUN = sum으로 행 단위의 합을 구한다.
apply(x, MARGIN = 1, FUN = sum)
## [1]  9 12

# apply() 함수에  MARGIN = 1과 FUN = mean으로 행 단위의 평균을 구한다.
apply(x, 1, mean)
## [1] 3 4

# apply() 함수에  MARGIN = 1과 FUN = sd로 행 단위의 표준편차을 구한다.
apply(x, 1, sd)
## [1] 2 2
```

마찬가지로 다음은 행렬의 두번째 차원인 열(MARGIN = 2)을 대상으로 apply() 함수를 사용하여 합계(FUN = sum), 평균(FUN =mean), 표준편차(FUN = sd) 등을 구하는 예를 보여준다.

```
## 행렬의 산술 연산 예이다.
# apply() 함수에  MARGIN = 2와 FUN = sum으로 열 단위의 합을 구한다.
apply(x, MARGIN = 2, FUN = sum)
## [1]  3  7 11

# apply() 함수에  MARGIN = 2와 FUN = mean으로 열 단위의 평균을 구한다.
apply(x, 2, mean)
## [1] 1.5 3.5 5.5

# apply() 함수에  MARGIN = 2와 FUN = sd로 열 단위의 표준편차을 구한다.
apply(x, 2, sd)
## [1] 0.7071068 0.7071068 0.7071068
```

## 6.6.2 행렬 곱하기

행렬 X와 행렬 Y가 있고, 행렬 X의 열의 개수와 행렬 Y의 행의 개수가 같을 때, 행렬 X와 행렬 Y를 곱할 수 있다. 이를 행렬 X와 행렬 Y의 행렬 곱하기라고 한다. 이러한 행렬 곱하기는 %*% 연산자를 이용하게 된다.

다음의 예를 살펴보기 바란다.

먼저, 행렬 a와 p를 생성한다.

```
## 행렬 곱하기 예이다.
# 두 개의 행렬을 생성한다.
a <- matrix(c(2, 1, 0, 1, 2, 1, 0, 1, 2, 2, 2, 1), ncol = 4); a
##      [,1] [,2] [,3] [,4]
## [1,]    2    1    0    2
## [2,]    1    2    1    2
## [3,]    0    1    2    1
p <- matrix(c(1, 0, 0, 0, 0, 1, 0, 1), ncol = 2); p
##      [,1] [,2]
## [1,]    1    0
## [2,]    0    1
## [3,]    0    0
## [4,]    0    1
```

- 행렬 a의 '열의 개수'와 행렬 p의 '행의 개수'가 같다.

행렬 a와 행렬 p를 곱하기 위하여 `%*%` 연산자로 다음과 같이 이용한다.

```
## 행렬 곱하기 예이다.
# a와 p의 행렬 곱하기를 한다.
a %*% p
##      [,1] [,2]
## [1,]    2    3
## [2,]    1    4
## [3,]    0    2
```

## 6.6.3 전치행렬 구하기

행렬 A가 있고 이 행렬에 대해 행과 열이 바뀐 행렬 B가 있다면, 이 행렬 B를 행렬 A의 전치행렬(transpose matrix)이라고 한다. 행렬 A의 전치행렬 B는 `t()` 함수를 이용하여 구할 수 있다. 다음은 행렬 `mat`에 대하여 `t()` 함수를 이용하여 전치행렬을 구하고 `t.mat` 변수에 할당하는 예이다.

```
## 전치 행렬 예이다.
# 'mat'의 전치행렬을 't()' 함수를 이용하여 구한다
t.mat <- t(mat); t.mat
##       row.1 row.2 row.3
## col.1     1     3     2
## col.2     5     6     4
## col.3     3     4     8
## col.4     6     8     7
```

- `t.mat`은 `mat`의 전치행렬이다.

## 6.6.4 역행렬

A가 n×n 행렬, 즉 행과 열의 개수가 같은 정방행렬(square matrix)일 때, 아래를 만족하는 n×n행렬 B가 존재하면,

$$A \times B = B \times A = I$$

B를 A의 역행렬(inverse matrix)이라고 하며,

$$B = A^{-1}$$

로 표시한다.

이러한 행렬 A의 역행렬 B는 `solve()` 함수로 구할 수 있다.

```
## 역행렬을 구하는 예이다.
# 행렬 a를 생성한다.
a <- matrix(c(1, 2, 3, 3, 0, 1, 5, 4, 2), ncol = 3)

# 행렬 a의 역행렬을 solva() 함수로 구한다.
solve(a)
##             [,1]        [,2] [,3]
## [1,] -0.13333333 -0.03333333  0.4
## [2,]  0.26666667 -0.43333333  0.2
## [3,]  0.06666667  0.26666667 -0.2
```

## 6.6.5 행렬식

행렬식(determinant)에 대해서는 이렇다할 정의(definition)가 없다. 행렬식은 어떤 특별한 계산식에 따라 행렬의 원소들을 대입하여 얻은 결과값(행렬의 대표값)이라 할 수 있다. 즉, 행렬에 대해 계산되는 하나의 숫자값이다. 다만, 그 결과값이 그 행렬의 특성을 결정짓는 중요한 값이기에 determinant라고 부른다. 행렬식(determinant)은 또한 역행렬과 마찬가지로 정방행렬(행과 열의 개수가 같은 행렬)에 대해서만 구할 수 있다. 이러한 행렬 A의 행렬식은 `det()` 함수를 이용하여 구할 수 있다.

다음은 행렬 a에 대하여 det() 함수를 이용하여 행렬식을 구하는 예를 보여주고 있다.

```
## 행렬식을 구하는 예이다.
# 행렬 a를 생성한다.
a <- matrix(c(1,2,3,4,5,6,7,8,9), c(3,3))

## a의 행렬식을 det() 함수로 구한다.
det(a)
## [1] 0
```

### 6.6.6 대각행렬

행렬의 특수한 형태 중의 하나로 주대각선(행렬의 왼쪽 위에서 오른쪽 아래 방향으로의 대각선) 요소를 제외한 나머지 요소가 모두 0인 행렬을 대각행렬(diagonal matrix)이라고 한다. 이러한 대각행렬은 diag() 함수를 이용하여 생성할 수 있다.

다음은 주대각선이 모두 1이며 행과 열의 개수가 5개인 항등행렬(Identity matrix)을 생성하는 예이다.

```
## 대각행렬의 예이다.
# 주대각선이 모두 1인 행렬을 항등행렬(Identity Matrix)이라고 한다.
i.mat <- diag(1, 5)
i.mat
##      [,1] [,2] [,3] [,4] [,5]
## [1,]    1    0    0    0    0
## [2,]    0    1    0    0    0
## [3,]    0    0    1    0    0
## [4,]    0    0    0    1    0
## [5,]    0    0    0    0    1
```

- diag(1, 5) 에서 1은 주대각선의 데이터 요소 값을, 5는 행과 열의 개수를 의미한다.

앞의 diag(1, 5)는 diag(5)와 같다.

```
## 대각행렬의 예이다.
# diag(1, 5)와 같다.
dia.mat1 <- diag(5)
dia.mat1
##      [,1] [,2] [,3] [,4] [,5]
## [1,]    1    0    0    0    0
## [2,]    0    1    0    0    0
## [3,]    0    0    1    0    0
## [4,]    0    0    0    1    0
## [5,]    0    0    0    0    1
```

이제 주대각선의 요소 값들을 시퀀스 seq(1, 10, 2)가 되는 대각행렬을 생성해 보겠다.

```
## 대각행렬의 예이다.
# 주대각선의 요소가 seq(1, 10, 2)인 대각행렬을 만든다.
dia.mat2 <- diag(seq(1, 10, 2))
dia.mat2
##      [,1] [,2] [,3] [,4] [,5]
## [1,]    1    0    0    0    0
## [2,]    0    3    0    0    0
## [3,]    0    0    5    0    0
## [4,]    0    0    0    7    0
## [5,]    0    0    0    0    9
```

주대각선의 요소를 반복값 rep(c(1,2), 3)이 되는 대각행렬을 생성해 보겠다.

```
## 대각행렬의 예이다.
# 주대각선의 요소가 rep(c(1,2), 3)인 대각행렬을 만든다.
diag.mat3 <- diag(rep(c(1,2), 3))
diag.mat3
##      [,1] [,2] [,3] [,4] [,5] [,6]
## [1,]    1    0    0    0    0    0
## [2,]    0    2    0    0    0    0
## [3,]    0    0    1    0    0    0
## [4,]    0    0    0    2    0    0
## [5,]    0    0    0    0    1    0
## [6,]    0    0    0    0    0    2
```

# 07

# 배열

7.1 배열 생성

7.2 배열의 데이터 요소 접근

7.3 배열의 서브 세팅과 수정

7.4 다차원 배열의 변환

# 7. 배열

## 7.1 배열 생성

### 7.1.1 배열 생성

배열(array)은 2 차원 이상의 다차원 데이터를 저장할 수 있는 객체이다. 예를 들어, 3차원 배열로 차원이 c(2, 3, 4)인 배열을 생성하면, (2행, 3열)의 행렬이 4개가 누적되어 있는 배열이 생성된다. 배열은 array() 함수를 사용하여 생성할 수 있다. 이 때 data 벡터를 입력 인수로 하여, 매개변수 dim으로 차원 속성을 그리고 매개변수 dimnames로 차원 이름 속성을 지정할 수 있다.

array() 함수의 일반적인 형식은 다음과 같다.

```
array(data = NA, dim = length(data), dimnames = NULL)
인수 :
  • data : 배열을 생성할 데이터(벡터)이다.
  • dim : 배열의 차원을 나타내는 정수형 벡터이다. 예, dim = c(2, 3, 4)
  • dimnames : 리스트 형태로 각 차원의 이름을 설정한다.
```

다음 예제는 2x3x4 배열을 생성하고 있다.

```
## 배열 생성의 예이다.
# 난수 발생 지점을 정한다.
set.seed(10)

## 2 X 3 X 4 배열을 생성을 위한 벡터 data를 생성한다.
# data 생성 -> smaple() 함수를 이용하여 1~20 사이의 숫자 24개를 임의로
복원추출한다.
data <- sample(1:20, 24, rep = TRUE)

## 생성된 data를 인수로 하여, array() 함수로 배열을 생성한다.
# dim = 으로 배열의 차원을 지정한다.
arr.1 <- array(data, dim = c(2, 3, 4))
arr.1
```

```
## , , 1
##
##      [,1] [,2] [,3]
## [1,]   11   10   12
## [2,]    9   16    8
##
## , , 2
##
##      [,1] [,2] [,3]
## [1,]    7   15   10
## [2,]   19   15    7
##
## , , 3
##
##      [,1] [,2] [,3]
## [1,]   10   13   14
## [2,]    2    8    7
##
## , , 4
##
##      [,1] [,2] [,3]
## [1,]    6   18   13
## [2,]    7   18    5
```

- 이 배열은 2행 3열 행렬이 4개 있는 것과 같다.
- 따라서 전체 요소의 개수는 2 * 3 * 4 = 24개가 되는 것이다.

배열의 차원에서 제일 왼쪽의 2개 차원으로 구성되는 행렬이 **기본 행렬**을 이룬다. 그리고 다음 차원의 개수가 바로 이 기본행렬의 개수를 나타낸다. 즉, 위의 예에서 `arr.1` 배열은 (2 X 3) 행렬을 기본행렬로 하여, 4개의 기본 행렬이 생성되어 있는 형태가 되는 것이다.

한편, 배열을 생성할 때 data의 요소의 개수가 배열의 전체 요소의 개수와 일치하지 않는 경우의 배열 생성은 어떻게 되는지 살펴 보기로 한다.

```
## 배열 생성의 예이다.
# 난수 발생 지점을 정한다.
set.seed(10)

## 12개의 요소로 구성된 벡터 data를 생성한다.
data <- sample(1:20, 12, rep=TRUE)

## 2 X 3 X 4 배열을 생성한다.
# 배열 요소의 전체 개수가 24개여야 하는데, data의 요소 개수는 12개 이다.
arr.2 <- array(data, dim = c(2, 3, 4))
arr.2
## , , 1
##
##      [,1] [,2] [,3]
## [1,]   11   10   12
## [2,]    9   16    8
##
## , , 2
##
##      [,1] [,2] [,3]
## [1,]    7   15   10
## [2,]   19   15    7
##
## , , 3
##
##      [,1] [,2] [,3]
## [1,]   11   10   12
## [2,]    9   16    8
##
## , , 4
##
##      [,1] [,2] [,3]
## [1,]    7   15   10
## [2,]   19   15    7
```

- 벡터 data의 요소가 부족하여 기존의 요소들이 자동 반복(recycling)되어 자동으로 채워짐을 알 수 있다.
- 배열의 요소들에 대한 색인이 모두 정수로 [ , , ]의 형태로 이루어져 있음을 알 수 있다.

## 7.1.2 배열 차원

배열은 각 "차원"과 "차원의 이름"을 속성으로 가질 수 있다. 이에 대하여 살펴보기로 한다.

### 7.1.2.1 차원과 각 차원의 구성 요소 이름

차원 이름 속성인 dimnames를 매개 변수로 하고, 차원(dim) 속성의 요소와 매칭하여, 리스트 형태로 배열의 각 차원을 구성하는 요소들의 이름을 설정할 수 있다.

다음은 벡터 data에 대하여 dim = c(2, 3, 4)로 차원 속성을 설정하고, 각 차원별 구성 요소의 이름을 dimnames 속성에 리스트 형태로 지정하는 예를 보여주고 있다.

```
## 배열의 각 차원의 이름을 지정한다.
# dim = c(2, 3, 4)로 차원 속성을 지정한다.
arr.3 <- array(data, dim = c(2, 3, 4),

## dimnames = 차원 이름을 리스트 형태로 지정한다.
# 첫번째 차원이 2이므로, 이들 요소의 이름을
# 2개 요소의 문자형 벡터로 차원 이름을 지정해 준다.
               dimnames = list(c("남성", "여성"),

# 두번째 차원이 3이므로, 이들 요소의 이름을
# 3개 요소의 문자형 벡터로 차원 이름을 지정해 준다.
                               c("낮음", "중간", "높음"),

# 세번째 차원이 4이므로, 이들 요소의 이름을
# 4개의 요소의 문자형 벡터로 차원 이름을 지정해 준다.
                               c("S석", "A석", "B석", "C석")))
arr.3
## , , S석
##
##      낮음 중간 높음
## 남성   11   10   12
## 여성    9   16    8
##
## , , A석
##
##      낮음 중간 높음
## 남성    7   15   10
## 여성   19   15    7
##
```

```
## , , A석
##
##      낮음 중간 높음
## 남성    7   15   10
## 여성   19   15    7
##
```

attributes() 함수로 arr.3 객체의 속성들을 확인해 보기로 한다.

```
## 배열의 속성을 확인한다.
# arr.3 객체의 속성을 확인한다.
attributes(arr.3)
## $dim
## [1] 2 3 4
##
## $dimnames
## $dimnames[[1]]
## [1] "남성" "여성"
##
## $dimnames[[2]]
## [1] "낮음" "중간" "높음"
##
## $dimnames[[3]]
## [1] "S석" "A석" "B석" "C석"
```

- dim 속성은 2, 3, 4 임을 알 수 있다.
- dimnames 속성에 각 차원을 이루고 있는 요소들의 이름이 문자형 벡터로 저장되어 있음을 알 수 있다.

#### 7.1.2.2 차원 이름 지정

한편, names() 함수를 이용하여 각 차원의 이름도 지정하거나 변경할 수 있다. arr.3 배열의 첫번째 차원의 이름을 "**성별**", 두번째 차원의 이름을 "**수준**", 그리고 세 번째 차원의 이름은 "**등급**" 등으로 차원 이름을 지정해 보기로 한다.

우선 차원 이름을 지정하기 전의 배열 arr.3을 확인한다.

```
## 배열의 차원 이름을 지정한다.
# 차원 이름을 지정하지 전의 배열 arr.3 이다.
arr.3
## , , S석
##
##      낮음 중간 높음
## 남성   11   10   12
## 여성    9   16    8
##
## , , A석
##
##      낮음 중간 높음
## 남성    7   15   10
## 여성   19   15    7
##
## , , B석
##
##      낮음 중간 높음
## 남성   11   10   12
## 여성    9   16    8
##
## , , C석
##
##      낮음 중간 높음
## 남성    7   15   10
## 여성   19   15    7
```

차원 이름을 지정하기 전의 arr.3의 구조도 str() 함수로 확인해 본다.

```
# 차원 이름을 지정하기 전의 arr.3의 구조이다.
str(arr.3)
##  int [1:2, 1:3, 1:4] 11 9 10 16 12 8 7 19 15 15 ...
##  - attr(*, "dimnames")=List of 3
##   ..$ : chr [1:2] "남성" "여성"
##   ..$ : chr [1:3] "낮음" "중간" "높음"
##   ..$ : chr [1:4] "S석" "A석" "B석" "C석"
```

이제 names() 함수를 이용하여 arr.3의 3개 차원에 각각 c("성별", "수준", "등급") 등의 차원 이름을 지정해 보기로 한다.

```
## 배열의 차원 이름을 지정한다.
# names() 함수를 이용하여 차원의 이름을 설정한다.
names(dimnames(arr.3)) <- c("성별", "수준", "등급")
arr.3
## , , 등급 = S석
##
##       수준
## 성별 낮음 중간 높음
##   남성   11   10   12
##   여성    9   16    8
##
## , , 등급 = A석
##
##       수준
## 성별 낮음 중간 높음
##   남성    7   15   10
##   여성   19   15    7
##
## , , 등급 = B석
##
##       수준
## 성별 낮음 중간 높음
##   남성   11   10   12
##   여성    9   16    8
##
## , , 등급 = C석
##
##       수준
## 성별 낮음 중간 높음
##   남성    7   15   10
##   여성   19   15    7
```

- 각 차원별로 차원 이름이 지정된 것을 확인할 수 있다.

이제 차원 이름이 지정된 arr.3의 속성을 attributes() 함수로 확인해 보기로 한다.

```
## 배열의 차원 이름 속성을 확인한다.
# 차원 이름이 지정된 arr.3 객체의 속성을 확인한다.
attributes(arr.3)
## $dim
## [1] 2 3 4
##
## $dimnames
## $dimnames$성별
## [1] "남성" "여성"
##
## $dimnames$수준
## [1] "낮음" "중간" "높음"
##
## $dimnames$등급
## [1] "S석" "A석" "B석" "C석"
```

- 차원 이름이 지정되기 전의 dimnames[[1]]이 차원 이름이 지정되어 dimnames$성별로 변경되었음을 알 수 있다.

지금까지 살펴본 바와 같이 배열 arr.3의 첫번째 차원의 이름은 성별이며, 그 요소 값으로는 남성과 여성이 있다. 배열 arr.3의 두번째 차원의 이름은 수준으로 그 값으로는 낮음, 중간, 그리고 높음이 있다. 그리고 배열 arr.3의 세번째 차원의 이름은 등급으로 그 값으로는 S석, A석, B석, C석 등이 있음을 알 수 있다.

참고로 arr.2의 경우에는 차원의 값과 차원의 이름이 지정되어 있지 않은데, arr.3과 동일하게 arr.2의 각 차원의 요소 이름과 각 차원의 이름을 다음과 같이 설정할 수도 있다.

먼저 차원 요소의 이름과 차원의 이름을 지정하기 전의 배열 arr.2를 확인해 본다.

```
## 배열의 차원 요소의 이름과 차원의 이름을 지정한다.
# 차원을 지정하기 이전의 arr.2 이다.
arr.2
## , , 1
##
##      [,1] [,2] [,3]
## [1,]   11   10   12
## [2,]    9   16    8
```

```
##
## , , 2
##
##      [,1] [,2] [,3]
## [1,]    7   15   10
## [2,]   19   15    7
##
## , , 3
##
##      [,1] [,2] [,3]
## [1,]   11   10   12
## [2,]    9   16    8
##
## , , 4
##
##      [,1] [,2] [,3]
## [1,]    7   15   10
## [2,]   19   15    7

# 차원을 지정하기 이전의 arr.2의 구조이다.
str(arr.2)
##  int [1:2, 1:3, 1:4] 11 9 10 16 12 8 7 19 15 15 ...
```

이제 dimnames() 함수를 이용하여 각 차원별 요소의 이름을 리스트 구조로 지정한다.

```
## dimnames() 함수를 이용하여 차원의 값을 지정한다.
# 첫번째 차원의 요소 이름이다.
dimnames(arr.2) <- list(c("남성", "여성"),
# 두번째 차원의 요소 이름이다.
                        c("낮음", "중간", "높음"),
# 세번째 차원의 요소 이름이다.
                        c("S석", "A석", "B석", "C석"))

arr.2
## , , S석
##
##      낮음 중간 높음
## 남성   11   10   12
## 여성    9   16    8
##
```

```
## , , A석
##
##       낮음 중간 높음
## 남성    7   15   10
## 여성   19   15    7
##
## , , B석
##
##       낮음 중간 높음
## 남성   11   10   12
## 여성    9   16    8
##
## , , C석
##
##       낮음 중간 높음
## 남성    7   15   10
## 여성   19   15    7
```

각 차원 요소의 이름이 지정된 arr.2의 데이터 구조를 str() 함수로 확인해 본다.

```
# 각 차원 요소의 이름이 지정된 후 'arr.2'의 구조를 확인한다.
str(arr.2)
##  int [1:2, 1:3, 1:4] 11 9 10 16 12 8 7 19 15 15 ...
##  - attr(*, "dimnames")=List of 3
##   ..$ : chr [1:2] "남성" "여성"
##   ..$ : chr [1:3] "낮음" "중간" "높음"
##   ..$ : chr [1:4] "S석" "A석" "B석" "C석"
```

이제 arr.2의 각 차원 이름을 names() 함수를 이용하여 지정한다.

```
## names() 함수를 이용하여 차원의 이름을 지정한다.
names(dimnames(arr.2)) <- c("성별", "수준", "등급")
arr.2
## , , 등급 = S석
##
##       수준
## 성별 낮음 중간 높음
##   남성   11   10   12
```

```
##   여성    9   16    8
##
## , , 등급 = A석
##
##       수준
## 성별 낮음 중간 높음
##   남성    7   15   10
##   여성   19   15    7
##
## , , 등급 = B석
##
##       수준
## 성별 낮음 중간 높음
##   남성   11   10   12
##   여성    9   16    8
##
## , , 등급 = C석
##
##       수준
## 성별 낮음 중간 높음
##   남성    7   15   10
##   여성   19   15    7

# 각 차원 이름이 지정된 후 'arr.2'의 구조를 확인한다.
str(arr.2)
##  int [1:2, 1:3, 1:4] 11 9 10 16 12 8 7 19 15 15 ...
##  - attr(*, "dimnames")=List of 3
##   ..$ 성별: chr [1:2] "남성" "여성"
##   ..$ 수준: chr [1:3] "낮음" "중간" "높음"
##   ..$ 등급: chr [1:4] "S석" "A석" "B석" "C석"
```

attributes() 함수로 arr.2의 속성들도 확인해 보기 바란다.

```
# arr.2 객체의 속성을 확인한다.
attributes(arr.2)
## $dim
## [1] 2 3 4
##
## $dimnames
## $dimnames$성별
## [1] "남성" "여성"
##
## $dimnames$수준
## [1] "낮음" "중간" "높음"
```

```
##
## $dimnames$등급
## [1] "S석" "A석" "B석" "C석"
```

이제 다음 절에서의 실습을 위해 지금 설정한 배열 arr.2의 차원의 이름을 제거한다. 이를 위해 다음과 같이 NULL 값을 할당해 준다.

```
# names() 함수에 NULL을 할당하여 차원의 이름을 제거한다.
names(dimnames(arr.2)) <- NULL
arr.2
## , , S석
##
##      낮음 중간 높음
## 남성   11   10   12
## 여성    9   16    8
##
## , , A석
##
##      낮음 중간 높음
## 남성    7   15   10
## 여성   19   15    7
##
## , , B석
##
##      낮음 중간 높음
## 남성   11   10   12
## 여성    9   16    8
##
## , , C석
##
##      낮음 중간 높음
## 남성    7   15   10
## 여성   19   15    7

# 각 차원 이름이 제거된 후 'arr.2'의 구조를 확인한다.
str(arr.2)
##  int [1:2, 1:3, 1:4] 11 9 10 16 12 8 7 19 15 15 ...
##  - attr(*, "dimnames")=List of 3
##   ..$ : chr [1:2] "남성" "여성"
##   ..$ : chr [1:3] "낮음" "중간" "높음"
##   ..$ : chr [1:4] "S석" "A석" "B석" "C석"
```

# 7.2 배열의 데이터 요소 접근

배열 요소에 대한 접근도 4.6.2에서 살펴 보았던 '벡터의 데이터 요소 접근'과 6.3에서 살펴 보았던 '행렬의 데이터 요소 접근' 과 유사한 방법으로 할 수 있다. 예를 들어, 3차원 배열의 경우 `[1st.Dim, 2nd.Dim, 3rd.dim]`와 같이 각 차원을 컴마(,)로 구분하고 각각에 대하여 정수형 벡터, 문자형 벡터 그리고 논리형 벡터로 접근할 수 있다.

## 7.2.1 정수형 벡터 색인에 의한 접근

`[]` 안의 각 차원에 대하여 정수형 벡터 색인을 지정하고 컴마(,)로 구분하여 이러한 색인에 해당하는 배열의 데이터 요소에 접근할 수 있다.

앞에서 생성한 배열로 각 차원에 대한 요소의 이름과 차원 이름이 지정되지 않은 배열 `arr.1`을 이용하여 살펴 보기로 한다. 먼저 `arr.1`의 데이터를 확인해 보기로 한다.

```
## 배열 요소에 접근하는 예이다.
# arr.1 배열을 이용하여 배열 요소를 접근해 보기로 한다.
arr.1
## , , 1
##
##      [,1] [,2] [,3]
## [1,]   11   10   12
## [2,]    9   16    8
##
## , , 2
##
##      [,1] [,2] [,3]
## [1,]    7   15   10
## [2,]   19   15    7
##
## , , 3
##
##      [,1] [,2] [,3]
## [1,]   10   13   14
## [2,]    2    8    7
##
## , , 4
##
```

```
##      [,1] [,2] [,3]
## [1,]    6   18   13
## [2,]    7   18    5
```

- 2행, 3열의 기본 행렬을 4개 반환함을 알 수 있다.

먼저, 배열 arr.1의 1행을 중심으로 모든 데이터 요소에 접근해 보기로 한다.

```
## 배열 요소에 접근하는 예이다.
# 정수형 벡터 색인으로 arr.1 데이터 요소에 접근한다.
# 1행의 모든 데이터 요소를 반환한다. 2차원 행렬형태로 반한다.
arr.1[1, ,]
##      [,1] [,2] [,3] [,4]
## [1,]   11    7   10    6
## [2,]   10   15   13   18
## [3,]   12   10   14   13
```

- 결과가 행렬 형태로 반환됨을 알 수 있다.
- 반환된 형렬의 각 열의 요소와 arr.1의 기본 행렬의 첫 행의 요소들을 비교 확인해 보기 바란다.

다음은 배열 arr.1의 1열과 2열을 중심으로 데이터 요소에 접근하는 예이다.

```
## 배열 요소에 접근하는 예이다.
# 정수형 벡터 색인으로 arr.1 데이터 요소에 접근한다.
# 2차원의 1, 2번째 요소를 중심으로 결과를 반환한다.
arr.1[ , 1:2, ]
## , , 1
##
##      [,1] [,2]
## [1,]   11   10
## [2,]    9   16
##
## , , 2
##
##      [,1] [,2]
## [1,]    7   15
## [2,]   19   15
```

```
##
## , , 3
##
##      [,1] [,2]
## [1,]   10   13
## [2,]    2    8
##
## , , 4
##
##      [,1] [,2]
## [1,]    6   18
## [2,]    7   18
```

- 배열 arr.1의 4개의 기본 행렬에 대하여 "1열과 2열로 구성된 기본 행렬"을 반환하고 있음을 알 수 있다.

다음은 배열 arr.1의 3차원 요소 중 2, 3 요소를 중심으로 데이터 요소를 접근하는 예를 보여주고 있다. 즉, 최종적으로 출력되는 행렬은 2개가 될 것이다.

```
## 배열 요소에 접근하는 예이다.
# 정수형 벡터 색인으로 arr.1 데이터 요소에 접근한다.
# 3차원의 (2, 3)번째 해당하는 2 X 3 행렬을 반환한다.
arr.1[ , , 2:3]
## , , 1
##
##      [,1] [,2] [,3]
## [1,]    7   15   10
## [2,]   19   15    7
##
## , , 2
##
##      [,1] [,2] [,3]
## [1,]   10   13   14
## [2,]    2    8    7
```

- 원래 arr.1의 기본 행렬 중 "2번째와 3번째 기본 행렬" 만을 반환하고 있음을 알 수 있다.

지금까지 살펴본 예에서 원래의 배열 arr.1의 데이터들과 정수형 벡터 색인에 의한 결과를 꼼꼼하게 비교하면서 확인해 보기 바란다.

## 7.2.2 문자형 벡터 색인에 의한 접근

arr.2 배열과 같이 "차원 요소들의 이름(dimnames)"이 지정되어 있는 배열의 경우에는 해당 차원의 요소 이름을 문자형 벡터 색인으로 하여 배열의 데이터 요소에 접근할 수 있다.

먼저 배열 arr.2의 데이터를 확인해 보기로 한다.

```
## 배열 요소에 접근하는 예이다.
# 배열 arr.2를 확인한다.
arr.2
## , , S석
##
##      낮음 중간 높음
## 남성   11   10   12
## 여성    9   16    8
##
## , , A석
##
##      낮음 중간 높음
## 남성    7   15   10
## 여성   19   15    7
##
## , , B석
##
##      낮음 중간 높음
## 남성   11   10   12
## 여성    9   16    8
##
## , , C석
##
##      낮음 중간 높음
## 남성    7   15   10
## 여성   19   15    7
```

- 1차원, 2차원 그리고 3차원 각각의 요소에 대한 이름이 지정되어 있음을 알 수 있다.

다음은 배열 arr.2의 1차원 요소 중 "**남성**"을 문자형 벡터 색인으로 하여 데이터 요소에 접근하는 예를 보여주고 있다.

```
## 배열 요소에 접근하는 예이다.
## 문자형 벡터 색인으로 arr.2의 데이터 요소에 의한 접근한다.
```

```
# 첫번째 차원을 대상으로 한다.
arr.2["남성",  , ]
##       S석 A석 B석 C석
## 낮음  11   7  11   7
## 중간  10  15  10  15
## 높음  12  10  12  10
```

- 결과가 행렬 형태로 반환됨을 알 수 있다.
- 반환된 형렬의 각 열의 요소와 arr.2의 기본 행렬의 첫 행의 요소들을 비교 확인해 보기 바란다.

다음은 배열 arr.2의 2차원 요소 중 **"낮음"**과 **"중간"**을 문자형 벡터 색인으로 하여 데이터 요소에 접근하는 예를 보여주고 있다.

```
## 배열 요소에 접근하는 예이다.
# 문자형 벡터 색인으로 arr.2의 데이터 요소에 의한 접근한다.
# 두번째 차원을 대상으로 한다.
arr.2[ , c("낮음", "중간"), ]
## , , S석
##
##      낮음 중간
## 남성   11   10
## 여성    9   16
##
## , , A석
##
##      낮음 중간
## 남성    7   15
## 여성   19   15
##
## , , B석
##
##      낮음 중간
## 남성   11   10
## 여성    9   16
##
## , , C석
##
##      낮음 중간
## 남성    7   15
## 여성   19   15
```

- 그 결과는 배열 arr.2의 각각의 기본 행렬 중 "**낮음**"과 "**중간**" 열만 반환하고 있음을 알 수 있다.

다음은 배열 arr.2의 3차원 요소 중 "A석"과 "B석"을 문자형 벡터 색인으로 하여 데이터 요소에 접근하는 예를 보여주고 있다.

```
## 배열 요소에 접근하는 예이다.
# 문자형 벡터 색인으로 arr.2의 데이터 요소에 의한 접근한다.
# 세번째 차원을 대상으로 한다.
arr.2[ , , c("A석", "B석")]
## , , A석
##
##      낮음 중간 높음
## 남성    7   15   10
## 여성   19   15    7
##
## , , B석
##
##      낮음 중간 높음
## 남성   11   10   12
## 여성    9   16    8
```

- 그 결과는 배열 arr.2의 각각의 기본 행렬 중 "A석"과 "B석"에 해당하는 기본 행렬만 반환하고 있음을 알 수 있다.

### 7.2.3 논리형 벡터 색인에 의한 접근

벡터와 행렬과 같이 배열도 논리형 벡터 색인을 이용하여 배열의 요소에 접근할 수 있다.
앞에서 살펴본 배열 arr.1에 대한 데이터 요소에 접근하는 색인을 논리형 벡터로 표현하면 다음과 같다.

```
## 배열 요소에 접근하는 예이다.
# 논리형 벡터를 색인으로 데이터 요소에 의한 접근한다.
# 1차원의 색인을 논리형 벡터로 표현한 것이다.
arr.1[c(T, F), , ]
##      [,1] [,2] [,3] [,4]
## [1,]   11    7   10    6
## [2,]   10   15   13   18
## [3,]   12   10   14   13

## 논리형 벡터를 색인으로 데이터 요소에 의한 접근한다.
# 2차원의 색인을 논리형 벡터로 표현한 것이다.
arr.1[ , c(T, T, F), ]
## , , 1
##
##      [,1] [,2]
## [1,]   11   10
## [2,]    9   16
##
## , , 2
##
##      [,1] [,2]
## [1,]    7   15
## [2,]   19   15
##
## , , 3
##
##      [,1] [,2]
## [1,]   10   13
## [2,]    2    8
##
## , , 4
##
##      [,1] [,2]
## [1,]    6   18
## [2,]    7   18

## 논리형 벡터를 색인으로 데이터 요소에 의한 접근한다.
# 3차원의 색인을 논리형 벡터로 표현한 것이다.
arr.1[ , , c(F, T, T, F)]
## , , 1
##
```

```
##       [,1] [,2] [,3]
## [1,]    7   15   10
## [2,]   19   15    7
##
## , , 2
##
##       [,1] [,2] [,3]
## [1,]   10   13   14
## [2,]    2    8    7
```

# 7.3 배열의 서브 세팅과 수정

## 7.3.1 배열의 서브 세팅

배열 요소의 서브 세팅은 색인에 의해 배열의 데이터 요소에 접근한 결과를 새로운 변수에 할당함으로써 이루어 진다. 다음은 배열 arr.1에 대한 두번째 정수형 벡터 색인에 의한 데이터 요소 접근한 결과를 arr.4에 할당하여 서브 세팅하는 예를 보여 주고 있다.

```
## 배열의 서브 세팅 예이다.
# arr.1을 정수형 벡터로 색인하고 그 결과를 arr.4에 할당한다.
arr.4 <- arr.1[ , 1:2, ]
arr.4
## , , 1
##
##       [,1] [,2]
## [1,]   11   10
## [2,]    9   16
##
## , , 2
##
##       [,1] [,2]
## [1,]    7   15
## [2,]   19   15
##
## , , 3
```

```
##
##      [,1] [,2]
## [1,]   10   13
## [2,]    2    8
##
## , , 4
##
##      [,1] [,2]
## [1,]    6   18
## [2,]    7   18
```

- 정수형 벡터 색인으로 데이터 요소에 접근하면 그 자체가 배열의 서브 세팅임을 알 수 있다.
- 그리고 변수 arr.4는 서브 세팅된 배열 변수임을 알 수 있다.

### 7.3.2 배열의 수정

배열의 수정은 벡터나 행렬의 수정과 같은 방법으로 배열 요소에 접근하여 원하는 데이터를 할당 연산자로 재할당하여 수정해 주면 된다. 이 부분에 대한 설명은 생략하도록 한다.
다음은 배열 arr.1의 데이터 요소 중 10 미만인 값을 모두 10으로 변경하고 그 결과를 arr.5에 할당하는 예를 보여 준다. 먼저 arr.1을 arr.5에 할당해 준다.

```
## 배열의 수정 예이다.
# arr.1을 정수형 벡터로 색인하고 그 결과를 arr.4에 할당한다.
arr.5 <- arr.1
arr.5
## , , 1
##
##      [,1] [,2] [,3]
## [1,]   11   10   12
## [2,]    9   16    8
##
## , , 2
##
##      [,1] [,2] [,3]
## [1,]    7   15   10
```

```
## [2,]   19   15    7
##
## , , 3
##
##      [,1] [,2] [,3]
## [1,]   10   13   14
## [2,]    2    8    7
##
## , , 4
##
##      [,1] [,2] [,3]
## [1,]    6   18   13
## [2,]    7   18    5
```

이제 배열 arr.5의 데이터 요소 중 10 미만인 값을 모두 10으로 변경해 준다.

```
## 배열의 수정 예이다.
# arr.5의 데이터 중 10 미만인 데이터를 모두 10ㅇ으로 변경해 준다.
arr.5[arr.5 < 10] <- 10
arr.5
## , , 1
##
##      [,1] [,2] [,3]
## [1,]   11   10   12
## [2,]   10   16   10
##
## , , 2
##
##      [,1] [,2] [,3]
## [1,]   10   15   10
## [2,]   19   15   10
##
## , , 3
##
##      [,1] [,2] [,3]
## [1,]   10   13   14
## [2,]   10   10   10
##
## , , 4
##
##      [,1] [,2] [,3]
## [1,]   10   18   13
## [2,]   10   18   10
```

- arr.5[arr.5 < 10]가 하나의 변수처럼 사용되고 있음에 주목하기 바란다.
- arr.5 < 10 : arr.5의 모든 데이터 요소를 10과 비교하여 논리형 벡터를 반환한다.
- 이 논리형 벡터를 색인으로 하여 배열 arr.5의 데이터 요소에 접근하여 그 값을 10으로 변경하게 된다.

which() 함수를 이용하면 조건식을 만족하는 데이터 요소의 색인 번호를 확인할 수 있음을 우리는 알고 있다. which() 함수를 이용하여 배열 데이터를 수정해보기 바란다.

## 7.4 다차원 배열의 변환

다차원 배열은 차원의 수가 늘어날 수록 배열을 적절하게 처리하는 것이 점점 더 어려워 진다. 이러한 문제를 해결하기 위한 방법에 대하여 살펴 보기로 한다.

- 첫 번째 방법은 자료를 원하는 형식으로 변형하는 것이다. 이를 위해 배열의 차원을 재배열하는 방법을 사용한다.
- 두 번째 방법은 자료를 요약하여 차원의 수를 줄이는 것이다. 이를 위해 배열을 큰 표로 만들고 차원을 줄이는 방법이다.
- 세 번째 방법은 요약정보를 산출하는 것이다.
- 네 번째 방법을 다차원 배열을 데이터 프레임으로 변환하여 사용하는 방법인 것이다.

다음에서 이러한 방법들에 대하여 살펴 보기로 한다.

### 7.4.1 차원의 재배열

앞에서 살펴본 배열 arr.3을 예로 설명하기로 한다.
이 배열 arr.3은 3차원인 "**등급**"의 등급별로, 1차원인 "**성별**" 차원을 행으로 그리고 2차원인 "**수준**" 차원을 열로 하는 기본 행렬로 구성되어 있음을 확인한 바 있다. 그런데 이 배열 arr.3을 제1차원이었던 "**성별**"별로 3차원의 "**등급**"과 2차원의 "**수준**" 차원을 비교하는 결과로 차원을 재배열하고 싶다면 어떻게 해야 할까? 즉 원래 arr.3 배열의 1 차원과 3 차원을 바꿔서 재배열을 하고자 하는 것이다.

이러한 배열의 차원을 재배열하는데 사용하는 함수가 aperm() 함수이다.

aperm() 함수의 형식은 다음과 같다.

```
aperm(a, perm, ...)
인수 :
  • a : 전환하고자 하는 배열
  • perm : 첨자 순열 벡터이다. 일반적으로 정수 1:n의 순열이다. 여기서 n은 a의
          차원 수이다.
```

배열 arr.3의 1차원과 3차원을 바꿔서 재배열 하여 arr.6에 할당하는 방법을 aperm() 함수를 이용하여 구현해 보면 다음과 같다.

```
## 다차원 배열의 재배열 예이다.
# arr.1의 1차원과 3차원을 바꿔서 재배열하는 예이다.
# perm = c(3, 2, 1)과 같이 1과 3의 위치를 변경해주면 된다.
arr.6 <- aperm(arr.3, perm = c(3, 2, 1))
arr.6
## , , 성별 = 남성
##
##      수준
## 등급 낮음 중간 높음
##   S석   11   10   12
##   A석    7   15   10
##   B석   11   10   12
##   C석    7   15   10
##
## , , 성별 = 여성
##
##      수준
## 등급 낮음 중간 높음
##   S석    9   16    8
##   A석   19   15    7
##   B석    9   16    8
##   C석   19   15    7
```

- 성별로 등급과 수준으로 구성된 기본 행렬이 반환됨을 알 수 있다.

이번에는 arr.3의 2차원과 3차원을 서로 바꿔 재배열하고 그 결과를 arr.7에 할당하는 예이다.

```
## 다차원 배열의 재배열 예이다.
# perm = c(1, 3, 2)로 해서 배열을 재배열해 보기로 한다.
# 2차원과 3차원이 바뀌어 재별됨을 알 수 있다.
arr.7 <- aperm(arr.3, perm = c(1, 3, 2))
arr.7
## , , 수준 = 낮음
##
##       등급
## 성별 S석 A석 B석 C석
##   남성  11   7  11   7
##   여성   9  19   9  19
##
## , , 수준 = 중간
##
##       등급
## 성별 S석 A석 B석 C석
##   남성  10  15  10  15
##   여성  16  15  16  15
##
## , , 수준 = 높음
##
##       등급
## 성별 S석 A석 B석 C석
##   남성  12  10  12  10
##   여성   8   7   8   7
```

- **수준**별로 **성별**과 **등급**으로 구성된 기본 행렬이 반환됨을 알 수 있다.

이렇게 배열의 차원을 재배열함으로써 기본 행렬의 구성을 우리가 원하는 형태로 변경할 수 있고, 복잡한 구조의 배열에 담긴 정보를 이해하는데 도움이 될 것이다.

### 7.4.2 큰 표로 만들기

배열에 있어서 3번째 이후의 차원을 여러 개의 독립된 행렬이 아닌 한 개의 통합된 행렬 형태로 변환하여 하나의 큰 표로 만든다면 배열에 담긴 정보를 이해하는데 도움이 될 수 있을 것이다.

이러한 다차원을 배열을 2차원 행렬 형태의 큰 표로 만들 때 stats 패키지에 있는 ftable() 함수를 사용한다.

ftable() 함수의 기본 형식은 다음과 같다.

```
ftable(x, ..., exclude = c(NA, NaN), row.vars = NULL, col.vars = NULL)
인수 :
  • x : 인자(문자열 포함)로 해석되거나, 리스트 (또는 데이터 프레임)로 해석될
       수 있는 R 객체, 또는 "table"이나 "ftable"의 분할 테이블 객체.
  • row.vars : 분할표의 행에 사용할 차원을 정수형 벡터 또는 변수의 이름을
              제공하는 문자형 벡터.
  • col.vars : 분할표의 열에 사용할 차원을 정수형 벡터 또는 변수의 이름을
              제공하는 문자형 벡터.
```

먼저 stats 패키지를 설치하고 불러온다.

```
## 패키지 설치와 불러오기
# 콘솔 창에서 'install.packages("stats")'를 실행한다.
# install.packages("stats")
library(stats)
```

다음은 arr.3 배열을 예로 하여, 1차원(성별)과 3차원(등급)을 결합한 행으로 표를 생성하여 ftab.1에 할당하는 예이다.

```
## 다차원 배열의 재배열 예이다.
# 1차원과 3차원을 결합한 행으로 큰 표로 반환한다.
# row.vars = c(1,3)과 같이 정수형 벡터를 지정하는 경우이다.
ftab.1 <- ftable(arr.3, row.vars = c(1, 3))
ftab.1
##           수준 낮음 중간 높음
## 성별 등급
## 남성 S석          11   10   12
##      A석           7   15   10
```

```
##       B석          11  10  12
##       C석           7  15  10
## 여성 S석           9  16   8
##       A석          19  15   7
##       B석           9  16   8
##       C석          19  15   7
```

- 여기서 정수형 벡터 c(1, 3)은 문자형 벡터 c("성별", "등급")로 해도 같은 결과를 반환한다.

다음은 3차원만을 행으로 한 큰 표로 반환하여 ftab.2에 할당하는 예이다.

```
## 다차원 배열의 재배열 예이다.
# row.vars = c(3)으로 해서 큰 표의 각 행에 3번째 차원만 표현해 보기로 한다.
ftab.2 <- ftable(arr.3, row.vars = c(3))
ftab.2
##       성별 남성           여성
##       수준 낮음 중간 높음 낮음 중간 높음
## 등급
## S석          11   10   12    9   16    8
## A석           7   15   10   19   15    7
## B석          11   10   12    9   16    8
## C석           7   15   10   19   15    7
```

- c(3)은 c("등급")으로 대체될 수 있다.

이처럼 다차원 배열을 하나의 큰 표로 만들면 다차원 배열로 확인할 때 보다 전체 데이터에 대한 이해가 개선됨을 알 수 있을 것이다.

## 7.4.3 배열의 요약 정보

행렬에서 배운 apply() 함수를 이용하여 다차원 배열에 대한 요약정보를 산출하면 다차원 배열에 대한 이해를 높일 수 있다.

apply() 함수의 MARGIN = 인수에 차원의 번호(또는 차원 이름)를 벡터로 입력하면 그 차원의 요약정보를 산출할 수 있다.

다음은 1차원에 대한 요약 정보로 전체 데이터의 평균을 구하는 예이다.

```
## 배열의 요약 정보 확인 예이다.
# MARGIN 인수에 차원의 번호를 정수형 벡터로 입력한다.
# MARGIN = 1(또는 "성별"), 1차원 즉 성별을 기준으로 전체 데이터의 평균을 구한다.
apply(arr.3, MARGIN = 1, FUN = mean)
##     남성     여성
## 10.83333 12.33333
```

다음은 2차원에 대한 요약정보로 전체 데이터의 평균을 구하는 예이다.

```
# MARGIN 인수에 차원의 번호를 정수형 벡터로 입력한다.
# MARGIN = 2(또는 "수준"), 2차원 즉 수준을 기준으로 전체 데이터의 평균을 구한다.
apply(arr.3, MARGIN = 2, FUN = mean)
##  낮음  중간  높음
## 11.50 14.00  9.25
```

다음은 3차원에 대한 요약 정보로 전체 데이터의 평균을 구하는 예이다.

```
## 배열의 요약 정보 확인 예이다.
# MARGIN 인수에 차원의 번호를 정수형 벡터로 입력한다.
# MARGIN = 3(또는 "등급"), 3차원 즉 등급을 기준으로 전체 데이터의 평균을 구한다.
apply(arr.3, MARGIN = 3, FUN = mean)
##      S석      A석      B석      C석
## 11.00000 12.16667 11.00000 12.16667
```

다음은 1차원과 2차원에 대한 요약 정보로 전체 데이터의 교차 평균을 구하는 예이다.

```
## 배열의 요약 정보 확인 예이다.
# MARGIN 인수에 차원의 번호를 정수형 벡터로 입력한다.
# MARGIN = c(1,2)(또는 "성별", "수준"), 1,2차원 즉 성별과 수준을 기준으로 전체 데
이터의 교차 평균을 구한다.
apply(arr.3, MARGIN = c(1, 2), FUN = mean)
##       수준
## 성별 낮음 중간 높음
##   남성    9 12.5 11.0
##   여성   14 15.5  7.5
```

### 7.4.4 배열을 데이터 프레임으로 변환하기

한편 배열에 있는 각 차원의 개별적인 데이터 요소의 값을 중심으로 각 차원을 컬럼으로 하는 데이터 프레임으로도 변환할 수 있다. 데이터 프레임에 대하여는 9장에서 자세히 살펴보기로 한다.

배열을 데이터 프레임으로 변경하기 위해서는 as.data.frame.table() 함수를 이용한다.

as.data.frame.table() 함수의 형식은 다음과 같다.

```
as.data.frame.table(x, row.names = NULL, ..., responseName = "Freq",
                    stringsAsFactors = TRUE, sep = "", base = list(LETTERS))
```

- x : R의 객체
- responseName: 테이블 항목의 열에 사용할 이름. 일반적으로 "count"를 사용한다.

arr.3 배열을 데이터 프레임으로 변환해 보기로 한다.

데이터 프레임으로 변환하기에 앞서 먼저 arr.3 배열을 분석해 보면, 배열 arr.3는 다음과 같이 구성되어 있다.

- 차원으로 3개의 차원이 있다.
- 각 차원의 이름은 **성별**, **수준**, **등급**이 있다.
- 각 차원의 요소 이름은 성별의 경우 "**남성**"과 "**여성**", 수준의 경우 "**낮음**", "**중간**", "**높음**" 그리고 등급 차원의 경우는 "**S석**" ,"**A석**", "**B석**", "**C석**" 등이다.

이러한 arr.3 은 다음과 같은 데이터 프레임으로 변환이 된다.

- 각 차원 이름은 데이터 프레임의 열 이름이 되고, 차원의 요소 이름들은 데이터 프레임의 행의 값이 된다. 즉, arr.3 이 데이터 프레임으로 변환되면 총 2 * 3 * 4 = 24개의 행을 생성하게 된다.
- 그리고 새로운 열이 하나 추가되는데, 이 열의 이름은 responseName =에 지정된 이름이 붙여지게 된다. 그리고 이 열의 값은 각 차원의 요소 값에 대한 "**빈도수**"를 나타내게 된다.

그러면 이제 arr.3 배열을 as.data.frame.table() 함수를 이용하여 데이터 프레임을 변환하여 df.arr.3에 할당하기로 한다. 이때, responseName = 인수에는 "**빈도수**"라고 설정하기로 한다.

```
## 배열을 데이터 프레임으로 변환하는 예이다.
## arr.3을 데이터 프레임으로 변환한다.
df.arr.3 <- as.data.frame.table(arr.3, responseName = "빈도수")
df.arr.3
##    성별 수준 등급 빈도수
## 1  남성 낮음  S석     11
## 2  여성 낮음  S석      9
## 3  남성 중간  S석     10
## 4  여성 중간  S석     16
## 5  남성 높음  S석     12
## 6  여성 높음  S석      8
## 7  남성 낮음  A석      7
## 8  여성 낮음  A석     19
## 9  남성 중간  A석     15
## 10 여성 중간  A석     15
## 11 남성 높음  A석     10
## 12 여성 높음  A석      7
## 13 남성 낮음  B석     11
## 14 여성 낮음  B석      9
## 15 남성 중간  B석     10
## 16 여성 중간  B석     16
## 17 남성 높음  B석     12
## 18 여성 높음  B석      8
## 19 남성 낮음  C석      7
## 20 여성 낮음  C석     19
## 21 남성 중간  C석     15
## 22 여성 중간  C석     15
## 23 남성 높음  C석     10
## 24 여성 높음  C석      7
```

- 행이 24개가 생성되었다.
- 각 차원 이름이 데이터 프레임의 열을 구성하고 있씁니다. 그리고 각 열은 인수(Factor) 형이다.
- 새로운 "**빈도수**" 열이 생성되었다.

df.arr.3 객체의 구조를 확인해 보기로 한다.

```
## 데이터 프레임 df.arr.3의 구조를 확인한다.
str(df.arr.3)
## 'data.frame':	24 obs. of  4 variables:
##  $ 성별  : Factor w/ 2 levels "남성","여성": 1 2 1 2 1 2 1 2 1 2 ...
##  $ 수준  : Factor w/ 3 levels "낮음","중간",..: 1 1 2 2 3 3 1 1 2 2 ...
##  $ 등급  : Factor w/ 4 levels "S석","A석","B석",..: 1 1 1 1 1 1 2 2 2 2 ...
##  $ 빈도수: int  11 9 10 16 12 8 7 19 15 15 ...
```

이제 arr.3 배열과 df.arr.3을 비교해 보기 바란다.

다차원 배열을 데이터 프레임(표) 형태로 변환시킴으로써 다양한 데이터 분석과 시각화를 수행할 수 있게 되는 것이다.

# 08

# 리스트 list

# 8. 리스트

이번 장에서는 리스트 구조에 대하여 학습하기로 한다. 구체적으로 리스트의 특성을 알아보고, 리스트를 생성하여, 액세스하고, 수정하고, 삭제하는 방법에 대하여 살펴보기로 한다.
리스트(list)는 혼합 데이터 유형의 요소로 구성된 데이터 구조이다. 벡터의 경우 모든 데이터 요소들이 동질적(homogeneous)인 유형의 요소들로 이루고 있는 반면에, 서로 다른 유형(heterogeneous)의 데이터 요소들로 구성된 벡터 형태의 자료구조를 리스트라고 한다.
`typeof()` 함수로 리스트 객체의 유형을 확인할 수 있으며, 벡터와 마찬가지로 `length()` 함수로 리스트의 길이를 확인할 수 있다.

## 8.1 리스트의 생성

리스트는 `list()` 함수를 이용하여 생성할 수 있다. 다음과 같이 `list()` 함수 안에 컴마로 데이터 요소들을 구분하여 나열하면 된다. 이때 각 데이터 요소들의 데이터 유형은 동일하지 않아도 된다.

### 8.1.1 키워드가 없는 리스트의 생성

리스트를 생성하면서 각 데이터 요소에 이름을 `"a" =`, `"b" =` , 그리고 "`c =`" 와 같이 부여할 수 있다. 이 각 요소들의 이름을 키워드 또는 태그라고도 한다. 그러나 리스트를 생성하면서 키워드(또 태그)를 지정하는 것은 선택 사항이다. 리스트에 키워드를 지정하지 않고 생성하는 경우에는 기본적으로 각 요소에 대하여 벡터에서 같이 정수 색인이 부여된다. 이때 색인은 `[[]]`와 같이 대괄호 두 개를 사용한다.
다음은 태그없이 리스트 `list.1`을 생성하는 예를 보여주고 있다.

```
## 리스트 생성의 예이다.
# list() 함수를 이용하여 4개의 요소를 갖는 list.1 변수를 생성한다.
list.1 <- list("홍길동", "2016001", 20, c("IT융합", "데이터 관리"))
```

```
list.1
## [[1]]
## [1] "홍길동"
##
## [[2]]
## [1] "2016001"
##
## [[3]]
## [1] 20
##
## [[4]]
## [1] "IT융합"        "데이터 관리"
```

- list.1은 서로 다른 유형의 네 개의 요소로 구성되어 있다.
  - 첫 번째 요소 [[1]]와 두 번째 요소 [[2]]는 문자열 요소이다.
  - 세 번째 요소 [[3]]는 정수형이다.
  - 네 번째 요소 [[4]]는 문자형 벡터이다.

다음의 예는 좀 더 복잡한 데이터 유형으로 구성되는 리스트의 생성 예를 살펴 보기로 한다. 먼저 문자열, 숫자형 벡터, 논리 값 그리고 실수형 숫자 등을 포함하는 리스트를 생성하는 예는 다음과 같다.

```
## 리스트 생성의 예이다.
# 다음은 문자열, 숫자형 벡터, 논리 값 그리고 실수형 숫자 등을 포함하는 리스트를
생성한다.
list.2 <- list("Red", c(11, 22, 33), FALSE, 33.25)
list.2
## [[1]]
## [1] "Red"
##
## [[2]]
## [1] 11 22 33
##
## [[3]]
## [1] FALSE
##
## [[4]]
## [1] 33.25
```

- list.2는 다음과 같이 서로 다른 유형의 네 개의 요소로 구성되어 있다.
    - 첫 번째 요소 [[1]]는 문자열 요소이다.
    - 두 번째 요소 [[2]]는 정수형 벡터이다.
    - 세 번째 요소 [[3]]은 논리값이다.
    - 네 번째 요소 [[4]]는 실수이다.

이제 좀 더 복잡한 요소로 구성된 list.3 을 생성하면 다음과 같다.

```
## 리스트 생성의 예이다.
# 다음은 벡터, 행렬, 그리고 리스트를 구성요소로 하는 리스트를 생성하는 예이다.
list.3 <- list(c("Kim", "Lee", "Park"),
               matrix(1:12, nrow = 2),
               list.1)
list.3
## [[1]]
## [1] "Kim"  "Lee"  "Park"
##
## [[2]]
##      [,1] [,2] [,3] [,4] [,5] [,6]
## [1,]    1    3    5    7    9   11
## [2,]    2    4    6    8   10   12
##
## [[3]]
## [[3]][[1]]
## [1] "홍길동"
##
## [[3]][[2]]
## [1] "2016001"
##
## [[3]][[3]]
## [1] 20
##
## [[3]][[4]]
## [1] "IT융합"      "데이터 관리"
```

- list.3는 다음과 같이 서로 다른 유형의 세 개의 요소로 구성되어 있다.
    - 첫 번째 요소 [[1]]는 문자형 벡터이다.

◦ 두 번째 요소 [[2]]는 행렬이다.

◦ 세 번째 요소 [[3]]는 리스트로 다음의 세 개의 요소로 구성되어 있다.

- [[3]][[1]]과 [[3]][[2]] 요소는 문자열이다.
- [[3]][[3]] 요소는 정수이다.
- [[3]][[4]] 요소는 문자형 벡터이다.

list.3은 list.1이나 list.2와 비교해 볼 때 매우 복잡한 구조를 가지고 있음을 알 수 있다.

## 8.1.2 키워드가 있는 리스트의 생성

리스트를 생성하면서, 각 요소에 대한 이름(키워드)을 설정할 수 있다. 다음의 예를 통하여 살펴 보기로 한다. 이러한 키워드는 리스트의 색인 접근 등에 활용될 수 있다.

다음의 예는 4 개의 요소 각각에, name, stud.id, age 그리고 class 등의 키워드를 부여하여 list.4를 생성하는 예를 보여준다.

```
## 리스트 생성의 예이다.
# list() 함수를 이용하여 4개의 요소를 갖는 x 변수를 생성한다.
list.4 <- list(name = "홍길동",
               stud.id = "2016001",
               age = 20,
               class = c("IT융합", "데이터 관리"))
list.4
## $name
## [1] "홍길동"
##
## $stud.id
## [1] "2016001"
##
## $age
## [1] 20
##
## $class
## [1] "IT융합"       "데이터 관리"
```

- list.4는 다음과 같이 서로 다른 유형의 네 개의 요소로 구성되어 있다.
  - 첫 번째 요소 $name는 문자열이다.
  - 두 번째 요소 $stud.id은 문자열이다.
  - 세 번째 요소 $age는 정수이다.
  - 네 번째 요소 $class는 문자형 벡터이다.

이처럼 키워드가 부여된 리스트는 $ 기호를 이용하여 **변수$키워드**의 형태로 리스트의 데이터 요소에 접근한다.

# 8.2 리스트의 구조와 속성 확인

## 8.2.1 리스트의 구조

리스트는 각각의 데이터 요소가 키워드와 값으로 구성이 되어 있음을 알 수 있다. 따라서 리스트의 이러한 구조를 확인할 필요가 있다. 이러한 리스트의 구조는 str() 함수를 이용하면 확인할 수 있다.

먼저 키워드를 지정하지 않은 list.1 변수의 구조를 str() 함수로 확인하면 다음과 같다.

```
## 리스트의 구조를 확인하는 예이다.
# 키워드를 지정하지 않은 'list.1' 변수의 구조를 확인한다.
str(list.1)
## List of 4
##  $ : chr "홍길동"
##  $ : chr "2016001"
##  $ : num 20
##  $ : chr [1:2] "IT융합" "데이터 관리"
```

- List of 4 : 4개의 구성요소가 있는 리스트임을 나타낸다.
- $ : chr "홍길동" :
  - $ 다음에 비어 있다. 즉, 키워드가 지정되지 않았음을 보여준다.
  - chr "홍길동" : 문자형 요소로 "홍길동"이 데이터임을 보여준다.

다음은 키워드가 지정된 리스트 list.4 의 구조를 확인해 보기로 한다.

```
## 리스트의 구조를 확인하는 예이다.
# 키워드를 지정하지 않은 'list.1' 변수의 구조를 확인한다.
str(list.4)
## List of 4
##  $ name   : chr "홍길동"
##  $ stud.id: chr "2016001"
##  $ age    : num 20
##  $ class  : chr [1:2] "IT융합" "데이터 관리"
```

- $ 다음에 name, stud.id, age 그리고 class 등의 키워드가 표시되어 있다.

이제 키워드가 지정된 리스트 list.4의 각 데이터 요소들은 list.4$name, list.4$stud.id, list.4$age 그리고 list.4$class 등으로 접근될 수 있다.

## 8.2.2 리스트의 속성

또한 리스트 객체의 속성은 attributes() 함수를 이용하여 확인할 수 있다.

먼저 키워드를 지정하지 않은 list.1 변수의 속성을 attributes() 함수로 확인하면 다음과 같다.

```
## 리스트의 속성을 확인하는 예이다.
# 키워드를 지정하지 않은 'list.1' 객체의 속성을 확인한다.
attributes(list.1)
## NULL
```

- list.1 에 어떠한 속성도 없음을 알 수 있다.

이제 키워드를 지정한 list.4 변수의 속성을 attributes() 함수로 확인해 보기로 한다.

```
## 리스트의 속성을 확인하는 예이다.
# 키워드를 지정한 'list.4' 객체의 속성을 확인한다.
attributes(list.4)
## $names
## [1] "name"    "stud.id" "age"     "class"
```

list.4에 names 속성이 있고, 그 속성 값들이 확인할 수 있다.

# 8.3 리스트 요소의 이름

리스트의 요소에 이름(키워드 또는 태그 등)을 지정하거나 변경할 수 있다. 이때 names() 함수를 이용하고, 키워드를 문자형 벡터로 할당하여 지정할 수 있다.

다음은 앞에서 키워드를 지정하지 않은 `list.3` 변수에 키워드를 설정하는 예를 보여주고 있다.

```
## 리스트 요소의 이름을 확인하는 예이다.
# 앞에서 생성한 list.3에 다음과 같은 문자형 벡터로 키워드를 지정해 준다.
names(list.3) <- c("Customers", "Matrix", "A Inner list")
list.3
## $Customers
## [1] "Kim"  "Lee"  "Park"
##
## $Matrix
##      [,1] [,2] [,3] [,4] [,5] [,6]
## [1,]    1    3    5    7    9   11
## [2,]    2    4    6    8   10   12
##
## $`A Inner list`
## $`A Inner list`[[1]]
## [1] "홍길동"
##
## $`A Inner list`[[2]]
## [1] "2016001"
##
## $`A Inner list`[[3]]
## [1] 20
##
## $`A Inner list`[[4]]
## [1] "IT융합"      "데이터 관리"
```

- `list.3`의 3개의 데이터 요소에 키워드가 지정되었음을 알 수 있다.
- 특히 세 번째 요소의 경우 키워드에 공란이 있어서 키워드를 백틱("``")이 감싸고 있으며, 리스트 임을 알 수 있다. 그리고 이 세 번째 요소는 다음과 같이 구성된다.
  - 첫 번째 요소 `` `A Inner list`[[1]] ``는 문자열이다.

- 두 번째 요소 `A Inner list`[[2]]는 문자열이다.
- 세 번째 요소 `A Inner list`[[3]]는 정수이다.
- 네 번째 요소 `A Inner list`[[4]]는 문자형 벡터이다.

## 8.4 리스트의 길이

리스트는 기본적으로 벡터와 유사한 특성을 갖는다. 따라서, 리스트의 길이(요소의 개수)는 벡터와 마찬가지로 length() 함수를 이용하여 확인할 수 있다.

다음은 length() 함수를 이용하여 list.1과 list.4 의 길이를 구하는 예이다.

```
## 리스트의 길이를 확인하는 예이다.
# length() 함수로 list.1의 길이를 구한다.
length(list.1)
## [1] 4

# length() 함수로 list.4의 길이를 구한다.
length(list.4)
## [1] 4
```

## 8.5 리스트의 데이터 요소 접근

리스트는 4.6.2에서 살펴본 벡터에서의 데이터 요소 접근의 경우와 유사한 방식으로 리스트의 데이터 요소들에 접근할 수 있다. 즉, 색인으로 정수형, 논리형 또는 문자형 벡터를 사용할 수 있다. 또한 이 접근방식에 의해 접근된 요소를 변수에 할당하면 리스트의 서브 세팅도 되는 것이다.

정수형 벡터를 이용한 접근, 논리형 벡터를 이용한 접근, 그리고 문자형 벡터를 이용한 접근 등에 대하여 다음에서 살펴 보기로 한다.

다만, 리스트를 색인할 때 벡터 처럼 대괄호 1개([])로 색인할 수 있지만, 리스트의 경우는 대괄호 2개([[]])를 사용하여 색인할 수도 있다. 그 차이는 다음과 같다.

- 리스트를 대괄호 1개([])로 색인하면 그 결과는 리스트로 반환을 한다.
- 리스트를 대괄호 2개([[]])로 색인하면 그 결과는 벡터로 반환을 한다.

### 8.5.1 정수형 벡터 색인에 의한 요소 접근

리스트는 키워드가 지정되어 있거나 지정되어 있지 않았어도, 리스트의 각 데이터 요소는 정수로 색인이 된다. 리스트의 데이터 요소를 정수형의 색인 벡터를 이용하여 접근하는 방법에 대하여 살펴보기로 한다.

먼저 대괄호 1개([])에 정수형 벡터 색인으로 `list.4`의 데이터 요소에 접근하는 예를 살펴보면 다음과 같다. 이때 결과는 리스트 형태로 반환됨을 주목하기 바란다.

```
## 리스트 요소를 접근하는 예이다.
# list.4의 데이터 요소에 정수형 벡터 색인을 []로 접근한다.
# 첫 번째 데이터 요소에 접근한다.
list.4[1]
## $name
## [1] "홍길동"

# list.4의 데이터 요소에 정수형 벡터 색인을 []로 접근한다.
# 세 번째 데이터 요소에 접근한다.
list.4[3]
## $age
## [1] 20

# list.4의 데이터 요소에 정수형 벡터 색인을 []로 접근한다.
# 첫 번째와 세 번째 데이터 요소를 동시에 접근한다.
list.4[c(1, 3)]
## $name
## [1] "홍길동"
##
## $age
## [1] 20
```

```
# list.4의 데이터 요소에 정수형 벡터 색인을 []로 접근한다.
# 두 번째 데이터 요소를 제외하고 접근한다.
list.4[-2]
## $name
## [1] "홍길동"
##
## $age
## [1] 20
##
## $class
## [1] "IT융합"      "데이터 관리"
```

앞의 똑같은 예를 대괄호 2개([[]])로 색인하여 `list.4`의 데이터 요소에 접근해 보기로 한다. 그 결과는 벡터로 반환됨을 주목하기 바란다.

```
## 리스트 요소를 접근하는 예이다.
# list.4의 데이터 요소에 정수형 벡터 색인을 [[]]로 접근한다.
# 첫 번째 데이터 요소에 접근한다.
list.4[[1]]
## [1] "홍길동"

# list.4의 데이터 요소에 정수형 벡터 색인을 [[]]로 접근한다.
# 세 번째 데이터 요소에 접근한다.
list.4[[3]]
## [1] 20
```

- [[]]로 색인한 경우 그 결과는 벡터 형태로 반환됨을 알 수 있다.

그러나, 다음과 같은 경우는 에러가 발생함을 주의하기 바란다.

```
## 리스트 요소를 접근하는 예이다.
# list.4의 데이터 요소에 정수형 벡터 색인을 [[]]로 접근한다.
# 첫 번째와 세 번째 데이터 요소를 동시에 접근한다.
# list.4[[c(1, 3)]]

# list.4의 데이터 요소에 정수형 벡터 색인을 [[]]로 접근한다.
# 두 번째 데이터 요소를 제외하고 접근한다.
list.4[[-2]]
## Error in list.4[[-2]]: invalid negative subscript in get1index <real>
```

### 8.5.2 논리형 벡터 색인에 의 한 요소 접근

리스트의 데이터 요소를 논리형 벡터 색인으로 접근할 수 있다. 즉, 접근하고자 하는 데이터 요소의 색인 순서대로 논리형 벡터 색인을 이용하여 접근하는 방법이다.

다음은 네 개의 데이터 요소로 구성된 list.4 변수의 첫 번째와 세 번째 데이터 요소를 논리형 벡터로 접근하는 예를 보여주고 있다.

```
## 리스트 요소를 접근하는 예이다.
# 논리형 벡터를 색인으로 이용하여 list.3 을 접근한다.
# T에 해당하는 1번째와 3번째 요소를 접근한다.
list.4[c(T, F, T, F)]
## $name
## [1] "홍길동"
##
## $age
## [1] 20
```

### 8.5.3 문자형 벡터 색인에 의한 요소 접근

리스트 요소에 이름(키워드)이 지정되어 있는 경우, 이 이름을 문자형 색인 벡터로 구성하여 데이터 요소에 접근할 수 있다.

다음은 키워드가 지정된 list.3 변수에 대하여 키워드를 이용하여 데이터 요소에 접근하는 예를 보여 주고 있다. 이 때, []를 이용할 수도 있고, $를 이용할 수도 있다.

먼저 []를 이용하여 list.3의 "Matrix"요소를 접근해 보기로 한다.

```
## 리스트 요소를 접근하는 예이다.
# 리스트 요소의 키워드를 이용하여 list.3에 접근하는 예이다.
# [] 의 사용 예를 보여 준다.
list.3["Matrix"]
## $Matrix
##      [,1] [,2] [,3] [,4] [,5] [,6]
## [1,]    1    3    5    7    9   11
## [2,]    2    4    6    8   10   12
```

• 결과는 리스트 형태로 반환된다.

다음은 [[]]를 이용하여 접근한 예이다.

```
## 리스트 요소를 접근하는 예이다.
# 리스트 요소의 키워드를 이용하여 list.3에 접근하는 예이다.
# [[]]의 사용 예를 보여 준다.
list.3[["Matrix"]]
##      [,1] [,2] [,3] [,4] [,5] [,6]
## [1,]    1    3    5    7    9   11
## [2,]    2    4    6    8   10   12
```

• "Matrix" 데이터 요소가 행렬로서, 결과는 리스트 형태가 아닌 행렬로 반환한다.

위와 같이 []로 색인하면 그 결과는 리스트 형태로 반환하며, [[]]로 색인하면 데이터 요소의 원래 형태대로 반환함을 알 수 있다.

이제 $ 연산자를 이용하여 `list.3`의 "Matrix" 요소를 접근하는 예를 살펴보기로 한다.

```
## 리스트 요소를 접근하는 예이다.
# 리스트 요소의 키워드를 이용하여 list.3에 접근하는 예이다.
# $ 연산자 다음에 키워드를 입력하여 데이터 요소에 접근한다.
list.3$Matrix
##      [,1] [,2] [,3] [,4] [,5] [,6]
## [1,]    1    3    5    7    9   11
## [2,]    2    4    6    8   10   12
```

• 결과를 행렬 형태로 반환한다.

다음은 $ 연산자를 이용하여 `list.3`의 세 번째 요소인 요소인 `` `A Inner list` ``에 접근하는 예는 다음과 같다.

```
## 리스트 요소를 접근하는 예이다.
# 리스트 요소의 키워드를 이용하여 list.3에 접근하는 예이다.
# $ 연산자 다음에 키워드를 입력하여 데이터 요소에 접근한다.
list.3$`A Inner list`
```

```
## [[1]]
## [1] "홍길동"
##
## [[2]]
## [1] "2016001"
##
## [[3]]
## [1] 20
##
## [[4]]
## [1] "IT융합"       "데이터 관리"
```

- list.3의 네 번째 데이터 요소인 `A Inner list`는 네 개의 데이터 요소를 갖는 리스트 형임을 알 수 있다.

$ 연산자 색인하는 경우에는 그 결과는 데이터 요소의 데이터 형으로 반환됨을 알 수 있다. 다음의 예는 `A Inner list`는 네 개의 데이터 요소 중 네 번째 요소를 [] 안에 정수형으로 색인하는 예를 보여준다.

```
## 리스트 요소를 접근하는 예이다.
# 리스트 요소의 키워드를 이용하여 list.3의
# `A Inner list`의 데이터 요소를 []로 색인할 수 있다.
list.3$`A Inner list`[4]
## [[1]]
## [1] "IT융합"       "데이터 관리"
```

- []를 사용하는 경우에는 리스트 형태로 결과를 반환한다.

다음의 예는 `A Inner list`는 네 개의 데이터 요소 중 네 번째 요소를 [[]] 안에 정수형으로 색인하는 예를 보여준다.

```
## 리스트 요소를 접근하는 예이다.
# 리스트 요소의 키워드를 이용하여 list.3의
# `A Inner list`의 데이터 요소를 [[]]로 색인할 수 있다.
list.3$`A Inner list`[[4]]
## [1] "IT융합"      "데이터 관리"
```

- [[]]를 사용하는 경우에는 벡터 형태로 결과를 반환한다.

지금까지 살펴본 바와 같이, 리스트의 데이터 요소에 접근한 동안 자주 사용되는 [[]]을 사용하는 대신에 $ 연산자를 사용할 수 있다.
또한, $ 연산자로 색인하는 경우 키워드에 대하여 부분 일치를 수행할 수 있다는 점도 유용하다.
여기에서 태그의 부분일치에 대하여 살펴보기로 한다.
`list.4`의 키워드의 첫 글자들이 중복되지 않으므로 이 키워드들의 첫 글자만으로도 키워드 색인이 됨을 알 수 있다.

```
## 리스트 요소를 접근하는 예이다.
# $를 이용하는 경우 키워드를 부분일치로 데이터 요소에 접근이 된다.
# name 대신에 n을 부분일치로 접근할 수 있다.
list.4$n
## [1] "홍길동"

# $를 이용하는 경우 키워드를 부분일치로 데이터 요소에 접근이 된다.
# age 대신에 a를 부분일치로 접근할 수 있다.
list.4$a
## [1] 20
```

그런데, [] 또는 [[]]를 사용하는 경우에는 키워드의 부분일치가 적용되지 않음을 알 수 있다.

```
## 리스트 요소를 접근하는 예이다.
# []와 [[]] 를 이용하는 경우에는 키워드의 부분일치가 적용되지 않는다.
list.4["n"]
## $<NA>
## NULL
list.4[["n"]]
## NULL
```

- []와 [[]]를 함께 사용하는 경우 : 왼쪽에서 오른쪽 방향으로 파악하면 도움이 된다.
  - [] : []안의 키워드 요소에 접근하여 리스트 형태로 반환한다.
  - [[]] : [[]] 안의 키워드 요소에 접근하여 데이터 요소의 형태대로 반환한다.
  - [][] : 왼쪽의 [] 안의 키워드 요소가 리스트로 접근이 되고, 그 다음의 오른쪽 [] 안의 키워드 요소를 리스트 형태로 반환한다.
  - [][[]] : 왼쪽의 [] 안의 키워드 요소가 리스트로 접근이 되고, 그 다음의 오른쪽 [[]] 안의 키워드 요소를 리스트 형태로 반환한다.
  - [[]][[]] : 왼쪽의 [[]] 안의 키워드 요소가 벡터로 접근이 되고, 그 다음의 오른쪽 [[]] 안의 키워드 요소의 데이터 형태로 반환한다.

# 8.6 리스트 연산

다음에서는 리스트에 요소를 추가하거나, 삭제하고 그리고 수정하는 방법에 대하여 학습하기로 한다.

## 8.6.1 리스트 요소의 추가와 삭제

리스트 요소의 추가는 리스트의 끝에서만 이루어진다. 키워드가 정해지지 않은 리스트의 경우는 정수형의 색인 번호를 이용한다. 리스트 요소에 NULL을 할당하면 그 요소가 리스트에서 삭제가 된다.

#### 8.6.1.1 리스트 요소의 추가

리스트 list.3에 네 번째 새로운 데이터 요소로 3:5를 추가해 보기로 한다.

```
## 리스트 요소를 추가하는 예이다.
# 정수형의 색인 번호를 이용하여 리스트에 새로운 데이터 요소를 추가한다.
# 네 번째 요소에 3:5를 추가한다. [[]]로 색인한다.
list.3[[4]] <- 3:5
list.3
## $Customers
## [1] "Kim"  "Lee"  "Park"
##
## $Matrix
##      [,1] [,2] [,3] [,4] [,5] [,6]
## [1,]    1    3    5    7    9   11
## [2,]    2    4    6    8   10   12
##
## $`A Inner list`
## $`A Inner list`[[1]]
## [1] "홍길동"
##
## $`A Inner list`[[2]]
## [1] "2016001"
##
## $`A Inner list`[[3]]
## [1] 20
##
## $`A Inner list`[[4]]
## [1] "IT융합"       "데이터 관리"
##
##
## [[4]]
## [1] 3 4 5
```

새로 추가된 네 번째 요소 [[4]]는 키워드가 지정이 되어 있지 않으므로 정수로 색인되어 있다.

그런데, 리스트에 새로운 요소를 추가하는 list_data3[[4]] <- 3:5의 경우 [[]] 대신에 []를 사용하게 되면, 다음과 같이 경고 메시지가 나오고 3:5의 첫 번째 요소인 3만 추가되는 것을 확인할 수 있다.

```
## 리스트 요소를 추가하는 예이다.
# 정수형의 색인 번호를 이용하여 리스트에 새로운 데이터 요소를 추가한다.
# 네 번째 요소에 3:5를 추가한다. []로 색인한다.
list.3[4] <- 3:5
## Warning in list.3[4] <- 3:5: number of items to replace is not a multiple of
## replacement length
list.3
## $Customers
## [1] "Kim"  "Lee"  "Park"
##
## $Matrix
##      [,1] [,2] [,3] [,4] [,5] [,6]
## [1,]    1    3    5    7    9   11
## [2,]    2    4    6    8   10   12
##
## $`A Inner list`
## $`A Inner list`[[1]]
## [1] "홍길동"
##
## $`A Inner list`[[2]]
## [1] "2016001"
##
## $`A Inner list`[[3]]
## [1] 20
##
## $`A Inner list`[[4]]
## [1] "IT융합"      "데이터 관리"
##
##
## [[4]]
## [1] 3
```

#### 8.6.1.2 리스트 요소의 삭제

다시 리스트 list.3에 네 번째 데이터 요소를 삭제해 보기로 한다. 이를 위해 네 번째 데이터 요소에 NULL을 할당하면 된다.

```
## 리스트 요소를 삭제하는 예이다.
# 정수형의 색인 번호를 이용하여 리스트에 새로운 데이터 요소를 추가한다.
# 네 번째 요소에 NULL을 할당하여 제거한다.
list.3[4] <- NULL
list.3
## $Customers
## [1] "Kim"  "Lee"  "Park"
##
## $Matrix
##      [,1] [,2] [,3] [,4] [,5] [,6]
## [1,]    1    3    5    7    9   11
## [2,]    2    4    6    8   10   12
##
## $`A Inner list`
## $`A Inner list`[[1]]
## [1] "홍길동"
##
## $`A Inner list`[[2]]
## [1] "2016001"
##
## $`A Inner list`[[3]]
## [1] 20
##
## $`A Inner list`[[4]]
## [1] "IT융합"      "데이터 관리"
```

- list.3의 네 번째 데이터 요소가 제거됨을 알 수 있다.

## 8.6.2 리스트 요소 값의 수정

### 8.6.2.1 색인번호로 요소 값 수정

리스트 요소의 수정은 리스트 데이터 요소를 [[]]로 색인 접근하여 할당 연산자로 새로운 값을 할당해 주면 된다.

list.2의 세 번째 요소를 숫자형 벡터 1:3으로 수정하는 예를 다음과 같다.

```
## 리스트 요소를 수정하는 예이다.
# 수정 전의 리스트 list.2를 확인한다.
list.2
## [[1]]
## [1] "Red"
##
## [[2]]
## [1] 11 22 33
##
## [[3]]
## [1] FALSE
##
## [[4]]
## [1] 33.25

# list.2의 세 번째 요소를 1:3으로 할당하여 수정한다.
# 이 때 [[ ]] 를 사용해야 한다.
list.2[[3]] <- 1:3
list.2
## [[1]]
## [1] "Red"
##
## [[2]]
## [1] 11 22 33
##
## [[3]]
## [1] 1 2 3
##
## [[4]]
## [1] 33.25
```

- list.2의 세 번째 데이터 요소가 1:3으로 변경되었음을 알 수 있다.

#### 8.6.2.2 키워드 색인으로 요소 값 수정

지금까지 리스트 요소를 수정하기 위해 리스트 데이터 요소의 색인번호를 활용하였다. 그런데 리스트에 키워드가 설정되어 있으면 $ 연산자와 함께 키워드를 활용할 수 있다.

다음은 `list.4`에 키워드 name의 데이터를 **"백두산"**으로 수정하는 예이다.

```
## 리스트 요소를 수정하는 예이다.
# 수정 전의 list.4이다.
list.4
## $name
## [1] "홍길동"
##
## $stud.id
## [1] "2016001"
##
## $age
## [1] 20
##
## $class
## [1] "IT융합"      "데이터 관리"

# 키워드 name의 데이터를 "백두산"으로 수정한다.
list.4$name <- "백두산"
list.4
## $name
## [1] "백두산"
##
## $stud.id
## [1] "2016001"
##
## $age
## [1] 20
##
## $class
## [1] "IT융합"      "데이터 관리"
```

- `list.4`의 name 키워드 데이터가 **"백두산"**으로 변경되었음을 알 수 있다.

# 8.7 리스트의 결합

여러 개의 리스트를 하나의 리스트로 결합하기 위해서는 벡터의 결합과 마찬가지로 c() 함수를 이용하여 결합할 수도 있고, list() 함수로 결합할 수 있다. 다만 그 결과 차이는 c() 함수로 두 개의 리스트를 결합하면, 한 개의 리스트에 데이터 요소가 추가되는 결과를 가져온다. 반면에, list() 함수로 두 개의 리스트를 결합하면, 한 개의 리스트에 2개의 리스트가 데이터 요소로 결합이 된다.

다음의 예는 list1과 list2 라는 두 개의 리스트를 c() 함수로 결합하여 list3에 할당하는 예를 보여주고 있다.

```
## 리스트의 결합 예이다.
# 두 개의 리스트를 생성한다.
list1 <- list(1, 2, 3)
list2 <- list("Sun", "Mon", "Tue")

# 두 개의 리스트를 c() 함수를 이용하여 하나의 리스트로 결합한다.
list3 <- c(list1, list2)
list3
## [[1]]
## [1] 1
##
## [[2]]
## [1] 2
##
## [[3]]
## [1] 3
##
## [[4]]
## [1] "Sun"
##
## [[5]]
## [1] "Mon"
##
## [[6]]
## [1] "Tue"
```

- list3은 총 6개의 데이터 요소를 갖는 리스트가 됨을 알 수 있다.

이제 c() 함수대신에 list() 함수를 이용하여 list1과 list2를 결합하여 list4에 할당해 보기로 한다.

```
## 리스트의 결합 예이다.
# 두 개의 리스트를 list() 함수를 이용하여 하나의 리스트로 결합한다.
list4 <- list(list1, list2)
list4
## [[1]]
## [[1]][[1]]
## [1] 1
##
## [[1]][[2]]
## [1] 2
##
## [[1]][[3]]
## [1] 3
##
##
## [[2]]
## [[2]][[1]]
## [1] "Sun"
##
## [[2]][[2]]
## [1] "Mon"
##
## [[2]][[3]]
## [1] "Tue"
```

• list4는 두 개의 데이터 요소로 구성되면, 각각의 데이터 요소는 리스트 구조임을 알 수 있다.

## 8.8 리스트의 벡터 변환

리스트의 요소를 추가적으로 조작하기 위해 리스트를 벡터로 변환할 수 있다. 그리고 벡터에서 사용하는 모든 (산술) 연산을 리스트에 적용하기 위해서는 리스트를 벡터로 변환해야 한다. 이러한 리스트를 벡터로 변환하기 위해서는 unlist() 함수를 사용한다. 이 함수는 리스트를 입력받아 벡터로 반환해 준다.

앞에서 생성한 list1과 list2를 unlist() 함수를 이용하여 벡터 v1과 v2로 변환하고, paste0() 함수로 각 요소들을 결합하는 예는 다음과 같다.

```
## 리스트의 벡터 변환 예이다.
# 리스트 list3를 벡터로 변환한다.
v1 <- unlist(list1); v1
## [1] 1 2 3

# 리스트 list4를 벡터로 변환한다.
v2 <- unlist(list2); v2
## [1] "Sun" "Mon" "Tue"

# 이제 두 개의 벡터를 paste0() 함수로 연산할 수 있다.
result <- paste0(v2, v1)
result
## [1] "Sun1" "Mon2" "Tue3"
```

09

# 데이터 프레임

# 9. 데이터 프레임

이 장에서는 데이터 프레임(data frame)에 대하여 학습하기로 한다. 데이터 프레임을 생성하는 방법, 데이터 프레임의 특정 요소에 액세스하는 방법 그리고 다양한 데이터 프레임의 활용 방법 등에 대하여 학습하기로 한다.

데이터 프레임은 행렬처럼 행과 열로 구성된 2 차원 데이터 구조로서 다양한 유형의 열 벡터로 구성된 데이터 구조라고 할 수 있다.

데이터 프레임은 그 구조의 특성을 열 중심과 행 주심의 두 가지 관점에서 살펴볼 수 있다. 먼저 열을 중심으로 데이터 프레임을 살펴보면, 각 열들이 서로 상이한 데이터 유형의 벡터로 구성되며, 각 열 벡터의 길이가 같은 데이터 구조이다. 한편, 데이터 프레임을 행을 중심으로 그 구조의 특성을 살펴보면, 데이터 프레임은 각 행이 동일한 형태의 리스트로 이루어진 데이터 구조라 할 수 있다. 이때, 리스트의 각 구성요소가 데이터 프레임의 열을 형성하고, 각각의 열의 요소를 묶어서 하나의 행을 형성하는 구조가 바로 데이터 프레임 구조이다.

이러한 데이터 프레임은 핵심적인 자료구조 중의 하나이다. 그리고, 데이터 프레임은 엑셀의 워크시트와 같이 숫자, 문자 등 다양한 데이터를 담고 있는 테이블(table, 표)을 처리할 수 있는 데이터 구조이다. R은 이러한 데이터 프레임 구조에 활용할 수 있는 다양한 함수들을 제공하고 있으며, 이러한 함수들을 이용하여 다양한 데이터 분석과 시각화를 할 수 있게 해 준다.

즉, 일반적으로 표 형태의 데이터를 R에서는 데이터 프레임이나 다음의 10장에서 다루는 티블(tibble)이라는 데이터 구조로 처리한다.

이러한 데이터 프레임의 특징을 정리해 보면 다음과 같다.

- 각 열의 이름은 비워둘 수 없다. 비워두면 R이 알아서 자동으로 채워준다.
- 각 행은 중복되는 행이 없이 유일(uniqueness)해야 한다 (중복되는 행이 있으면 중복을 제거해 주는 것이 좋습니다.)
- 데이터 프레임의 각 열은 숫자형 벡터, 문자형 벡터, 날짜형 벡터 또는 요인 등이 올 수 있다.
- 모든 열에 있는 요소들의 개수(각 열의 길이)는 모두 같아야 한다.

다음과 같은 <표 9.1>이 있다고 할 때, 이를 데이터 프레임으로 어떻게 생성하는지 살펴보기로 한다.

**표 9.1: 데이터 프레임의 예**

| emp_id | emp_name | salary | start_date |
|---|---|---|---|
| 1 | Park | 620 | 2012-01-01 |
| 2 | Choi | 510 | 2013-09-23 |
| 3 | Min | 600 | 2014-11-15 |
| 4 | Ryu | 400 | 2014-05-11 |
| 5 | Kim | 500 | 2015-03-27 |

위의 표는 `emp_id`, `emp_name`, `salary`, `start_date` 등의 4개의 열과 5개의 행으로 구성되어 있다. 이제 이 표를 중심으로 다음에서 데이터 프레임에 대하여 학습하기로 한다.

# 9.1 데이터 프레임의 생성

<표 9.1>와 같은 데이터 프레임 구조는 `data.frame()` 함수를 이용하여 생성할 수 있다. `data.frame()` 함수의 형식은 다음과 같다.

```
data.frame(...,row.names = NULL, check.rows = FALSE, check.names = TRUE, fix.
        empty.names = TRUE, stringsAsFactors = default.stringsAsFactors())
인수 :
  • ... : 이 인수는 폼 값이나 tag = value 형태이다. 구성 요소명(컬럼 명)은
          tag 이름으로 또는 deparsed 인수 자체로 생성된다.
  • row.names = : NULL, 단일 정수, 또는 행 이름으로 사용될 컬럼을 지정하는 문자열 또는
                 데이터 프레임을 위한 행 이름을 주는 문자형 또는 정수형 벡터이다.
```

```
• check.rows = : FALSE 값이 디폴트 값. TRUE이면, 행들에 대한 길이와 이름에 대한
                 일관성을 검토하고, 위배되면 데이터 프레임을 생성하지 않는다.
• check.names = : 논리값. TRUE이면 데이터 프레임에 있는 변수 이름들이 문법적으로
                  타당하고 중복이 없는 변수 이름들인지를 검토한다.
                  필요하면 make.names에 의해 조정된다.
• fix.empty.names = : 논리값. 이름이 붙여지지 않은 열(someName = arg 형태로 지정되지
                      않으면)이 자동으로 생성된 이름이나 name"."을 가지고 있는지를
                      나타내는 논리값으로, check.names = FALSE일 때에도 열이름을
                      자동생성 하지 않게 하려면 fix.empty.names =FALSE로
                      설정하여야 한다.
• stringsAsFactors = default.stringsAsFactors() : 버전 4.0.0 이후로 이 기능은
                                                  없어졌다. 이전 버전의 경우,
                                                  디폴트로 문자형 벡터 열의 경우에
                                                  요인형으로 생성된다.
```

그러면 예제의 <표 9.1>을 data.frame() 함수를 사용하여 데이터 프레임 형태의 emp_data 변수로 생성해 보기로 한다.

### 9.1.1 열 중심의 데이터 프레임 생성

다음은 <표 9.1>에 있는 4개의 각 열을 data.frame() 함수의 요소로 하여 변수 emp.data로 생성하는 예를 보여주고 있다.

```
## 데이터 프레임의 생성 예이다.
# data.frame() 함수에 4개의 열벡터를 요소로 정의하여 데이터 프레임을 생성한다.
emp.data <- data.frame(emp_id = 1:5,
                       emp_name = c("Park", "Choi",
                                    "Min", "Ryu", "Kim"),
                       salary = c(620, 510, 600, 400, 500),
                       start_date = as.Date(c("2012-01-01",
                                              "2013-09-23",
                                              "2014-11-15",
                                              "2014-05-11",
                                              "2015-03-27"))
                       )
emp.data
```

```
##   emp_id emp_name salary start_date
## 1      1     Park    620 2012-01-01
## 2      2     Choi    510 2013-09-23
## 3      3      Min    600 2014-11-15
## 4      4      Ryu    400 2014-05-11
## 5      5      Kim    500 2015-03-27
```

- data.frame() 함수 안에 각 열에 대하여 **열이름 = 벡터**의 쌍을 컴마로 구분하여 기입해 주면 된다.

위의 예에 있는 각 열에 해당하는 벡터를 먼저 생성한 다음, 이 벡터들을 이용하여 데이터 프레임을 다음과 같이 생성할 수도 있다.

```
## 데이터 프레임의 생성 예이다.
# 4개 열을 벡터로 생성한다.
# 첫번째 열벡터이다.
emp_id <- 1:5

# 두번째 열 벡터이다.
emp_name <- c("Park", "Choi", "Min", "Ryu", "Kim")

# 세번째 열 벡터이다.
salary <- c(620, 510, 600, 400, 500)

# 네번째 열 벡터이다.
start_date <- as.Date(c("2012-01-01", "2013-09-23",
                        "2014-11-15", "2014-05-11", "2015-03-27"))

# 4개의 열 벡터를 data.frmae() 함수의 요소로 하여 emp_data1 변수를 생성한다.
emp.data1 <- data.frame(emp_id,
                        emp_name,
                        salary,
                        start_date
                        )
emp.data1
##   emp_id emp_name salary start_date
## 1      1     Park    620 2012-01-01
## 2      2     Choi    510 2013-09-23
## 3      3      Min    600 2014-11-15
## 4      4      Ryu    400 2014-05-11
## 5      5      Kim    500 2015-03-27
```

• 열 벡터의 이름이 바로 열이름이 됨을 알 수 있다.

위의 예에서 emp.data와 emp.data1은 모두 4 개의 엘 벡터(emp_id, emp_name, salary, start_date)로 구성되며, 각 열 벡터는 각각 5 개의 데이터 요소를 갖는(5개 행) 리스트 구조로 볼 수 있다.

이제 생성된 emp.data 변수에 대하여, typeof() 함수를 이용한 데이터 유형의 확인 , class() 함수를 이용한 클래스의 확인, 그리고 str() 함수를 이용하여 데이터 구조를 그리고 attributes() 함수를 이용한 속성 등을 확인해 보기로 한다.

### 9.1.2 데이터 프레임의 데이터 확인

다음과 같이 변수명 emp.data로 데이터 프레임 변수에 저장되어 있는 내용을 확인할 수 있다.

```
## 데이터 프레임의 데이터 확인 예이다.
# 데이터 프레임 emp.data의 데이터를 확인한다.
emp.data
##   emp_id emp_name salary start_date
## 1      1     Park    620 2012-01-01
## 2      2     Choi    510 2013-09-23
## 3      3      Min    600 2014-11-15
## 4      4      Ryu    400 2014-05-11
## 5      5      Kim    500 2015-03-27
```

또한 head() 함수와 tail() 함수를 이용하여 emp.data의 앞 부분 데이터와 뒤 부분 데이터를 확인할 수 있다.

```
## 데이터 프레임의 데이터 확인 예이다.
# head() 함수는 앞의 3개(n=3) 행을 보여준다.
head(emp.data, n=3)
##   emp_id emp_name salary start_date
## 1      1     Park    620 2012-01-01
## 2      2     Choi    510 2013-09-23
## 3      3      Min    600 2014-11-15
```

```
# tail() 함수는 뒤의 3개 행을 보여준다.
tail(emp.data, n=3)
##   emp_id emp_name salary start_date
## 3      3      Min    600 2014-11-15
## 4      4      Ryu    400 2014-05-11
## 5      5      Kim    500 2015-03-27
```

### 9.1.3 데이터 프레임의 데이터 유형 확인

typeof() 함수로 데이터 프레임 변수 emp.data의 데이터 유형을 확인할 수 있다.

```
## 데이터 프레임의 데이터 유형 확인 예이다.
# emp.data의 데이터 유형을 확인한다.
typeof(emp.data)
## [1] "list"
```

- emp.data변수의 데이터 유형은 리스트 유형임을 알 수 있다.

데이터 프레임을 생성하는 data_frmae() 함수 안의 인수는 리스트를 생성할 때와 유사하다. 다만, 이 때 각 요소의 길이가 같아야만 한다.

### 9.1.4 데이터 프레임의 클래스 확인

class() 함수를 이용하여 데이터 프레임 변수 emp.data 객체의 클래스를 확인할 수 있다.

```
## 데이터 프레임의 클래스 확인 예이다.
# emp.data의 클래스를 확인한다.
class(emp.data)
## [1] "data.frame"
```

- 데이터 프레임 변수의 클래스는 data.frame 임을 알 수 있다.

# 9.2 데이터 프레임의 구조 확인

데이터 프레임의 구조 즉 행과 열에 대한 정보를 파악하는 것은 매우 중요하다. 데이터 프레임의 기본적인 구조는 str() 함수를 사용하여 확인할 수 있다.

str() 함수를 이용하여 데이터 프레임의 구조 즉, 표의 구조를 확인할 수 있다.

```
## 데이터 프레임의 데이터 구조 확인 예이다.
# emp.data의 구조를 확인한다. 각 요소(컬럼)를 $로 구분하고 있다.
str(emp.data)
## 'data.frame':    5 obs. of  4 variables:
##  $ emp_id    : int  1 2 3 4 5
##  $ emp_name  : chr  "Park" "Choi" "Min" "Ryu" ...
##  $ salary    : num  620 510 600 400 500
##  $ start_date: Date, format: "2012-01-01" "2013-09-23" ...
```

위의 결과에서 볼 수 있듯이, emp.data 객체의 구조는 다음과 같다.

- data.frame 클래스이다.
- '4개의 변수(열)'로 구성되며, 각 열은 5개의 관측치(obs.)로 구성되어 있다.
- '4개의 변수(열)'에 대한 상세한 정보를 $ 이후에 열이름, 데이터 유형 그리고 실제 저장된 데이터 등으로 표시하여 주고 있다.
- 예를 들어, 첫번째 열의 이름은 emp_id이고, 데이터 유형은 int 그리고 저장되어 있는 데이터는 1 2 3 4 5 임을 보여주고 있다.

데이터 프레임에서 각 열은 하나의 변수로서 정의되며 벡터 형태이다. 그리고, 각 행은 각 열의 값을 집합으로 하는 리스트 형태이다. 이렇게 데이터 프레임은 사각형 모양의 2차원 테이블 구조를 갖고 있다.

## 9.2.1 데이터 프레임의 속성 확인

attributes() 함수를 이용하여 데이터 프레임 변수 emp.data 객체의 클래스를 확인할 수 있다.

```
## 데이터 프레임의 속성 확인 예이다.
# emp.data의 클래스를 확인한다.
attributes(emp.data)
## $names
## [1] "emp_id"     "emp_name"   "salary"     "start_date"
##
## $class
## [1] "data.frame"
##
## $row.names
## [1] 1 2 3 4 5
```

- emp.data 객체의 속성으로 names, class 그리고 row.names 등이 있음을 알 수 있다.
    - names 속성에는 각 열이름이 저장되어 있다.
    - class 속성에는 "data.frame"이 저장되어 있다.
    - row.names 속성에는 행의 개수 만큼 정수가 저장되어 있다.

## 9.2.2 열이름이 지정되지 않은 경우

그런데 데이터 프레임을 생성할 때 열이름을 지정하지 않으면 어떻게 될까? 예를 들어, 데이터 프레임 변수로 df1은 두 개의 열로 구성하고, 열이름을 지정하지 않고 생성해 보기로 한다.
다음의 예는 data.frame() 함수 안에 이름이 없는 열 벡터를 인수로 직접 입력하여 데이터 프레임 df1을 생성하고 있다.

```
## 데이터 프레임의 생성 예이다.
# 열 이름을 지정하지 않고 데이터 프레임을 생성한다.
df1 <- data.frame(1:5,
                  c("Park", "Choi","Min","Ryu","Kim"),
                  c(620, 510, 600, 400, 500),
                  c("2012-01-01", "2013-09-23",
                    "2014-11-15", "2014-05-11", "2015-03-27")
                  )
df1
```

```
##    X1.5 c..Park....Choi....Min....Ryu....Kim.. c.620..510..600..400..500.
## 1    1                                   Park                        620
## 2    2                                   Choi                        510
## 3    3                                    Min                        600
## 4    4                                    Ryu                        400
## 5    5                                    Kim                        500
##    c..2012.01.01....2013.09.23....2014.11.15....2014.05.11....2015.03.27..
## 1                                                                2012-01-01
## 2                                                                2013-09-23
## 3                                                                2014-11-15
## 4                                                                2014-05-11
## 5                                                                2015-03-27
```

- 열이름을 지정하지 않고 데이터 프레임을 생성하면, 각 열의 데이터 값을 조합하여 자동으로 열이름을 생성함을 알 수 있다.
- 열의 이름은 수정가능하며, 이에 대하여는 9.6에서 살펴보기로 한다.

따라서, 데이터 프레임을 생성할 때 이러한 일이 일어나지 않게 각 열에 대한 이름을 지정해 주는 것이 좋습니다.
혹시 열이름을 그래도 지정하고 싶지 않은 경우에는 다음과 같이 `fix.empty.names = FALSE` 옵션을 지정해 주면, 열이름이 자동생성되지 않고 공란("")으로 남게 된다. 이 인수의 사용은 별로 추천하고 싶지는 않다.

```
## 데이터 프레임의 생성 예이다.
# fix.empty.names = FASLE 인수를 이용하여 열이름을 공란으로 남겨둘 수 있다.
df2 <- data.frame(1:5,
                  c("Park", "Choi","Min", "Ryu", "Kim"),
                  c(620, 510, 600, 400, 500),
                  c("2012-01-01", "2013-09-23",
                    "2014-11-15", "2014-05-11", "2015-03-27"),
                  fix.empty.names = FALSE
                  )

df2
##
## 1 1 Park 620 2012-01-01
```

```
## 2 2 Choi 510 2013-09-23
## 3 3  Min 600 2014-11-15
## 4 4  Ryu 400 2014-05-11
## 5 5  Kim 500 2015-03-27
```

- 이제 생성된 df2 변수는 4개의 열로 구성되며, 각 열은 5개의 관측치를 가지고 있음을 보여 준다.
- 또한, $ 다음에 공란을 보여 줌으로써 각 열이름이 생략되어 있음을 알 수 있다.

### 9.2.3 동일한 열이름이 사용된 경우

만일 다음의 예에서와 같이 데이터 프레임을 생성할 때 열이름을 동일하게 지정한 경우, data.frame() 함수는 데이터 프레임의 열이름이 동일하게 사용된 경우 열이름을 자동으로 수정해 준다.

다음의 예를 살펴보기로 한다.

```
## 데이터 프레임의 생성 예이다.
# df3의 두 개의 열이름이 모두 a로 설정되어 있다.
df3 <- data.frame(a = letters[1:5],
                  a = LETTERS[11:15])

# 두 번째 열이름이 a.1으로 자동변경되어 있씁니다.
str(df3)
## 'data.frame':	5 obs. of  2 variables:
##  $ a  : chr  "a" "b" "c" "d" ...
##  $ a.1: chr  "K" "L" "M" "N" ...
```

- 이때 자동으로 두번째 열의 이름이 a.1으로 변경되었다.

즉, 데이터 프레임을 생성할 때 data.frame() 함수는 컬럼의 이름을 확인해 보고 같은 이름이 있으면 그 이름을 자동으로 변경해 준다.

그럼에도 만일 열이름을 그대로 같은 이름으로 남기고 싶다면 check.names = 인수를 FALSE로 설정해 주면 된다. 그러나 권장하지 않는다.

```
## 데이터 프레임의 생성 예이다.
# df4의 두 개의 열이름을 모두 a로 설정하고 싶습니다.
df4 <- data.frame(a = letters[1:5],
                  a = LETTERS[11:15],
                  check.names = FALSE)
str(df4)
## 'data.frame':    5 obs. of  2 variables:
##  $ a: chr  "a" "b" "c" "d" ...
##  $ a: chr  "K" "L" "M" "N" ...
```

• 두 개의 열이름이 모두 a로 설정되어 있다

### 9.2.4 행이름 지정하기

데이터 프레임은 열을 기본 구성 요소로 한다. 그리고 각 행은 각 열의 요소 값들을 결합하여 구성하는 형태이다. 그런데, 데이터 프레임을 생성할 때, data.frame() 함수의 구성 요소 중의 하나를 행이름으로 지정할 수 있다. 이 때 사용하는 인수는 row.names = 이며, 여기에 행이름 벡터를 지정해 주면 된다.

다음은 data.frame() 함수로 a와 b 두 개의 요소로 구성되는 df5 객체를 생성하는 예를 보여 주고 있다. 그런데, 이 중 a 요소는 row.names = "a"로 지정되어 있기 때문에 df5의 열을 구성하는 요소가 아니라 행의 이름을 나타내는 요소임을 알 수 있다.

```
## 데이터 프레임의 생성 예이다.
# df5에 두 개의 요소를 지정한다.
df5 <- data.frame(a = letters[1:5],
                  b = LETTERS[11:15],
# 그런데 a 요소는 열이 아닌 행의 이름으로 지정하고 있다.
                  row.names = "a")
df5
##   b
## a K
## b L
## c M
## d N
## e O
```

- 결국 df.5는 열이 한 개인 데이터 프레임이다.
- a 요소는 단순히 이 데이터 프레임의 행 이름을 지정하고 있다.

지금 생성된 df5 객체의 속성을 attributes() 함수로 확인해 보기로 한다.

```
## 데이터 프레임의 속성 확인 예이다.
# df5에 두 개의 요소를 지정한다.
attributes(df5)
## $names
## [1] "b"
##
## $class
## [1] "data.frame"
##
## $row.names
## [1] "a" "b" "c" "d" "e"
```

- names 속성에는 "b" 하나 밖에 없다. 즉, 열이 한 개라는 뜻이다.
- class 속성은 "data.frame" 이다.
- row.names 속성에는 숫자가 아닌 a요소의 데이터들이 표시되어 있다.

즉, a 구성 요소는 열이 아닌 행 이름으로 활용되도록 지정하고 있는 것이다. 따라서 df5의 구조를 보면 열이 b 하나만으로 구성된 데이터 프레임임을 알 수 있다.

위의 예에서 row.names = 인수의 값을 "b"로도 변경해서 df6를 생성하면 다음과 같다.

```
## 데이터 프레임의 생성 예이다.
df6 <- data.frame(a = letters[1:5],
                  b = LETTERS[11:15],
                  row.names = "b")
df6
##   a
## K a
## L b
## M c
## N d
## O e
```

- a 요소가 열인 데이터 프레임이다.
- b 요소는 단순히 행이름을 나타내고 있다.

### 9.2.5 열 벡터의 길이가 다른 경우

데이터 프레임은 기본적으로 생김새가 사각형 형태여야 한다. 즉, 열을 구성하는 각 요소의 길이가 같아야 한다는 것이 전제되는 것이다. 따라서 각 열의 길이가 다른 데이터 프레임은 data.frame() 함수로 생성할 수 없다.

다음과 같이 a컬럼은 요소가 6개, b컬럼은 요소가 5개로 지정되는 경우 data.frame() 함수는 에러를 발생시킨다.

```
## 데이터 프레임의 생성 예이다.
# 다음과 같이 각 열의 길이가 다른 경우 error가 발생한다.
df7 <- data.frame(a = 1:6,
                  b = letters[1:5])
## Error in data.frame(a = 1:6, b = letters[1:5]): arguments imply differing
number of rows: 6, 5
```

이러한 데이터 구조를 그래도 만들고 싶다면, list() 함수를 이용하여 리스트 구조로 생성해야 한다.

> [참고사항]
> read.table(), read.csv(), read.delim(), read.fwf()와 같은 R의 많은 데이터 입력 함수는 데이터 프레임으로 데이터를 불러 온다

# 9.3 데이터 프레임의 구성요소에 접근하기

데이터 프레임의 구성요소(행과 열)에 접근하는 방법에는 8.5에서 살펴본 리스트식 접근방법과 6.3에서 살펴본 행렬식 접근방법이 있다.

## 9.3.1 리스트식 접근

데이터 프레임의 컬럼(열)에 대한 접근은 리스트처럼 [], [[]], 또는 $ 등을 이용하여 접근할 수 있다.

이러한 데이터 프레임 컬럼의 접근 결과를 할당연산자로 변수에 할당하면 이를 컬럼 선택(select)이라고 한다.

먼저 []를 이용하여 데이터 프레임의 열에 접근해 보기로 한다. 이때 출력되는 결과는 데이터 프레임 구조를 갖는다.

예를 들어, `emp.data` 의 첫번째 열(`emp_id`)과 세번째 열(`salary`)을 선택해 보기로 한다. 다음에서 보는 바와 같이 []안에 원하는 열 번호를 정수형 벡터로, 열이름을 문자형 벡터, 또는 선택 여부를 논리형 벡터 등의 형태로 입력해 줄 수도 있다.

```
## 데이터 프레임의 데이터 요소 접근 예이다.
# []를 이용하여 데이터 프레임의 컬럼에 접근할 수 있다.
# 반환되는 결과들은 "데이터 프레임"의 구조이다.
# 열번호를 정수형 벡터로 표현할 수 있다.
emp.data[c(1, 3)]
##   emp_id salary
## 1      1    620
## 2      2    510
## 3      3    600
## 4      4    400
## 5      5    500
# 열이름을 문자형 벡터로 표현할 수 있다.
emp.data[c("emp_id", "salary")]
##   emp_id salary
```

```
## 1      1    620
## 2      2    510
## 3      3    600
## 4      4    400
## 5      5    500

# 선택하는 열을 논리형 벡터로 표현할 수 있다.
emp.data[c(T, F, T, F)]
##   emp_id salary
## 1      1    620
## 2      2    510
## 3      3    600
## 4      4    400
## 5      5    500
```

• 위의 3가지 색인 방법이 동일한 결과를 가져옴을 알 수 있다.

한편, [[]]를 이용하면 데이터 프레임의 특정 열에 접근할 수 있다. 즉, 이를 특정 열의 변수(벡터 형태)로 사용하고자 할 때, 이 방법을 사용하면 되는 것이다. 예를 들어, 두번째 컬럼(emp_name)을 선택해 보기로 한다. 앞에서와 마찬가지로 [[]]안에 원하는 특정 열번호를 입력하거나, 열이름을 문자열로 입력해 주면 된다.

```
## 데이터 프레임의 데이터 요소 접근 예이다.
# [[]]를 이용하여 데이터 프레임의 특정 컬럼에 접근할 수 있다.
# 반환되는 결과는 "벡터" 구조이다.

# 열번호를 정수형으로 지정한다.
emp.data[[2]]
## [1] "Park" "Choi" "Min"  "Ryu"  "Kim"


## [[]]를 이용하여 데이터 프레임의 특정 컬럼에 접근할 수 있다.
## 반환되는 결과는 "벡터" 구조이다.
# 열이름을 문자열로 지정한다.

emp.data[["emp_name"]]
## [1] "Park" "Choi" "Min"  "Ryu"  "Kim"
```

데이터 프레임에 열이름이 지정되어 있는 경우, $기호를 이용하여 데이터 프레임의 특정 열에 접근할 수 있으며, 이러한 표현을 열변수로도 사용할 수 있다. 이때는 $다음에 열이름을 문자열로 지정하면 된다. 두번째 열이름("emp_name")을 이용하면 다음과 같다. 반환되는 결과는 벡터이다.

```
## 데이터 프레임의 데이터 요소 접근 예이다.
# $기호를 이용하여 데이터 프레임의 특정 컬럼에 접근하기 위해서는 열이름을 지정한다.
# 반환되는 결과는 "벡터" 구조이다.
emp.data$"emp_name"
## [1] "Park" "Choi" "Min"  "Ryu"  "Kim"
```

[]의 사용과 [[]] 또는 $ 연산자의 사용의 차이점을 정리해 보기로 한다. []로 접근하면 복수 개의 컬럼에 접근할 수 있고 접근한 결과를 데이터 프레임 구조로 결과를 반환한다. 반면에 [[]]또는 $ 연산자를 이용한 접근은 유사한 면이 있다. [[]]와 $ 를 이용하면 한 개의 열 만을 접근할 수 있고, 그 결과는 벡터로 반환된다는 점이다.

## 9.3.2 행렬식 접근

데이터 프레임은 행과 열에 대한 인덱스를 제공하고 있기 때문에 6.3에서 살펴본 행렬식 접근 방법으로 접근할 수도 있다.

이를 설명하기 위해 R이 제공하고 있는 데이터 세트를 사용하기로 한다.

R이 제공하는 데이터 세트는 명령 library(help = "datasets") 또는 data() 함수로 확인할 수 있다.

```
## 데이터 프레임의 데이터 요소 접근 예이다.
# R이 기본적으로 제공하고 있는 데이터 세트를 확인한다.
library(help = "datasets")

# 또는
data()
```

참고로 특정 패키지에서 제공하는 데이터 세트들도 있는데, 예를 들어 nycflights13 패키지에서 제공하는 nycflights13 이라는 데이터 세트를 사용하고자 한다면 다음과 같이 하면 된다.

```
## 데이터 프레임의 데이터 요소 접근 예이다.
# 특정 패키지에서 제공하는 데이터 세트를 확인할 수도 있다. (예; nycflights13 패키지)
data(package="nycflights13"
```

그런데, 현재 사용하고 있는 컴퓨터에 nycflights13 패키지가 설치되어 있지 않는 경우에는 에러 메시지가 출력될 것이다.

이 패키지를 설치하려면 콘솔창에 install.packages("nycflights13") 명령를 먼저 실행해 주어야 한다. 다음의 스크립트를 참고하기 바란다.

```
# 패키지를 설치한다.
# install.packages("nycflights13")
# 패키지를 불러온다.
library(nycflights13)
data(package = "nycflights13")
airlines
```

다음의 설명을 돕기 위해 trees 데이터 세트를 이용해서 행렬식으로 데이터 요소들에 접근해 보기로 한다. 이 trees 데이터 세트는 검은 체리 나무의 둘레(Girth), 높이(Height) 그리고 부피(Volume) 등에 대한 데이터를 포함하고 있다.

str() 함수를 이용하여 trees의 데이터 구조를 확인해 본다.

```
## 데이터 프레임의 데이터 요소 접근 예이다.
# trees 데이터 세트의 구조를 파악한다.
str(trees)
## 'data.frame':    31 obs. of  3 variables:
##  $ Girth : num  8.3 8.6 8.8 10.5 10.7 10.8 11 11 11.1 11.2 ...
##  $ Height: num  70 65 63 72 81 83 66 75 80 75 ...
##  $ Volume: num  10.3 10.3 10.2 16.4 18.8 19.7 15.6 18.2 22.6 19.9 ...
```

- trees 데이터 세트는 3개의 열과 31개의 행으로 구성된 데이터 프레임인 것을 알 수 있다.
- 3개의 열이름은 Girth, Height, Volume 등이며, 모두 숫자형 데이터임을 알 수 있다.

이제 head() 함수와 tail() 함수를 이용하여 데이터 내용의 일부를 확인해 보기로 한다.

```
## 데이터 프레임의 데이터 요소 접근 예이다.
# tress 데이터 세트의 일부 데이터를 확인한다.
# 데이터 세트의 앞에 있는 3개(n=3)의 데이터를 확인한다.
head(trees, 3)
##   Girth Height Volume
## 1   8.3     70   10.3
## 2   8.6     65   10.3
## 3   8.8     63   10.2

## tress 데이터 세트의 일부 데이터를 확인한다.
# 데이터 세트의 맨 뒤에 있는 5개(n=5)의 데이터를 확인한다.
tail(trees, 5)
##    Girth Height Volume
## 27  17.5     82   55.7
## 28  17.9     80   58.3
## 29  18.0     80   51.5
## 30  18.0     80   51.0
## 31  20.6     87   77.0
```

### 9.3.2.1 행 접근

trees 데이터 세트를 행 접근해 보기로 한다. [행, 열] 안의 행 위치에 다음과 같이 정수형(이나, 문자형 또는 논리형) 벡터로 표현하면 된다. 또한, 행 위치에 조건식을 입력하여 조건식을 만족하는 행을 선택할 수도 있다.

다음은 trees 데이터 세트의 2번째, 3번째 행의 모든 컬럼을 반환하는 예이다.

```
## 데이터 프레임의 데이터 요소 접근 예이다.
# 행렬식 접근 중 행을 접근해 보기로 한다.
# 2번째, 3번째 행의 모든 컬럼을 반환한다. (정수형 벡터)
trees[2:3, ]
##   Girth Height Volume
## 2   8.6     65   10.3
## 3   8.8     63   10.2
```

- (2, 3)번째 행들을 반환한다.

다음은 Height 컬럼이 82 보다 큰 조건을 만족하는 행을 반환하는 예이다.

```
## 데이터 프레임의 데이터 요소 접근 예이다.
# 행렬식 접근 중 행을 접근해 보기로 한다.
# Height 컬럼의 조건( > 82)을 만족하는 행을 반환한다.
trees[trees$Height > 82, ]
##    Girth Height Volume
## 6   10.8     83   19.7
## 17  12.9     85   33.8
## 18  13.3     86   27.4
## 31  20.6     87   77.0
```

- trees$Height > 82라는 조건식을 만족하는 행을 반환한다.
- 이러한 행의 선택을 '필터링(filtering)'이라고 한다. 다음의 9.4.2 부분을 참고하기 바란다.

#### 9.3.2.2 열 접근

열에 대한 접근을 해 보기로 한다. [행, 열] 안의 열 위치에 다음과 같이 정수형(이나, 문자형 또는 논리형) 벡터 형으로 표현하면 된다.

다음은 trees 데이터 세트의 (2, 3) 번째 열을 선택하는 예이다.

```
## 데이터 프레임의 데이터 요소 접근 예이다.
# 행렬식 접근 중 열 접근을 한다.
# 2번째, 3번째 열의 모든 행을 반환한다 (selection)
trees[ , 2:3]
##    Height Volume
## 1      70   10.3
## 2      65   10.3
## 3      63   10.2
## 4      72   16.4
## 5      81   18.8
## 6      83   19.7
## 7      66   15.6
## 8      75   18.2
## 9      80   22.6
## 10     75   19.9
## 11     79   24.2
```

```
## 12     76   21.0
## 13     76   21.4
## 14     69   21.3
## 15     75   19.1
## 16     74   22.2
## 17     85   33.8
## 18     86   27.4
## 19     71   25.7
## 20     64   24.9
## 21     78   34.5
## 22     80   31.7
## 23     74   36.3
## 24     72   38.3
## 25     77   42.6
## 26     81   55.4
## 27     82   55.7
## 28     80   58.3
## 29     80   51.5
## 30     80   51.0
## 31     87   77.0
```

- 2번째, 3번째 열의 모든 행을 반환한다.
- 이를 열의 선택(selection)이라고 한다. 다음의 9.4.1 부분을 참고하기 바란다.

### 9.3.2.3 행과 열 동시 접근

다음과 같이 행과 열을 동시에 접근할 수도 있다.

```
## 데이터 프레임의 데이터 요소 접근 예이다.
# trees 데이터 세트를 행과 열로 동시에 접근한다.
# 10~12번째 행의 2번째 컬럼 값을 반환한다. (벡터 반환)
trees[10:12, 2]
## [1] 75 79 76
```

- 한 개의 열 또는 행을 반환할 때는 그 결과는 벡터 형으로 반환된다.

```
## 데이터 프레임의 데이터 요소 접근 예이다.
# trees 데이터 세트를 행과 열로 동시에 접근한다.
# drop = TRUE 인수를 사용하여 벡터를 데이터 프레임으로 반환한다.
trees[10:12, 2, drop = FALSE]
##    Height
## 10     75
## 11     79
## 12     76
```

- 그런데, 벡터를 데이터 프레임 형태로 반환하고 싶을 때에는 `drop = FALSE` 인수를 설정해 주면 된다.

# 9.4 데이터 프레임의 서브 세팅

지금까지 살펴본 바와 같이 데이터 프레임은 리스트 접근방법과 행렬 접근방법으로 접근할 수 있다. 그런데 데이터 프레임에 접근한 결과를 할당연산자(<-)를 이용하여 하나의 변수에 할당하면 데이터 프레임의 서브 세팅이 된다.

데이터 프레임의 서브 세팅은 열 중심의 서브 세팅과 행 중심의 서브 세팅으로 나누어 볼 수 있다. 열 중심의 서브 세팅을 선택(selection)이라 하고, 행 중심의 서브 세팅을 필터링(filtering) 이라고 한다.

## 9.4.1 열 중심의 서브 세팅

데이터 프레임을 리스트 접근 방식 또는 행렬 접근 방식으로 열에 접근하고 하나의 변수에 그 결과를 할당하면 열 중심의 서브 세팅이 된다.

다음은 `trees` 데이터 세트의 (2, 3) 열을 선택하고, 그 결과를 `tree.2.3` 변수에 할당하여 서브 세팅하는 예를 보여 준다.

```
## 데이터 프레임의 서브 세팅 예이다.
## 열을 서브 세팅한다. : selection
trees.2.3 <- trees[ , 2:3]
head(trees.2.3, n=3)
##   Height Volume
## 1     70   10.3
## 2     65   10.3
## 3     63   10.2
```

### 9.4.2 행 중심의 서브 세팅

한편, 데이터 프레임에 대하여 행 중심으로 서브 세팅을 할 수도 있다. 이러한 서브 세팅으로 행에 조건식을 사용하는 경우가 많이 이용된다.

다음의 예는 trees 데이터 세트에서 높이(Height)가 82 보다 큰 경우를 서브 세팅하여 trees.tall 변수에 할당하는 예를 보여 준다.

```
## 데이터 프레임의 서브 세팅 예이다.
# 행을 서브 세팅한다. 필터링(filtering)
trees.tall <- trees[trees$Height > 82,  ]
trees.tall
##    Girth Height Volume
## 6   10.8     83   19.7
## 17  12.9     85   33.8
## 18  13.3     86   27.4
## 31  20.6     87   77.0
```

이러한 선택과 필터링은 데이터 관리용 패키지인 dplyr 패키지의 select() 함수와 filter() 함수를 이용하여 더 정밀하게 수행할 수 있다.

# 9.5 데이터 프레임의 행/열 확장

데이터 프레임에 열과 행을 추가하여 데이터 프레임을 확장할 수 있다.

## 9.5.1 열 추가

기존의 데이터 프레임에 새로운 열이름을 사용하여 열벡터로 추가해 주면 된다.

다음의 예는 emp.data에 emp.data$dept 벡터를 할당하여 새로운 dept 열을 추가하는 예이다.

```
## 데이터 프레임의 열 추가 예이다.
# emp.data에 dept 열을 추가한다.
emp.data$dept <- c("IT","Operations","IT","HR","Finance")

# 변화된 emp.data의 구조를 확인해 본다.
str(emp.data)
## 'data.frame':    5 obs. of  5 variables:
##  $ emp_id    : int  1 2 3 4 5
##  $ emp_name  : chr  "Park" "Choi" "Min" "Ryu" ...
##  $ salary    : num  620 510 600 400 500
##  $ start_date: Date, format: "2012-01-01" "2013-09-23" ...
##  $ dept      : chr  "IT" "Operations" "IT" "HR" ...
```

- 새로운 dept 열이 추가되었음을 알 수 있다.
- 새로운 열을 emp.data[5] <- c("IT", "Operations", "IT", "HR", "Finance")와 같이 추가할 수도 있다. 그러나, 이렇게 할 경우 새로운 열이름을 R이 자동으로 'V5'로 지정하게 된다.

## 9.5.2 행 추가

기존 데이터 프레임에 더 많은 행을 추가하려면 기존 데이터 프레임과 동일한 구조의 리스트 또는 데이터 프레임을 생성하고, 이를 rbind() 함수를 사용해서 결합하면 된다.

아래 예에서는 새로운 데이터 프레임 newemp.data를 생성하고, 이를 기존의 데이터 프레임

emp.data와 rbind() 함수로 병합하여, 최종 데이터 프레임인 finalemp.data에 할당하는 예를 보여 주고 있다.

먼저 emp.data를 확인한다.

```
## 데이터 프레임의 행 추가 예이다.
# 기존의 emp.data 데이터 프레임이다.
emp.data
##   emp_id emp_name salary start_date       dept
## 1      1     Park    620 2012-01-01         IT
## 2      2     Choi    510 2013-09-23 Operations
## 3      3      Min    600 2014-11-15         IT
## 4      4      Ryu    400 2014-05-11         HR
## 5      5      Kim    500 2015-03-27    Finance
```

emp.data의 구조와 동일한 newemp.data를 생성한다.

```
## 추가할 데이터를 emp.data 구조와 같은 구조의 emp.newdate를 생성한다.
newemp.data <-  data.frame(emp_id = c(6:8),
                           emp_name = c("Lee", "Park", "Hwang"),
                           salary = c(550, 700, 600),
                           start_date = as.Date(c("2013-05-21",
                                                  "2013-07-30",
                                                  "2014-06-17")),
                           dept = c("IT","Operations","Fianance")
)
newemp.data
##   emp_id emp_name salary start_date       dept
## 1      6      Lee    550 2013-05-21         IT
## 2      7     Park    700 2013-07-30 Operations
## 3      8    Hwang    600 2014-06-17   Fianance
```

이제 rbind() 함수를 이용하여 emp.data와 newemp.data를 결합하고, 이를 finalemp.data에 할당한다.

```
## 데이터 프레임의 행 추가 예이다.
# emp.data와 newemp.data를 rbind()함수로 결합하고,
# finalemp.data 변수에 할당한다.
finalemp.data <- rbind(emp.data, newemp.data)

# 결합된 데이터를 확인한다. 총 8개 행, 5개 열로 구성되어 있다.
finalemp.data
##   emp_id emp_name salary start_date       dept
## 1      1     Park    620 2012-01-01         IT
## 2      2     Choi    510 2013-09-23 Operations
## 3      3      Min    600 2014-11-15         IT
## 4      4      Ryu    400 2014-05-11         HR
## 5      5      Kim    500 2015-03-27    Finance
## 6      6      Lee    550 2013-05-21         IT
## 7      7     Park    700 2013-07-30 Operations
## 8      8    Hwang    600 2014-06-17   Fianance
```

- finalemp.data는 총 8개 행, 5개 열로 구성되어 있다.

### 9.5.3 열과 행의 삭제

데이터 프레임 열에 NULL을 할당하여, 데이터 프레임에서 열을 삭제할 수 있으며, 마찬가지로 행은 (-)기호를 이용하거나 조건식으로 서브 세팅함으로써 해당 행을 삭제할 수 있다.

다음의 예는 finalemp.data의 dept 열을 삭제하는 예를 보여준다.

```
## 데이터 프레임의 열과 행의 삭제 예이다.
# finalemp.data의 구조를 확인한다.
str(finalemp.data)
## 'data.frame':    8 obs. of  5 variables:
##  $ emp_id    : int  1 2 3 4 5 6 7 8
##  $ emp_name  : chr  "Park" "Choi" "Min" "Ryu" ...
##  $ salary    : num  620 510 600 400 500 550 700 600
##  $ start_date: Date, format: "2012-01-01" "2013-09-23" ...
##  $ dept      : chr  "IT" "Operations" "IT" "HR" ...
# dept 열을 삭제한다.
finalemp.data$dept <- NULL
```

```
# dept 열을 삭제한 후 empfinal.data의 구조를 확인한다.
str(finalemp.data)
## 'data.frame':    8 obs. of  4 variables:
##  $ emp_id    : int  1 2 3 4 5 6 7 8
##  $ emp_name  : chr  "Park" "Choi" "Min" "Ryu" ...
##  $ salary    : num  620 510 600 400 500 550 700 600
##  $ start_date: Date, format: "2012-01-01" "2013-09-23" ...
```

- dept 열이 삭제되었음을 알 수 있다.

다음은 finalemp.data에 대하여 1) 8번째 행을 삭제하고, 2) salary가 500 미만인 행을 삭제하는 예를 보여준다.

```
## 데이터 프레임의 열과 행의 삭제 예이다.
# 행를 삭제하기 전의 finalemp.data 이다.
finalemp.data
##   emp_id emp_name salary start_date
## 1      1     Park    620 2012-01-01
## 2      2     Choi    510 2013-09-23
## 3      3      Min    600 2014-11-15
## 4      4      Ryu    400 2014-05-11
## 5      5      Kim    500 2015-03-27
## 6      6      Lee    550 2013-05-21
## 7      7     Park    700 2013-07-30
## 8      8    Hwang    600 2014-06-17

# 8번 행을 삭제한다.
finalemp.data <- finalemp.data[-8, ]
finalemp.data
##   emp_id emp_name salary start_date
## 1      1     Park    620 2012-01-01
## 2      2     Choi    510 2013-09-23
## 3      3      Min    600 2014-11-15
## 4      4      Ryu    400 2014-05-11
## 5      5      Kim    500 2015-03-27
## 6      6      Lee    550 2013-05-21
## 7      7     Park    700 2013-07-30

# salary < 600 인 행을 삭제한다.
```

```
finalemp.data <- finalemp.data[salary >= 600, ]
finalemp.data
##   emp_id emp_name salary start_date
## 1      1     Park    620 2012-01-01
## 3      3      Min    600 2014-11-15
## 6      6      Lee    550 2013-05-21
```

- salary < 600 인 것을 제거하는 것은 salary >= 600 조건을 선택하는 것으로 입력하였다.

# 9.6 행과 열의 이름 관리

## 9.6.1 열 이름 확인/변경하기

데이터 프레임에서 가장 중요한 요소는 열이다. 이 열이름은 colnames() 함수 또는 names() 함수를 이용하여 확인할 수 있고, 언제든지 이것들을 변경할 수 있다.

다음은 기존의 emp.data1 데이터 세트의 열이름을 확인하고, 열이름을 c("번호", "이름", "급여", "입사일")로 변경하는 예를 보여준다.

```
## 데이터 프레임의 열이름 변경 예이다.
# trees 데이터 세트의 변경전 열이름을 확인한다.
# colnames(emp.data1)
names(emp.data1)
## [1] "emp_id"     "emp_name"   "salary"     "start_date"

# emp.data1 데이터 세트의 열이름을 변경한다.
colnames(emp.data1) <- c("번호", "이름", "급여", "입사일")
colnames(emp.data1)
## [1] "번호"   "이름"   "급여"   "입사일"
```

## 9.6.2 행 이름 확인/변경하기

데이터 프레임에서 행이름은 열이름만큼 중요하지 않는다. 그래도 rownames() 함수를 이용하여 행이름을 확인하고, 설정/변경할 수 있다.

다음은 emp.data1 데이터 세트의 행 이름을 확인하고, 각 행의 이름을 paste0() 함수를 이용하여 Row-# 형태로 변경하는 예를 보여 준다.

```
## 데이터 프레임의 행이름 확인 예이다.
# emp.data1 데이터 세트의 행의 이름을 확인한다.
rownames(emp.data1)
## [1] "1" "2" "3" "4" "5"

# emp.data1 데이터 세트의 행 이름을 지정한다.
rownames(emp.data1) <- paste0("Row-", 1:5)
rownames(emp.data1)
## [1] "Row-1" "Row-2" "Row-3" "Row-4" "Row-5"
```

# 9.7 열의 데이터 유형의 변환

## 9.7.1 열의 데이터 유형 확인

데이터 프레임을 구성하는 열 벡터의 데이터 유형은 str() 함수 또는 typeof() 함수로 확인할 수 있다. 또한 다음의 <표 9.2>에 수록되어 있는 함수들을 사용하여 열 벡터의 데이터 유형을 확인할 수도 있다.

**표 9.2: 데이터 유형 확인 함수**

| 함수 | 설명 |
|---|---|
| is.factor(x) | 객체 x가 팩터인가 |
| is.numeric(x) | 객체 x가 숫자형 벡터인가 |
| is.character(x) | 객체 x가 문자형 벡터인가 |
| is.matrix(x) | 객체 x가 행렬인가 |
| is.array(x) | 객체 x가 배열인가 |
| is.data.frame(x) | 객체 x가 데이터 프레임인가 |

다음은 emp.data의 구조를 확인하는 예이다.

```
## 데이터 프레임 열의 데이터 유형 확인 예이다.
# emp.data의 구조를 확인한다.
str(emp.data)
## 'data.frame':    5 obs. of  5 variables:
##  $ emp_id    : int  1 2 3 4 5
##  $ emp_name  : chr  "Park" "Choi" "Min" "Ryu" ...
##  $ salary    : num  620 510 600 400 500
##  $ start_date: Date, format: "2012-01-01" "2013-09-23" ...
##  $ dept      : chr  "IT" "Operations" "IT" "HR" ...
```

다음은 emp.data가 데이터 프레임인지를 is.data.frame() 함수로 확인한다.

```
## 데이터 프레임 열의 데이터 유형 확인 예이다.
# emp.data가 데이터 프레임인지 확인한다.
is.data.frame(emp.data)
## [1] TRUE
```

다음은 emp.data 의 emp_id 열의 데이터 유형을 typeof() 함수로 확인한다.

```
## 데이터 프레임 열의 데이터 유형 확인 예이다.
# emp.data 의 emp_id 열의 데이터 유형을 확인한다.
typeof(emp.data$emp_id)
## [1] "integer"
```

## 9.7.2 열의 데이터 유형 변환

### 9.7.2.1 문자형 벡터를 요인으로, 요인을 문자형 벡터로 변환하기

emp.data 의 경우 dept 컬럼이 문자형으로 되어 있다. dept 컬럼은 문자형으로 처리하는 것보다는 요인으로 처리하는 것이 더 유리하다.

문자형 열을 as.factor() 함수를 이용하여 요인으로 변환할 수 있다.

다음은 emp.data의 구조를 확인해 보고, dept 열의 유형을 as.factor() 함수를 이용하여 요인형으로 변환하는 예이다.

```
## 데이터 프레임 열의 데이터 유형 변환 예이다.
# 변경 전의 emp.data 구조를 확인한다.
str(emp.data)
## 'data.frame':	5 obs. of  5 variables:
##  $ emp_id    : int  1 2 3 4 5
##  $ emp_name  : chr  "Park" "Choi" "Min" "Ryu" ...
##  $ salary    : num  620 510 600 400 500
##  $ start_date: Date, format: "2012-01-01" "2013-09-23" ...
##  $ dept      : chr  "IT" "Operations" "IT" "HR" ...

# emp.data의 문자형 dept 컬럼을 요인으로 강제 변환한다
emp.data$dept <- as.factor(emp.data$dept)
str(emp.data)
## 'data.frame':	5 obs. of  5 variables:
##  $ emp_id    : int  1 2 3 4 5
##  $ emp_name  : chr  "Park" "Choi" "Min" "Ryu" ...
##  $ salary    : num  620 510 600 400 500
##  $ start_date: Date, format: "2012-01-01" "2013-09-23" ...
##  $ dept      : Factor w/ 4 levels "Finance","HR",..: 3 4 3 2 1
```

- dept의 데이터 유형이 chr에서 Factor로 변경된 것을 확인할 수 있다.

이제 요인형으로 변환된 dept 열에 대하여, factor() 함수를 이용하여 levels 인수를 설정하고, 레벨의 순서를 바꿀 수도 있으며, ordered() 함수를 이용하여 서열형으로도 변경할 수 있다.

다음은 emp.data$dept의 수준의 순서를 levels() 함수를 이용하여 c("HR", "Operations", "IT", "Finance")로 변경하는 예이다.

```
## 데이터 프레임의 요인형 열의 수준 순서를 변경하는 예이다.
# levels() 함수를 이용하여 dept 컬럼의 수준 순서를 바꿀 수 있다.
levels(emp.data$dept) <- c("HR", "Operations", "IT", "Finance")
```

- dept의 수준의 순서가 c("HR", "Operations", "IT", "Finance") 순서로 변경되었음을 확인할 수 있다.

이제 dept 열을 ordered() 함수로 서열형 요인으로 변환해 보기로 한다.

```
## 데이터 프레임 열의 데이터 유형 변환 예이다.
# 변경 전의 emp.data 구조를 확인한다.
str(emp.data)
## 'data.frame':    5 obs. of  5 variables:
##  $ emp_id    : int  1 2 3 4 5
##  $ emp_name  : chr  "Park" "Choi" "Min" "Ryu" ...
##  $ salary    : num  620 510 600 400 500
##  $ start_date: Date, format: "2012-01-01" "2013-09-23" ...
##  $ dept      : Factor w/ 4 levels "HR","Operations",..: 3 4 3 2 1

# ordered() 함수를 이용하여 dept 컬럼을 서열형 요인으로 변환할 수 있다.
emp.data$dept <- ordered(emp.data$dept,
                         levels = c("HR", "Operations", "IT", "Finance"))
str(emp.data)
## 'data.frame':    5 obs. of  5 variables:
##  $ emp_id    : int  1 2 3 4 5
##  $ emp_name  : chr  "Park" "Choi" "Min" "Ryu" ...
##  $ salary    : num  620 510 600 400 500
##  $ start_date: Date, format: "2012-01-01" "2013-09-23" ...
##  $ dept      : Ord.factor w/ 4 levels "HR"<"Operations"<..: 3 4 3 2 1
```

- dept 열이 "HR"<"Operations"<.. 순서의 서열형으로 바뀌었음을 확인할 수 있다.

지금까지 문자형 열을 요인으로 변환하는 방법을 살펴보았다.

이제 dept 열을 다시 요인형에서 as.character() 함수를 이용하여 문자형으로 변환하여 원래의 유형으로 변환해 보면 다음과 같다.

```
## 데이터 프레임 열의 데이터 유형 변환 예이다.
# 변경 전의 emp.data 구조를 확인한다.
str(emp.data)
## 'data.frame':    5 obs. of  5 variables:
##  $ emp_id    : int  1 2 3 4 5
##  $ emp_name  : chr  "Park" "Choi" "Min" "Ryu" ...
##  $ salary    : num  620 510 600 400 500
##  $ start_date: Date, format: "2012-01-01" "2013-09-23" ...
```

```
## $ dept      : Ord.factor w/ 4 levels "HR"<"Operations"<..: 3 4 3 2 1

# dept 컬럼을 요인형에서 다시 문자형으로 변환한다.
emp.data$dept <- as.character(emp.data$dept)
str(emp.data)
## 'data.frame':    5 obs. of  5 variables:
## $ emp_id    : int  1 2 3 4 5
## $ emp_name  : chr  "Park" "Choi" "Min" "Ryu" ...
## $ salary    : num  620 510 600 400 500
## $ start_date: Date, format: "2012-01-01" "2013-09-23" ...
## $ dept      : chr  "IT" "Finance" "IT" "Operations" ...
```

이러한 열의 데이터 유형 변환은 4.6에서 살펴본 벡터의 데이터 유형 강제 변환을 참고하기 바란다.

## 9.7.3 데이터 유형/구조의 변환 함수들

한편 지금까지 살펴본 문자형을 요인형으로 변환하는 것 이외에도, 벡터, 요인, 행렬, 배열, 리스트 그리고 데이터 프레임 등에 대한 데이터 유형과 구조는 다음의 <표 9.3>에 수록되어 있는 함수들을 이용하여 변환할 수 있다.

**표 9.3: 데이터 유형 변환 함수**

| 함수 | 설명 |
|---|---|
| `as.factor(x)` | 객체 x를 팩터로 유형 변환 |
| `as.numeric(x)` | 객체 x를 숫자형 벡터로 유형 변환 |
| `as.character(x)` | 객체 x를 문자형 벡터로 유형 변환 |
| `as.matrix(x)` | 객체 x를 행렬로 구조 변환 |
| `as.array(x)` | 객체 x를 배열로 구조 변환 |
| `as.data.frame(x)` | 객체 x를 데이터 프레임으로 구조 변환 |

# 9.8 데이터 구조의 변환

리스트가 데이터 프레임이 될 수 있는 조건을 만족하고 있다면 즉, 리스트의 요소들이 같은 길이를 갖는 벡터로 구성이 되어 있다면 데이터 프레임 구조로 변환할 수 있다. 또한 행렬의 경우는 필요에 따라 데이터 프레임을 구조를 변환시킬 수 있다.

## 9.8.1 행렬을 데이터 프레임으로 변환하기

행렬의 경우는 각 열 벡터의 길이가 같기 때문에 data.frame() 함수 또는 as.data.frame() 함수를 이용하여 행렬을 데이터 프레임으로 변경할 수 있다.

예를 들어, 다음은 행렬 mat를 data.frame() 함수를 이용하여 df7 이라는 데이터 프레임으로 변환하는 예를 보여 준다.

```
## 행렬을 데이터 프레임으로 변환하는 예이다.
# 행렬 mat를 생성한다.
mat <- matrix(c(1, 2, 3, 4), ncol = 2)
mat
##      [,1] [,2]
## [1,]    1    3
## [2,]    2    4

# mat를 데이터 프레임 df7로 변환한다.
df7 <- data.frame(mat)
str(df7)
## 'data.frame':    2 obs. of  2 variables:
##  $ X1: num  1 2
##  $ X2: num  3 4
```

## 9.8.2 리스트를 데이터 프레임으로 변환하기

리스트 구조의 경우, 리스트 내의 각 요소의 길이가 같다면 data.frame() 함수 또는 as.data.

frame() 함수를 이용하여 리스트를 데이터 프레임으로 변경할 수 있다.
다음은 리스트 형태의 lst를 as.data.frame() 함수를 이용하여 데이터 프레임 df8로 변환하는 예를 보여준다.

```
## 리스트를 데이터 프레임으로 변환하는 예이다.
# 리스트 lst를 생성한다.
# 2개의 요소가 있고, 각 요소의 길이가 2로 같다.
lst <- list(x = c(1,2),
            y = c("A", "B"))
lst
## $x
## [1] 1 2
##
## $y
## [1] "A" "B"

# 리스트 lst를 데이터 프레임 df8로 변환한다.
df8 <- as.data.frame(lst)
str(df8)
## 'data.frame':    2 obs. of  2 variables:
##  $ x: num  1 2
##  $ y: chr  "A" "B"
```

# 9.9 데이터 프레임의 재구성

데이터 프레임의 재구성(reshaping)이란 행과 열로 조직되어 있는 방식을 변경하는 것이라 할 수 있다.
R에서 대부분의 데이터 처리는 데이터 프레임을 입력 데이터로 사용하여 실행한다. 데이터 프레임의 행과 열에서 데이터를 추출하는 것은 쉽지만, 때로는 데이터 프레임의 구조를 변형시킬 필요가 있는 경우가 있다.

R에는 데이터 프레임에서 열의 분할(split)과 병합(merge) 그리고 행을 열로 변경할 수 있는 많은 함수들을 제공한다.

### 9.9.1 데이터 프레임의 열과 행의 결합

cbind() 함수를 사용하여 열 벡터를 데이터 프레임에 결합할 수 있으며, 또한 rbind() 함수를 사용하여 동일한 구조를 갖는 두 개의 데이터 프레임을 병합할 수 있음을 우리는 이미 살펴 보았다. 이러한 행과 열의 결합을 통해 데이터 프레임을 재구성할 수 있음을 9.5에서 살펴본 바 있다.

### 9.9.2 데이터 프레임의 병합

한편 merge() 함수를 사용하여 서로 다른 구조를 갖는 두 개의 데이터 프레임을 공통의 열을 이용하여 병합할 수 있다. 데이터 프레임의 병합이 발생하는 두 데이터 프레임에는 공통의 열이 있어야 한다.

merge() 함수의 형식은 다음과 같다.

```
merge(x, y, by = intersect(names(x), names(y)), by.x = by, by.y = by, all =
          FALSE, all.x = all, all.y = all, sort = TRUE, suffixes =
          c(".x",".y"), no.dups = TRUE, incomparables = NULL, ...)
```

- x, y : 병합할 데이터 프레임
- by, by.x, by.y : 병합에 사용할 컬럼을 지정한다.
- all : 기본값은 FALSE. by에 지정된 공통 컬럼에 부합하는 행만 선택한다.
- all.x, all.y : TRUE 값으로 지정하면, 병합할 조건과 일치하지 않더라도 모든 x행 (또는 y 행)을 추가한다. FALSE이면 병합 조건과 일치하는 행만 추가한다.

예를 들어, 학생들의 중간고사 성적을 mid로 그리고 기말고사 성적을 final 등의 별도의 데이터 프레임으로 생성하였다고 생각해 보기로 한다. 학기말에 성적을 처리하려면 이 학번이라는 공통의 열을 이용하여 두 개의 데이터 프레임을 병합하여 하나의 데이터 프레임으로 만들어야 한다. 이에 대하여 다음에서 살펴보기로 한다.

먼저 데이터 세트로 `mid`와 `final` 두 개의 데이터 프레임을 생성하기로 한다.

```
## 데이터 프레임의 재구성 예이다.
# 두 개의 데이터 프레임이 있다.
# mid 데이터 프레임을 생성한다.
mid <- data.frame(ID = c("101", "102", "103", "104", "105", "106"),
                  name = c("Kim", "Lee", "Park", "Choi", "Hwang", "Shim"),
                  mid.score = c(95, 80, 88, 92, 76, 80))
str(mid)
## 'data.frame':    6 obs. of  3 variables:
##  $ ID       : chr  "101" "102" "103" "104" ...
##  $ name     : chr  "Kim" "Lee" "Park" "Choi" ...
##  $ mid.score: num  95 80 88 92 76 80

# final 데이터 프레임을 생성한다.
final <- data.frame(ID = c("101", "102", "103", "104", "106", "107"),
                  final.score = c(90, 88, 90, 87, 90, 80))
str(final)
## 'data.frame':    6 obs. of  2 variables:
##  $ ID         : chr  "101" "102" "103" "104" ...
##  $ final.score: num  90 88 90 87 90 80
```

그런데 데이터 프레임을 결합하는데에는 (1) 내부 결합, (2) 왼쪽 외부 결합, (3) 오른쪽 외부 결합 방식 그리고 (4) 완전 결합 방식 등이 있다. 그리고 이러한 결합 방식에 따라 데이터 프레임의 결합 결과는 달라질 수 있다.

### 9.9.2.1 내부 결합

먼저 "내부 결합(Inner Join)" 방식으로 두 개의 데이터 프레임을 결합하여 하나의 데이터 프레임으로 결합해 보기로 한다.

먼저 `mid`와 `final` 데이터 프레임의 열에 공통의 열인 `ID` 열이 있다. 두 개의 데이터 프레임의 `ID` 값들을 비교하고, 일치하는 경우에만 결합을 하는 방식에 내부 결합이다.

다음은 `mid`와 `final`의 공통 `ID` 열을 중심으로 `merge()` 함수를 이용하여 내부 결합하고, 그 결과를 `grade.inner` 변수에 할당하는 예를 보여주고 있다.

```
## 데이터 프레임의 내부 결합 예이다.
# 이제 두 개의 데이터 프레임으로 결합하기로 한다.
# 내부 결합 : 공통인 ID 열에 대하여 값이 일치하는 경우에만 결합한다
grade.inner <- merge(mid, final, by = "ID")
grade.inner
##    ID name mid.score final.score
## 1 101  Kim        95          90
## 2 102  Lee        80          88
## 3 103 Park        88          90
## 4 104 Choi        92          87
## 5 106 Shim        80          90
```

- 기말고사를 보지 않은 105 학생은 내부 결합 결과에 포함되지 않았음을 알 수 있습니다.
- 즉, mid와 final의 내부 결합은 중간고사와 기말고사를 모두 본 학생들만 포함되는 결합이다.

### 9.9.2.2 왼쪽 외부 결합

중간고사를 본 학생은 모두 포함하고, 기말고사를 보지 않은 학생의 성적은 NA로 출력하도록 mid와 final을 결합하는 방식이 왼쪽 외부 결합(left outer join)이라고 한다.

merge() 함수의 mid와 final 인수의 순서로 볼 때, 왼쪽에 있는 mid는 공통 ID 열이 일치하지 않더라도 모두 포함하는 결합 방식이 왼쪽 외부 결합이며, all.x = TRUE 인수로 옵션을 지정하여 결합한다.

다음은 중간고사를 본 모든 학생은 병합할 때 모두 포함시키고, 기말고사를 보지 않은 학생의 성적은 NA로 결합하여, 그 결과를 grade.left 에 할당하는 예이다.

```
## 데이터 프레임의 결합 예이다.
# 왼쪽 외부 결합 : 중간고사를 본 모든 학생은 결합할 때 모두 포함시킨다.
# 기말고사를 보지 않은 학생의 성적은 NA로 출력된다.
grade.left <- merge(mid, final, by = "ID", all.x = TRUE)
grade.left
##    ID  name mid.score final.score
## 1 101   Kim        95          90
## 2 102   Lee        80          88
```

```
## 3 103  Park         88          90
## 4 104  Choi         92          87
## 5 105 Hwang         76          NA
## 6 106  Shim         80          90
```

- 중간고사를 본 학생들(merge() 함수 내의 왼쪽 인수인 mid에 포함된 학생들)은 기말고사를 보지 않았어도 모두 포함하는 결합이다.
- 106번 학생은 중간고사를 보았으나, 기말고사를 보지 않았으므로 NA 값이 표시된다.

#### 9.9.2.3 오른쪽 외부 결합

이제 왼쪽 외부 결합과는 반대로 기말고사를 본 학생은 모두 포함하고, 중간고사를 보지 않은 학생의 성적은 NA로 출력하도록 mid와 final을 결합하는 방식이 오른쪽 외부 결합(left outer join)이다.

merge() 함수의 mid와 final 인수 중 오른쪽에 있는 final의 데이터는 모두 포함하는 결합으로, all.y = TRUE 인수로 옵션을 지정하여 결합한다.

다음은 중간고사는 안 보았어도 기말고사를 본 학생의 성적은 결합에 포함시키는 오른쪽 외부 결합을 하여, 그 결과를 grade.left 에 할당하는 예이다.

```
## 데이터 프레임의 결합 예이다.
# 오른쪽 외부 결합 : 기말고사를 본 모든 학생은 결합할 때 모두 포함시킨다.
# 중간고사를 보지 않은 학생의 성적은 NA로 출력된다.
grade.right <- merge(mid, final, by = "ID", all.y = TRUE)
grade.right
##     ID name mid.score final.score
## 1 101  Kim         95          90
## 2 102  Lee         80          88
## 3 103 Park         88          90
## 4 104 Choi         92          87
## 5 106 Shim         80          90
## 6 107 <NA>         NA          80
```

- 105번 학생은 중간고사는 보았지만 기말고사를 보지않아 결합에서 제외되었다.
- 107 학생은 중간고사는 보지 않았지만 기말고사를 본 107번 학생은 결합에 포함되었다.

### 9.9.2.4 완전 결합

이제 중간고사나 기말고사를 한 번이라도 본 학생은 모두 결합하는 경우가 있을 수 있는데, 이 경우를 완전 결합(full join)이라고 한다.

이때, 중간고사나 기말고사를 보지 않은 학생의 성적은 NA로 처리된다. 이때, merge() 함수에 all = TRUE 인수로 결합방식을 지정해 준다.

다음은 mid와 final을 완전 결합하여 그 결과를 grade.full에 할당하는 예를 보여주고 있다.

```
## 데이터 프레임의 결합 예이다.
# 완전 결합 : mid와 final에 있는 모든 학생을 결합한다.
# 중간고사나 기말고사를 보지 않은 학생의 성적은 NA로 출력된다.
grade.full <- merge(mid, final, by = "ID", all = TRUE)
grade.full
##    ID  name mid.score final.score
## 1 101   Kim        95          90
## 2 102   Lee        80          88
## 3 103  Park        88          90
## 4 104  Choi        92          87
## 5 105 Hwang        76          NA
## 6 106  Shim        80          90
## 7 107  <NA>        NA          80
```

• 시험을 본 전체 학생의 점수를 보여 주고 있다.

### 9.9.2.5 공통 열이름이 다른 경우

만일 두 데이터 프레임의 공통 열이름이 다른 경우에는 by 대신에 by.x와 by.y로 왼쪽과 오른쪽 데이터 프레임의 열이름을 지정해 주면 된다. 예를 들어, mid 데이터 프레임의 열이름은 ID이고 final 데이터 프레임의 열이름이 std_ID로 되어 있는 경우, by 대신에 by.x = "ID"와 by.y = "std_ID"로 설정하면 된다.

ID 열이름으로 학번을 나타내는 mid1과 std_ID 열이름으로 학번을 나타내는 final1을 각각 생성한다.

```
## 데이터 프레임의 결합 예이다.
# 두 개의 데이터 프레임이 있다.
# mid 데이터 프레임을 생성한다.
mid1 <- data.frame(ID = c("101", "102", "103", "104", "105", "106"),
                   name = c("Kim", "Lee", "Park", "Choi", "Hwang", "Shim"),
                   mid.score = c(95, 80, 88, 92, 76, 80))
str(mid1)
## 'data.frame':    6 obs. of  3 variables:
##  $ ID       : chr  "101" "102" "103" "104" ...
##  $ name     : chr  "Kim" "Lee" "Park" "Choi" ...
##  $ mid.score: num  95 80 88 92 76 80

# final 데이터 프레임을 생성한다.
final1 <- data.frame(std_ID = c("101", "102", "103", "104", "106", "107"),
                     final.score = c(90, 88, 90, 87, 90, 80))
str(final1)
## 'data.frame':    6 obs. of  2 variables:
##  $ std_ID     : chr  "101" "102" "103" "104" ...
##  $ final.score: num  90 88 90 87 90 80
```

다음은 mid1의 ID 열과 final1의 std_ID 열을 merge() 함수의 by.x = "ID"와 by.y = "std_ID"로 설정하여 내부 결합하고 그 결과를 grade1.inner에 할당하는 의 예를 보여 준다.

```
## 데이터 프레임의 결합 예이다.
# mid1, final1의 각각의 열이름을 지정해서 내부결합을 한다.
grade1.inner <- merge(mid1, final1, by.x = "ID", by.y = "std_ID")
grade1.inner
##    ID name mid.score final.score
## 1 101  Kim        95          90
## 2 102  Lee        80          88
## 3 103 Park        88          90
## 4 104 Choi        92          87
## 5 106 Shim        80          90
```

물론, all.x = TRUE, all.y = TRUE 그리고 all = TRUE 등을 인수에 추가하여 왼쪽 외부 결합, 오른쪽 외부 결합 그리고 완전 결합을 할 수도 있다

#### 9.9.2.6 공통 컬럼이 두 개인 경우

또한, 공통 컬럼이 두 개인 경우에는 `by = c(col1, col2)`와 같이 지정해 주면 된다.

### 9.9.3 Melting과 Casting

앞에서 살펴본 `grade.full` 데이터 프레임의 경우, name 컬럼, `mid.score` 컬럼 그리고 `final.score` 열로 구성이 되어 있다.

그런데 사실상 `mid.score` 열도 score(점수) 열이고, `final.score` 열도 score(점수) 열로 볼 수 있다. 다만 `mid.score`는 시험의 종류(type)가 `mid`이고, `final.score`의 시험 종류는 `final`이 되는 것이다.

만일 중간고사, 기말고사 이외에도 수시시험 점수나 출석 점수 등이 있다면 `grade.full` 의 데이터 프레임에는 그 만큼의 열들이 추가되어야 할 것이다. 그러나 수시시험 점수나 출석 점수도 결국은 점수(score)이며, 다만 시험의 종류(type) 만이 다를 뿐이다.

이러한 관점에서 볼 때 `grade.full`과 같이 시험의 종류가 증가하면 데이터 프레임의 열이 증가하게 되는데, 이러한 데이터 프레임을 넓은(wide-format) 데이터 프레임이라고 한다. 반면에 시험의 종류를 별도의 `type` 열로 설정하고 시험 점수를 `score`라는 열로 설정한다면, 데이터 프레임의 구조에서 열이 늘어나는 것이 아니라 행이 추가될 뿐이다. 이러한 데이터 프레임을 긴(long-format) 데이터 프레임이라고 한다.

데이터 분석의 관점에서 볼 때, 넓은 경우보다 긴 경우가 선호되는 경우가 있고, 또 반대가 되는 경우도 있다. 따라서 긴 데이터 프레임을 넓게 변환하고, 또 넓은 데이터 프레임을 긴 데이터 프레임으로 쉽게 변환할 줄 알아야 겠다.

#### 9.9.3.1 넓은 형식을 긴 형식으로 변환하기

`grade.full`과 같이 넓은 데이터 프레임을 긴 데이터 프레임으로 변형해 보기로 한다. 이때 사용하는 함수가 reshape 패키지에 있는 `melt()` 함수이다.

reshape 패키지를 설치하고, 이 패키지를 다음과 같이 불러온다.

```
## 데이터 프레임의 형태 변환 예이다.
# reshape 패키지를 설치한다. 콘솔창에서 다음의 명령을 실행한다.
# install.packages("reshape")

# reshape 패키지를 불러 온다.
library(reshape)
## Warning: package 'reshape' was built under R version 4.3.2
##
## Attaching package: 'reshape'
## The following object is masked from 'package:lubridate':
##
##     stamp
## The following object is masked from 'package:dplyr':
##
##     rename
## The following objects are masked from 'package:tidyr':
##
##     expand, smiths
```

이제 melt() 함수를 이용하여 grade.full을 긴 데이터 프레임으로 변환한다. 그런데 grade.full에는 시험유형과 상관이 없는 ID와 name 이라는 두 개의 열과, 시험유형에 해당하는 mid.score 열과 final.score 열이 있다. 이제 melt() 함수의 첫 번째 인수로 grade.full 을 기입하고, 두 번째 인수인 id =에 시험유형과 관련이 없는 두 개의 열을 c("ID", "name")와 같이 지정해 준다. 그러면, ID, name 열을 중심으로 긴 데이터 프레임으로 변환된다.
다음의 예는 이렇게 긴 데이터 프레임을 만들고, 그 결과를 grade.long 변수에 할당하는 예를 보여주고 있다.

```
## 데이터 프레임의 형태 변환 예이다.
# grade.full을 'ID', 'name' 열을 중심으로 긴 데이터 프레임으로 변환시킨다.
grade.long <- melt(grade.full, id = c("ID", "name"))
grade.long
##     ID  name    variable value
## 1  101   Kim   mid.score    95
## 2  102   Lee   mid.score    80
## 3  103  Park   mid.score    88
## 4  104  Choi   mid.score    92
```

```
## 5   105 Hwang    mid.score    76
## 6   106  Shim    mid.score    80
## 7   107  <NA>    mid.score    NA
## 8   101   Kim  final.score    90
## 9   102   Lee  final.score    88
## 10 103  Park  final.score    90
## 11 104  Choi  final.score    87
## 12 105 Hwang  final.score    NA
## 13 106  Shim  final.score    90
## 14 107  <NA>  final.score    80

# grade.long의 구조를 확인한다.
str(grade.long)
## 'data.frame':    14 obs. of  4 variables:
##  $ ID       : chr  "101" "102" "103" "104" ...
##  $ name     : chr  "Kim" "Lee" "Park" "Choi" ...
##  $ variable: Factor w/ 2 levels "mid.score","final.score": 1 1 1 1 1 1 1 2 2 2
...
##  $ value    : num  95 80 88 92 76 80 NA 90 88 90 ...
```

- 긴 데이터 프레임에 variable과 value라는 두 개의 열이 자동으로 생성된다.
    - variable 열에는 시험 종류인 mid.score와 final.score가 값으로 입력되어 있다.
    - value 열에는 각 점수가 입력되어 있다.

즉, variable 열에는 mid.score와 final.score 등의 원래의 열이름이 문자열 값으로 입력되고, value 열에는 시험 점수가 데이터로 입력된다.

특히 variable 컬럼은 요인(factor)임을 주목하기 바란다.

이제 grade.full 데이터 프레임은 넓은 형식에서 긴 형식의 데이터 프레임 grade.long으로 재구성이 된 것이다.

> tidyr 패키지의 pivot_longer() 함수를 이용해도 넓은 데이터 프레임을 긴 데이터 프레임으로 변환할 수 있다.

#### 9.9.3.2 긴 형식을 넓은 형식으로 변환하기

한편 긴 형식의 grade.long 데이터 프레임을 다시 넓은 형식으로 변환할 수도 있다. 이때 reshape 패키지의 cast() 함수를 사용한다.

다음은 grade.long 데이터 프레임의 ID 열과 name을 기준으로 variable 열에 있는 "데이터 값"을 넓은 데이터 프레임의 "열이름"로 설정하고, value의 데이터를 넓은 데이터 프레임의 "열의 값"으로 재구성하는 것이다.

```
## 데이터 프레임의 형태 변환 예이다.
# grade.long을 'ID', 'name' 열을 중심으로 넓은 데이터 프레임으로 변환시킨다.
grade.wide <- cast(grade.long, ID + name ~ variable)
grade.wide
##    ID  name mid.score final.score
## 1 101   Kim        95          90
## 2 102   Lee        80          88
## 3 103  Park        88          90
## 4 104  Choi        92          87
## 5 105 Hwang        76          NA
## 6 106  Shim        80          90
## 7 107  <NA>        NA          80

# grade.wide의 구조를 확인한다.
str(grade.wide)
## List of 4
##  $ ID         : chr [1:7] "101" "102" "103" "104" ...
##  $ name       : chr [1:7] "Kim" "Lee" "Park" "Choi" ...
##  $ mid.score  : num [1:7] 95 80 88 92 76 80 NA
##  $ final.score: num [1:7] 90 88 90 87 NA 90 80
##  - attr(*, "row.names")= int [1:7] 1 2 3 4 5 6 7
##  - attr(*, "idvars")= chr [1:2] "ID" "name"
##  - attr(*, "rdimnames")=List of 2
##   ..$ :'data.frame': 7 obs. of  2 variables:
##   .. ..$ ID  : chr [1:7] "101" "102" "103" "104" ...
##   .. ..$ name: chr [1:7] "Kim" "Lee" "Park" "Choi" ...
##   ..$ :'data.frame': 2 obs. of  1 variable:
##   .. ..$ variable: Factor w/ 2 levels "mid.score","final.score": 1 2
```

- grade.wide 데이터 프레임은 긴 형식에서 넓은 형식으로 재구성이 되었다.
- 이 grade.wide 데이터 프레임을 앞에서 생성한 grade.full과 비교해 보면 동일한 데이터 프레임인 것을 알 수 있다.

참고로, setequal() 함수를 이용하여 grade.full과 grade.wide 두 개의 데이터 프레임이 같은 집합인지 확인해 보면 다음과 같다.

```
# grade.wide와 grade.full이 동일한 데이터 프레임인지 setequal() 함수로 확인한다.
setequal(grade.wide, grade.full)
## [1] TRUE
```

tidyr 패키지의 pivot_wider() 함수를 이용해도 긴 데이터 프레임을 넓은 데이터 프레임으로 변환할 수 있다.

# 9.10 데이터 프레임의 통계적 요약 정보

summary() 함수를 이용하면 데이터 프레임의 각 열에 대한 통계 요약 및 데이터의 특성을 파악할 수는 정보를 확인할 수 있다.

다음은 emp.data에 대한 통계적 요약 정보를 확인하는 예이다.

```
## 데이터 프레임의 통계적 요약 정보를 확인하는 예이다.
summary(emp.data)
##      emp_id     emp_name              salary       start_date
##  Min.   :1   Length:5           Min.   :400   Min.   :2012-01-01
##  1st Qu.:2   Class :character   1st Qu.:500   1st Qu.:2013-09-23
##  Median :3   Mode  :character   Median :510   Median :2014-05-11
##  Mean   :3                      Mean   :526   Mean   :2014-01-14
##  3rd Qu.:4                      3rd Qu.:600   3rd Qu.:2014-11-15
##  Max.   :5                      Max.   :620   Max.   :2015-03-27
##      dept
##  Length:5
##  Class :character
##  Mode  :character
##
##
##
```

- summary() 함수는 emp.data를 구성하고 있는 각 열별로 통계적 요약정보를 반환해 준다.
- emp_id, salary 그리고 start_date 등과 같은 숫자형과 날짜형 컬럼에 대하여는 최소값, 최대값, 평균값 그리고 4분위수 등의 통계적 요약정보를 반환한다.
- 반면에 문자형 컬럼 dept의 경우는 데이터의 개수, 클래스 그리고 모드 등을 반환한다.
- 그리고 요인형 컬럼인 경우는 도수 분포(frequency)에 대한 정보를 반환한다.

# 10

# 티블

# 10. 티블

티블(tibbles)도 데이터 프레임이다. 기존의 데이터 프레임을 좀 더 쉽게 활용할 수 있게 하기 위하여 개선한 것이다. 이 티블이라는 데이터 구조의 이름은 dplyr 패키지에서 유래했다. 원래는 tbl_df() 함수로 이 개체를 생성하였는데, 지금은 tibble 패키지 (tidyverse 패키지 안에도 포함되어 있음)에서 티블을 제공한다.

이번 장은 이러한 티블에 대한 기초적인 활용방법에 대하여 학습하기로 한다. 추가적인 자세한 내용들은 콘솔창에 vignette("tibble")를 실행시키면 나타나는 help 내용을 참고하기 바란다. 이번 장에서는 다음의 내용을 중심으로 티블에 대하여 살펴보기로 한다.

- 티블의 생성
- 티블과 데이터 프레임의 비교

## 10.1 패키지 불러오기

티블을 사용하기 위해서는 다음 중의 한 가지 방법을 이용하여 tibble 패키지를 불러온다.

tibble 패키지를 설치하고 불러온다. 참고로 R Studio 오른쪽 하단의 Packages 탭 창에는 현재 설치되어 있는 패키지의 목록이 있다. 만일 tibble이 목록에 없다면 콘솔창에서 install.packages("tibble")를 실행한다. 이 명령을 실행하고 나면, Packages 탭의 패키지 목록에 tibble이 추가될 것이다. 그리고 목록의 왼쪽 박스에 체크 표시를 하는 명령이 library(tibble)이다.

```
# tibble 패키지를 설치하고 불러온다.
# install.packages("tibble")
library(tibble)
```

또 다른 방법은 tidyverse 패키지를 설치하여 불러오는 것이다. tidyverse 패키지는 다양한 관련 패키지를 포함하고 있는 패키지이다. 마찬가지로 R Studio오른쪽 하단의 Packages 탭 창의 패키지의 목록에 tidyverse가 없다면 콘솔창에서 install.packages("tidyverse")를 실행해야 한다. 이 명령을 실행하고 나면, Packages 탭의 패키지 목록에 tidyverse가 추가될 것이다. 그리고 목록의 왼쪽 박스를 마우스로 클릭하면 콘솔 창에 library(tibble)이 자동으로 실행되면서 tidyverse 패키지를 불러오게 된다.

```
#  'tidyverse'패키지는  readr, tidyr, dplyr, purrr 패키지 등을 함께 설치하고 불러
온다.
# install.packages("tidyverse")
library(tidyverse)
```

# 10.2 티블 생성

## 10.2.1 tibble() 함수를 이용한 티블의 생성

tibble() 함수는 data.frame() 함수와 같은 방식으로 열벡터들을 결합하여 티블을 생성할 수 있게 한다. 이 때, tibble()은 길이(요소의 개수)가 1 인 벡터 요소에 대해서는 입력을 자동 반복(cycling)으로 재활용하며, 또한 티블을 생성할 때 그 구조 안에 있는 열벡터를 참조하여 열을 생성할 수 있다.

먼저, x, y, z 등의 세 개의 열벡터로 구성되는 티블 tbl1을 생성하는 예를 살펴 보기로 한다.

```
## 티블 생성의 예이다.
#  tibble() 함수를 이용하여 x, y, z 세 개의 컬럼으로 구성되는 티블을 생성한다.
tbl1 <- tibble(x = 1:5,
               y = 1,
               z = x ^ 2 + y
               )
tbl1
## # A tibble: 5 × 3
##       x     y     z
##   <int> <dbl> <dbl>
## 1     1     1     2
```

```
## 2     2     1     5
## 3     3     1    10
## 4     4     1    17
## 5     5     1    26
```

- x : 1부터 5까지의 숫자형 벡터인 열이다.
- y : 길이가 1인 스칼라이다. 이는 다른 열의 요소 개수에 맞춰 자동으로 반복된다.
- z : 위의 x와 y의 값을 참조하여 그 값이 결정된다.

이미 data.frame() 함수에 익숙하겠지만, tibble()은 입력되는 벡터의 데이터 유형을 절대로 변경시키지 않는다. 예를 들어, 문자열을 요인(factor)으로 변환하지 않는다. 그리고 컬럼의 이름도 변경시키지 않으며, 행의 이름도 생성하지 않는다.

또한, 티블의 열이름으로 티블에 유효한 변수이름이 아닌 이름(비구문 이름)을 부여할 수도 있다. 예를 들어, 문자로 시작하지 않거나 공백과 같은 비정상적인 문자를 포함할 수 있다. 다만, 이러한 문자를 사용하려면 백틱(``)으로 묶어 줘야 한다.

예를 들어, 첫번째 열의 이름이 :)을, 두번째 열이름은 (공란)을 그리고 세번째 열의 이름은 2000으로 하는 티블 tb 변수를 생성해 보기로 한다.

```
## 티블 생성의 예이다.
#  티블은 다양한 형태의 열이름을 가질 수 있다.
tb <- tibble(
             `:)` = "smile",
             ` ` = "space",
             `2000` = "number"
            )
tb
## # A tibble: 1 × 3
##   `:)`  ` `   `2000`
##   <chr> <chr> <chr>
## 1 smile space number
```

이제 tb 변수의 구조를 str() 함수로 확인해 보기로 한다.

```
## 티블의 구조 확인의 예이다.
# tb 변수의 구조를 확인한다.
str(tb)
## tibble [1 × 3] (S3: tbl_df/tbl/data.frame)
##  $ :)   : chr "smile"
##  $      : chr "space"
##  $ 2000: chr "number"
```

- 각 열의 이름이 tb를 생성하면서 지정한 대로 그대로 붙여져 있다.

tb 변수의 속성도 attributes() 함수로 확인해 보기로 한다.

```
## 티블 속성의 확인 예이다.
# tb 변수의 속성을 확인한다.
attributes(tb)
## $class
## [1] "tbl_df"     "tbl"        "data.frame"
##
## $row.names
## [1] 1
##
## $names
## [1] ":)"    " "    "2000"
```

- class 속성은 "tbl_df" "tbl" "data.frame" 이다.
- row.names 속성은 1로 되어 있다.
- names 속성은 "열이름"이다.

ggplot2, dplyr 그리고 tidyr 등과 같은 패키지 등을 이용해도 티블을 생성할 수 있으며, 열 이름에 특수한 문자를 이용하고자 하는 경우에는 백틱(``)을 사용하면 된다.

### 10.2.2 tribble() 함수를 이용한 티블의 생성

티블을 생성하는 또 다른 방법은 transposed tibble의 줄임말인 tribble() 함수를 사용하는 것이다. tribble() 함수는 테이블 형태로 코드와 데이터를 입력하는 형식으로 티블을 생성할 수 있게 해준다. 특히 열이름은 ~로 시작하는 열이름이나 수식으로 정의할 수 있으며 되고, 데이터 항목은 행 단위로 쉼표에 의해 구분하면 된다. 작은 규모의 데이터를 티블로 생성할 때, 이 함수를 이용하면 편리할 것이다.

예를 들어, x, y, z 등의 세 개의 열로 구성된 tbl2 티블을 생성하는 예를 들면 다음과 같다.

```
## 티블 생성의 예이다.
#  tribble() 함수를 이용하여 티블을 생성할 수 있다.
tbl2 <- tribble( ~x, ~y, ~z,
                 #--¦--¦----
                 "a", 2, 3.6,
                 "b", 1, 8.5
               )
tbl2
## # A tibble: 2 × 3
##   x         y     z
##   <chr> <dbl> <dbl>
## 1 a         2   3.6
## 2 b         1   8.5
```

- tribble() 함수는 열이름 앞에 ~를 붙여준다.
- 각 열의 데이터 유형은 입력된 데이터를 자동으로 감지한다.
- # 로 시작하는 줄은 주석문으로 처리한다. 이 주석문은, 열이름과 데이터를 구분해 주는 역할을 한다.
- 각 행은 컴마(,)로 구분한다.
- 각 행에 있는 데이터 값들도 컴마(,) 구분한다.

tbl2로 반환되는 표는 tribble() 함수 안에 입력된 형태대로 테이블을 생성됨을 알 수 있다.

### 10.2.3 데이터 프레임을 티블로 변환하기

9장에서 학습한 "데이터 프레임"은 as_tibble() 함수를 이용하여 티블로 변환할 수 있다.

예를 들어, iris 데이터 세트는 데이터 프레임 구조인데, as_tibble() 함수를 사용하여 iris 데이터 세트를 티블로 변환해 보기로 한다.

```
## 데이터 프레임을 티블로 변환하는 예이다.
# iris 데이터 세트를 티블로 변환할 수 있다.
# 변환 이전의 iris의 구조를 확인한다.
str(iris)
## 'data.frame':    150 obs. of  5 variables:
##  $ Sepal.Length: num  5.1 4.9 4.7 4.6 5 5.4 4.6 5 4.4 4.9 ...
##  $ Sepal.Width : num  3.5 3 3.2 3.1 3.6 3.9 3.4 3.4 2.9 3.1 ...
##  $ Petal.Length: num  1.4 1.4 1.3 1.5 1.4 1.7 1.4 1.5 1.4 1.5 ...
##  $ Petal.Width : num  0.2 0.2 0.2 0.2 0.2 0.4 0.3 0.2 0.2 0.1 ...
##  $ Species     : Factor w/ 3 levels "setosa","versicolor",..: 1 1 1 1 1 1 1 1 1 1 ...

# as_tibble() 함수로 변환한 이후의 iris의 구조를 확인한다.
str(as_tibble(iris))
## tibble [150 × 5] (S3: tbl_df/tbl/data.frame)
##  $ Sepal.Length: num [1:150] 5.1 4.9 4.7 4.6 5 5.4 4.6 5 4.4 4.9 ...
##  $ Sepal.Width : num [1:150] 3.5 3 3.2 3.1 3.6 3.9 3.4 3.4 2.9 3.1 ...
##  $ Petal.Length: num [1:150] 1.4 1.4 1.3 1.5 1.4 1.7 1.4 1.5 1.4 1.5 ...
##  $ Petal.Width : num [1:150] 0.2 0.2 0.2 0.2 0.2 0.4 0.3 0.2 0.2 0.1 ...
##  $ Species     : Factor w/ 3 levels "setosa","versicolor",..: 1 1 1 1 1 1 1 1
1 1 ...
```

- tibble은 S3 클래스임을 알수 있다.

## 10.3 데이터 프레임과 티블의 비교

티블과 전통적인 데이터 프레임은 1) 화면 출력 형태와 2) 서브 세팅 등의 두 가지 면에서 주요한 차이점이 있다. 이번 절에서는 이러한 차이점을 확인해 보기로 한다.

### 10.3.1 화면 출력 비교

티블은 화면의 크기에 맞춰 화면에 출력되는 열의 수를 자동제어한다. 데이터 행도 처음 10 개 행만 표시하여 세련된 모양으로 출력해 준다. 이는 대용량의 데이터 작업을 훨씬 용이하게 해

주는 효과를 가져온다. 또한, 각 열에는 열이름 외에도 str() 함수에서 차용한 멋진 기능인 각 열의 데이터 유형을 표시해 주기도 한다.

다음은 변수를 지정하지 않고 가상의 티블을 생성해서 화면에만 표시하는 예이다.

```
## 티블 생성의 예이다.
## 티블 형태의 데이터를 화면에 표시한다.
set.seed(1234)

# 티블을 생성하여 표시한다.
tibble(
  a = lubridate::now() + runif(1e3) * 86400,
  b = lubridate::today() + runif(1e3) * 30,
  c = 1:1e3,
  d = runif(1e3),
  e = sample(letters, 1e3, replace = TRUE)
)
## # A tibble: 1,000 × 5
##    a                   b              c      d e
##    <dttm>              <date>     <int>  <dbl> <chr>
##  1 2024-01-06 01:11:57 2024-01-30     1 0.114  o
##  2 2024-01-06 13:24:19 2024-01-19     2 0.192  o
##  3 2024-01-06 13:05:34 2024-01-08     3 0.618  r
##  4 2024-01-06 13:25:53 2024-01-15     4 0.599  n
##  5 2024-01-06 19:07:56 2024-01-27     5 0.0619 z
##  6 2024-01-06 13:50:15 2024-01-16     6 0.699  z
##  7 2024-01-05 22:41:53 2024-01-18     7 0.737  u
##  8 2024-01-06 04:03:05 2024-01-08     8 0.0233 o
##  9 2024-01-06 14:27:22 2024-02-02     9 0.759  x
## 10 2024-01-06 10:48:44 2024-02-03    10 0.362  v
## # i 990 more rows
```

- 출력하는 화면의 폭에 맞춰 출력해 줌을 알 수 있다.
- 또한 행의 개수가 1,000인데, 한 화면에 10개를 출력하고, 하단에 페이지 링크를 생성하고 있다.

이처럼 티블은 대용량의 데이터 프레임을 화면에 출력할 때 콘솔에 부담을 주지 않도록 설계되었다. 그러나 때로는 기본 모니터 보다 더 많은 출력이 필요할 수 있는데 이럴 때 사용할 수 있는 몇 가지 옵션이 있다.

첫째, 명시적으로 print() 함수를 이용하여 데이터 프레임을 출력할 수 있다. 이때 행의 수(n =)와 화면의 너비(width =)를 제어할 수 있다. 이때, width = Inf 인수로 설정하면 모든 열을 표시한다.

다음의 예는 nycflights13 패키지에서 제공하고 있는 flights 데이터 세트의 화면 출력을 제어하는 예이다.

```
## 티블의 출력 예이다.
#  규모가 큰 티블의 경우 print() 함수에 인수를 설정하여 출력 형식을 변경할 수 있다.
nycflights13::flights %>%
      print(n = 10, width = Inf)
## # A tibble: 336,776 × 19
##     year month   day dep_time sched_dep_time dep_delay arr_time sched_arr_time
##    <int> <int> <int>    <int>          <int>     <dbl>    <int>          <int>
##  1  2013     1     1      517            515         2      830            819
##  2  2013     1     1      533            529         4      850            830
##  3  2013     1     1      542            540         2      923            850
##  4  2013     1     1      544            545        -1     1004           1022
##  5  2013     1     1      554            600        -6      812            837
##  6  2013     1     1      554            558        -4      740            728
##  7  2013     1     1      555            600        -5      913            854
##  8  2013     1     1      557            600        -3      709            723
##  9  2013     1     1      557            600        -3      838            846
## 10  2013     1     1      558            600        -2      753            745
##    arr_delay carrier flight tailnum origin dest  air_time distance  hour minute
##        <dbl> <chr>    <int> <chr>   <chr>  <chr>    <dbl>    <dbl> <dbl>  <dbl>
##  1        11 UA        1545 N14228  EWR    IAH        227     1400     5     15
##  2        20 UA        1714 N24211  LGA    IAH        227     1416     5     29
##  3        33 AA        1141 N619AA  JFK    MIA        160     1089     5     40
##  4       -18 B6         725 N804JB  JFK    BQN        183     1576     5     45
##  5       -25 DL         461 N668DN  LGA    ATL        116      762     6      0
##  6        12 UA        1696 N39463  EWR    ORD        150      719     5     58
##  7        19 B6         507 N516JB  EWR    FLL        158     1065     6      0
##  8       -14 EV        5708 N829AS  LGA    IAD         53      229     6      0
##  9        -8 B6          79 N593JB  JFK    MCO        140      944     6      0
## 10         8 AA         301 N3ALAA  LGA    ORD        138      733     6      0
##    time_hour
```

```
##    <dttm>
##  1 2013-01-01 05:00:00
##  2 2013-01-01 05:00:00
##  3 2013-01-01 05:00:00
##  4 2013-01-01 05:00:00
##  5 2013-01-01 06:00:00
##  6 2013-01-01 05:00:00
##  7 2013-01-01 06:00:00
##  8 2013-01-01 06:00:00
##  9 2013-01-01 06:00:00
## 10 2013-01-01 06:00:00
## # i 336,766 more rows
```

- 행의 개수(`n = 10`)를 10개, 그리고 모든 열(`width = Inf`)을 화면에 표시한다.
- 나머지 "행"들은 밑의 페이지 링크로 접근할 수 있다.
- 오른 쪽에 표시되지 않은 열들은 열이름 목록의 오른쪽 끝에 있는 삼각형을 클릭하면 확인할 수 있다.
- `%>%` 연산자는 dplyr 패키지에서 제공하는 연산자로 파이프 연산자라고 한다. 알아두면 아주 유용한 연산자이다. 이 연산자는 연산자의 오른쪽에 있는 함수인 `print()` 함수를 왼쪽에 있는 `flights` 에 적용해준다.

또한 `options()` 함수 내의 인수를 설정하여 기본 인쇄 동작을 제어할 수도 있다.

- `options(tibble.print_max = m, tibble.print_min = 5)` : 티블이 m 행 이상이면 n 행만 출력한다.
- `options(dplyr.print_min = Inf)` : 항상 모든 행을 표시한다.
- `options(tibble.width = Inf)` : 화면 너비에 관계없이 항상 모든 열을 인쇄한다.

다음은 `options()` 함수의 사용 예를 보여준다.

```
## 티블의 출력 예이다.
#  options() 함수를 이용하여 규모가 큰 티블의 화면출력을 제어할 수 있다.
# 다음의 스크립트를 한 줄씩 콘솔창에서 수행해 보기 바란다.
```

```
options(tibble.print_max = 40, tibble.print_min = 8)
nycflights13::flights
## # A tibble: 336,776 × 19
##    year month   day dep_time sched_dep_time dep_delay arr_time sched_arr_time
##   <int> <int> <int>    <int>          <int>     <dbl>    <int>          <int>
## 1  2013     1     1      517            515         2      830            819
## 2  2013     1     1      533            529         4      850            830
## 3  2013     1     1      542            540         2      923            850
## 4  2013     1     1      544            545        -1     1004           1022
## 5  2013     1     1      554            600        -6      812            837
## 6  2013     1     1      554            558        -4      740            728
## 7  2013     1     1      555            600        -5      913            854
## 8  2013     1     1      557            600        -3      709            723
## # i 336,768 more rows
## # i 11 more variables: arr_delay <dbl>, carrier <chr>, flight <int>,
## #   tailnum <chr>, origin <chr>, dest <chr>, air_time <dbl>, distance <dbl>,
## #   hour <dbl>, minute <dbl>, time_hour <dttm>
```

- options() 함수를 이용하여 이후의 티블 출력 형식을 설정해 준다.
- nycflights13::flights의 출력으로 8행 만이 출력됨을 알 수 있다.

콘솔창에 package? tibble을 실행하여 tibble 패키지 도움말을 보면 전체 옵션 목록을 볼 수 있다.

마지막 옵션은 View() 함수를 이용하여 R Studio의 데이터 뷰어를 사용하여 전체 데이터 세트를 스크롤하면서 보는 것이다.

```
## 티블의 출력 예이다.
# View() 함수를 이용하여 규모가 큰 티블을 화면으로 출력하여 확인할 수 있다.
nycflights13::flights %>%
                      View()
```

- R Studio의 데이터 뷰어에 데이터 세트를 표시해 준다.

## 10.3.2 서브 세팅 비교

티블이나 데이터 프레임 모두 단일 변수(열)를 가져오기 위해서는, 다른 데이터 구조에서 서브 세팅/인덱싱할 때 사용한 방식과 동일하게 $와 [[]] 등을 이용하면 된다.

[[]]에 열이름이나 색인을 입력하여 서브 세팅을 할 수 있다. 반면에 $는 열이름으로만 서브 세팅할 수 있다.

다음은 tb13 변수를 생성하고, 이를 서브 세팅하는 예를 들어 보여주고 있다.

```
## 티블의 서브 세팅 예이다.
#  티블을 생성한다.
set.seed(1234)
tbl3 <- tibble( g = c("A", "B", "A", "B", "A"),
                x = runif(5),
                y = rnorm(5)
              )

# 열이름을 이용하여 서브 세팅한다.
# $ 이용
tbl3$x
## [1] 0.1137034 0.6222994 0.6092747 0.6233794 0.8609154

# 열이름을 이용하여 서브 세팅한다.
# [[]] 이용
tbl3[["x"]]
## [1] 0.1137034 0.6222994 0.6092747 0.6233794 0.8609154

# 색인 이용하여 서브 세팅한다.
tbl3[[1]]
## [1] "A" "B" "A" "B" "A"
```

파이프 연산자를 사용하는 경우 특수 위치 표시자인 (.)기호를 사용한다.

```
## 티블의 서브 세팅 예이다.
# 파이프 연산자와 . 기호를 사용할 수 있다.
tbl3 %>% .$x
## [1] 0.1137034 0.6222994 0.6092747 0.6233794 0.8609154
```

```
# 파이프 연산자와 . 기호를 사용할 수 있다.
tbl3 %>% .[["x"]]
## [1] 0.1137034 0.6222994 0.6092747 0.6233794 0.8609154

# 파이프 연산자를 이용하여 티블의 요약 통계 정보를 보여줄 수 있다.
tbl3 %>% group_by(g) %>% summarise(m.x = mean(x),
                                   m.y = mean(y),
                                   n = n())
## # A tibble: 2 × 4
##   g       m.x    m.y     n
##   <chr> <dbl>  <dbl> <int>
## 1 A     0.528  0.608     3
## 2 B     0.623 -0.309     2
```

데이터 프레임에 비해 티블은 서브 세팅을 할 때 더 엄격하다. 열이름에 대한 부분 일치를 허용하지 않으며, 접근하려는 열이 존재하지 않으면 경고를 생성하기도 한다.

# 11

# 레이블, 결측치, 날짜 데이터 처리

# 11. 레이블, 결측치, 날짜 데이터 처리

이번 장에서는 변수나 데이터 등의 레이블에 대한 처리와 실제 업무에서 중요하게 다루어야 할 날짜형 데이터의 처리 방법에 대하여 학습하기로 한다.

## 11.1 레이블의 처리

### 11.1.1 변수 레이블 처리

변수 레이블(variable labels)을 처리하는 R의 능력은 다소 불만족스러울 수 있다. 변수 레이블은 변수에 대한 설명을 담고 있는 문자열을 말한다.

벡터 개체의 레이블 속성을 확인하기 위해서는 `label()` 함수를 이용한다. 즉, `label(x)`은 x의 레이블 속성을 반환해 준다.

또한 변수 레이블을 지정하는 것도 `label()` 함수를 이용한다. 예를 들어, `label(x) <- "레이블"`은 변수 x에 "레이블"의 속성을 지정한다.

#### 11.1.1.1 패키지 불러오기

Hmisc 패키지를 사용하면 일부 라벨링 기능을 활용할 수 있다.

Hmisc 패키지를 설치하고 불러오기를 한다.

```
# Hmisc 패키지 설치하고 불러온다.
# install.packages("Hmisc")
library(Hmisc)
## Warning: package 'Hmisc' was built under R version 4.3.2
##
## Attaching package: 'Hmisc'
## The following objects are masked from 'package:dplyr':
##
##     src, summarize
## The following objects are masked from 'package:base':
##
##     format.pval, units
```

### 11.1.1.2 데이터 세트 생성

실습을 위해 df를 data.frame() 함수로 생성한다.

```
# df 데이터 프레임을 생성한다.
df <- data.frame(name = c("Kim", "Lee", "Park"),
                 gender = c("Female", "Male", "Female"),
                 myvar1 = c(1, NA, 3),
                 myvar2 = c(1, 3, 5))
str(df)
## 'data.frame':    3 obs. of  4 variables:
##  $ name  : chr  "Kim" "Lee" "Park"
##  $ gender: chr  "Female" "Male" "Female"
##  $ myvar1: num  1 NA 3
##  $ myvar2: num  1 3 5
```

- df는 4개의 열로 구성되고, 3개의 행이 있는 데이터 프레임이다.

### 11.1.1.3 레이블과 속성 확인

df 객체는 데이터 프레임으로 속성을 가지고 있다. 이 속성은 attributes() 함수로 확인할 수 있다. 이들 속성이 어떻게 구성되는지 살펴보기로 한다.

그리고, df를 구성하는 행과 열에 레이블을 지정할 수 있다. 여기서, 열에 지정된 레이블은 label() 함수로 확인할 수 있으며, 또 행과 열에 지정된 레이블들은 labels() 함수로 확인할 수 있다. 그리고 label() 함수를 이용하면 열에 레이블을 지정할 수도 있다.

또한, 레이블이 지정된 열은 속성을 가질 수 있다. 이 속성 또한 attributes() 함수로 확인할 수 있다.

이러한 내용을 다음에서 차례대로 확인해 보기로 한다.

먼저 앞에서 생성한 df 객체의 속성을 attributes() 함수로 확인해 보기로 한다.

```
# df의 속성을 확인한다.
attributes(df)
## $names
## [1] "name"   "gender" "myvar1" "myvar2"
##
```

```
## $class
## [1] "data.frame"
##
## $row.names
## [1] 1 2 3
```

- df는 다음과 같은 3개의 속성을 가지고 있다.
    - names 속성 : df의 열이름이다. 즉, "name" "gender" "myvar1" "myvar2" 등이다.
    - class 속성 : "data.frame" 이다.
    - row.names 속성 : 행번호이다.

이제 df의 열에 부여된 레이블들을 label() 함수로 확인해 보기로 한다.

```
# df의 열에 부여된 레이블을 확인한다.
label(df)
##   name gender myvar1 myvar2
##     ""     ""     ""     ""
```

- df에 있는 4개의 열에 레이블이 모두 공란임을 알 수 있다.

labels() 함수를 이용하면 df의 행과 열의 레이블들을 확인할 수 있다.

```
## df의 행과 열의 레이블을 확인한다.
labels(df)
## [[1]]
## [1] "1" "2" "3"
##
## [[2]]
## [1] "name"   "gender" "myvar1" "myvar2"
```

- [[1]] 요소에는 행번호가 있다.
- [[2]] 요소에는 열이름이 있다.

df의 열들도 속성을 가지고 있을 수 있다고 했는데, 아직 레이블이 지정되어 있지 않은 name 열을 예로 그 속성을 attributes() 함수로 확인해 보기로 한다.

```
# df$name의 속성을 확인한다.
attributes(df$name)
## NULL
```

- name열에 레이블에 지정되어 있지 않으며, 따라서 name열은 아무런 속성도 가지고 있지 않는다.

### 11.1.1.4 열 레이블 지정

그러면, label() 함수를 이용하여 name열의 레이블을 "회원들의 이름이다"로 다음과 같이 지정해 보기로 한다.

```
## df$name열에 레이블을 설정한다.
label(df$name) <- c("회원들의 이름이다.")

## df의 열 레이블들을 확인한다.
label(df)
##                  name                    gender                    myvar1
## "회원들의 이름이다."                        ""                        ""
##                myvar2
##                    ""

## df의 name 열 레이블들을 확인한다.
label(df$name)
## [1] "회원들의 이름이다."
```

- name 열에 레이블 "회원들의 이름이다."가 지정되었다.

name 열에 레이블을 지정한 후의 df의 구조를 확인해 보기로 한다.

```
## df의 구조를 확인한다.
str(df)
## 'data.frame':    3 obs. of  4 variables:
##  $ name  : 'labelled' chr  "Kim" "Lee" "Park"
##   ..- attr(*, "label")= chr "회원들의 이름이다."
##  $ gender: chr  "Female" "Male" "Female"
##  $ myvar1: num  1 NA 3
##  $ myvar2: num  1 3 5
```

- name열에 ..- attr(*, "label")= chr "회원들의 이름이다."가 추가 되어 있음을 알 수 있다.

이제 attributes() 함수를 이용하여 df의 속성을 다시 확인해 보기로 한다.

```
# df의 속성을 확인한다.
attributes(df)
## $names
## [1] "name"   "gender" "myvar1" "myvar2"
##
## $row.names
## [1] 1 2 3
##
## $class
## [1] "data.frame"
```

- df의 속성에는 변화가 없음을 알 수 있다.

그러면, 레이블이 지정된 name열의 속성을 attributes() 함수로 확인해 보기로 한다.

```
# df$name의 속성을 확인한다.
attributes(df$name)
## $label
## [1] "회원들의 이름이다."
##
## $class
## [1] "labelled"  "character"
```

- name열에는 다음과 같은 두 개의 속성이 생겼습니다.
    - $label : "회원들의 이름이다."
    - $class : "labelled" "character"

#### 11.1.1.5 통계적 요약 정보의 확인

name 열에 레이블을 지정한 이유가 무엇인지 그 예를 Hmisc 패키지에 있는 describe() 함수를 이용하여 확인해 보기로 한다. describe() 함수는 9.10에서 살펴 보았던 summary() 함수가 제공하지 못하는 각 열변수의 레이블을 표시해 준다.

다음은 df에 대한 통계적 요약 정보를 describe() 함수로 확인하는 예이다.

```
# df의 통계적 요약정보를 확인한다.
describe(df$name)
## df$name : 회원들의 이름이다
##        n  missing distinct
##        3        0        3
##
## Value         Kim   Lee  Park
## Frequency       1     1     1
## Proportion 0.333 0.333 0.333
```

- name 열에 앞에서 지정한 레이블 "회원들의 이름이다"가 표시되어 있음을 알 수 있다.

describe() 함수는 summary() 함수에 비하여 훨씬 더 고급스럽게 통계적 요약 정보를 제공해 준다.

여기서 9.6에서 살펴 보았던 names() 함수를 label() 함수와 비교할 필요가 있다.

names() 함수는 변수의 이름을 변경하는 함수이다. 즉 names() 함수를 이용하여 레이블을 열 이름으로 할당하면, 열이름 자체가 변경되게 된다.

예를 들어, names() 함수를 이용하여 df의 세번째 열에 "이것은 세번째 변수의 레이블이다." 로 변경해 보기로 한다. 이때 names(df)[3]을 변수로 하여 레이블을 할당하고 있음에 유의하기 바란다.

```
## 변수의 레이블을 확인하는 예이다.
names(df)[3] <- "이것은 세번째 변수의 레이블이다."
str(df)
## 'data.frame':    3 obs. of  4 variables:
##  $ name                            : 'labelled' chr  "Kim" "Lee" "Park"
##   ..- attr(*, "label")= chr "회원들의 이름이다."
##  $ gender                          : chr  "Female" "Male" "Female"
##  $ 이것은 세번째 변수의 레이블이다.: num  1 NA 3
##  $ myvar2                          : num  1 3 5
```

• 세 번째 열이름이 변경되었음을 알 수 있다.

따라서, names() 함수와 label() 함수의 사용에는 큰 차이가 있음을 기억해야 한다.

이제 df와 세 번째 열인 df[3]의 이름을 names() 함수를 이용하여 다음과 같이 원래대로 myvar1으로 복구하기로 한다.

```
## df의 3번째 열의 이름을 원래대로 복원한다.
names(df)[3] <- "myvar1"
str(df)
## 'data.frame':    3 obs. of  4 variables:
##  $ name  : 'labelled' chr  "Kim" "Lee" "Park"
##   ..- attr(*, "label")= chr "회원들의 이름이다."
##  $ gender: chr  "Female" "Male" "Female"
##  $ myvar1: num  1 NA 3
##  $ myvar2: num  1 3 5
```

## 11.1.2 데이터 레이블 처리

데이터 레이블(data label)을 이해하려면 5장에서 학습하였던 요인(factor)을 이해해야 한다. 이러한 데이터 레이블은 factor() 함수를 사용하여 데이터 요소에 각각의 고유한 데이터 레이블을 지정할 수 있다.

먼저 데이터 레이블이 어떻게 반영되는지를 확인하기 위해 데이터 레이블이 지정되기 전의 df$myvar1의 통계적 요약정보를 확인해 보기로 한다.

```
## 데이터 레이블을 지정하기 전의 통계적 요약정보이다.
describe(df$myvar1)
## df$myvar1
##        n  missing distinct     Info     Mean      Gmd
##        2        1        2        1        2        2
##
## Value        1   3
## Frequency    1   1
## Proportion 0.5 0.5
```

- Value 부분을 확인하시기 바란다.

이제 df 객체의 myvar1 열을 다음과 같이 요인 객체로 변경하고, 각 수준에 해당하는 색상을 문자형 벡터의 데이터 레이블로 지정하는 예를 보여주고 있다. 이때 factor() 함수를 이용하여 df$myvar1을 요인으로 변환하고, levels = 인수에 데이터의 종류 벡터를 그리고 labels = 인수에 각 수준의 레이블을 지정하고 있음을 주목하기 바란다.

```
## df의 myvar1 변수의 값이 1, 2, 또는 3으로 코드가 되어 있다.
# 이 값들에 1 = red, 2 = blue, 3 = green과 같은 데이터 레이블을 첨부하고 싶습니다.
df$myvar1 <- factor(df$myvar1,
                    levels = c(1, 2, 3),
                    labels = c("red", "blue", "green"))
```

describe() 함수를 이용하여 df$myvar1의 통계적 요약 정보에 데이터 레이블이 어떻게 반영되었는지를 확인해 보기로 한다

```
## myvar1에 데이터 레이블을 지정한 후의 통계적 요약 정보를 확인한다.
describe(df$myvar1)
## df$myvar1
##          n  missing distinct
##          2        1        2
##
## Value        red green
## Frequency      1     1
## Proportion   0.5   0.5
```

- Value 부분에 1, 3 등의 수치 데이터가 아닌 red, green 등의 레이블로 표시됨을 알 수 있다.
- 즉, 1, 3이라는 수치보다 red, green 이 전달하는 정보가 훨씬 더 풍부한 것이다.

더불어 df 객체의 myvar2 열도 다음과 같이 요인 객체로 변경하고, 각 수준에 데이터 레이블을 지정하는 예를 살펴보기로 한다.

```
## 데이터 레이블을 지정하기 전의 통계적 요약 정보이다.
describe(df$myvar2)
## df$myvar2
##        n  missing distinct     Info     Mean      Gmd
##        3        0        3        1        3    2.667
##
## Value          1     3     5
## Frequency      1     1     1
## Proportion 0.333 0.333 0.333
##
## For the frequency table, variable is rounded to the nearest 0
```

- Value 부분이 수치 데이터로 표시되어 있다.

이제 df 객체의 myvar2 열도 다음과 같이 요인 객체로 변경하고, 각 수준에 데이터 레이블을 지정해 보기로 한다.

```
# df의 myvar2 변수의 값이 1, 3, 5로 코드가 되어 있다.
# 이 값들에 1 = Low, 3 = Medium, 5 = High 등의 데이터 레이블을 부여한다.
df$myvar2 <- factor(df$myvar2,
                    levels = c(1,3,5),
                    labels = c("Low", "Medium", "High"))
str(df)
## 'data.frame':    3 obs. of  4 variables:
##  $ name  : 'labelled' chr  "Kim" "Lee" "Park"
##   ..- attr(*, "label")= chr "회원들의 이름이다."
##  $ gender: chr  "Female" "Male" "Female"
##  $ myvar1: Factor w/ 3 levels "red","blue","green": 1 NA 3
##  $ myvar2: Factor w/ 3 levels "Low","Medium",..: 1 2 3
```

- myvar2 부분을 확인하기 바란다.

이제 데이터 레이블이 지정된 df$myvar2의 통계적 요약 정보를 확인해 보기로 한다.

```
## 데이터 레이블을 지정한 후의 통계적 요약 정보이다.
describe(df$myvar2)
## df$myvar2
##        n  missing distinct
```

```
##        3        0        3
##
## Value          Low Medium   High
## Frequency        1      1      1
## Proportion  0.333  0.333  0.333
```

- Value 부분에 역시 수치 정보 대신에 데이터 레이블이 표시됨을 알 수 있다.

또한, 범주형 데이터를 factor() 함수로 생성하고, ordered() 함수를 사용하여 서열형 데이터를 생성함을 이미 5.4.5에서 살펴본 바 있다. 이때 labels =를 이용하여 데이터 레이블을 지정해 준다면, R의 통계 분석과 그래픽 함수들을 이용한 이 데이터의 시각화에 데이터 레이블이 유용하게 활용될 것이다.

# 11.2 결측치 처리

데이터를 처리할 때 누락된 데이터는 NA (not available) 기호로 표시된다. 불가능한 값(예 : 0으로 나누기)은 기호 NaN (Not a Number)로 표시된다. 우리는 이러한 특수 상수에 대하여 4.15에서 살펴본 바 있다.
결측치를 처리하는 방법에는 여러 가지 방법이 있다. 여기서는 1) 결측치를 다른 값으로 대체하는 방법과 2) 결측치를 제외시키는(제거하는) 방법에 대하여 살펴보기로 한다.
결측치를 처리하기 전에 데이터 세트에 결측치가 있는지 확인하는 방법을 먼저 살펴보기로 한다.

## 11.2.1 결측치 확인

is.na() 함수로 결측치를 확인할 수 있다. 또한 which() 함수와 결합하여 NA가 있는 데이터의 위치를 확인할 수 있다. sum() 함수와 mean() 함수와 결합하여 NA의 개수와 NA의 비율을 구할 수도 있다.
다음은 df 객체의 데이터 요소에 NA가 있는지를 요소별로 확인하는 예이다.

```
## 결측치가 있는 데이터 프레임에서 NA값을 확인한다.
is.na(df)
##       name gender myvar1 myvar2
## [1,] FALSE  FALSE  FALSE  FALSE
## [2,] FALSE  FALSE   TRUE  FALSE
## [3,] FALSE  FALSE  FALSE  FALSE
```

- 데이터 프레임은 사각형 모양이므로 is.na() 함수는 "논리형 행렬/배열"로 결과를 반환한다.

다음은 df의 특정 열인 df$myvar1에 NA가 있는지를 확인하는 예를 보여주고 있다.

```
## 데이터 프레임의 특정 컬럼(벡터)에 NA가 있는지 확인한다.
is.na(df$myvar1)
## [1] FALSE  TRUE FALSE
```

- 결과는 논리형 벡터로 반환이 된다.

다음은 which() 함수와 is.na() 함수를 결합하여 NA가 있는 요소의 색인을 확인하는 예이다.

```
## which(is.na()) 함수를 이용하여 NA가 있는 색인 번호를 확인할 수 있다.
which(is.na(df))
## [1] 8
```

- 열 우선에 의한 요소의 색인의 확인하고 그 결과인 8을 반환하였습니다.

다음은 sum() 함수와 is.na() 함수를 결합하여 df에 있는 NA의 개수를 확인하는 예이다.

```
## sum(is.na()) 함수를 이용하여 NA의 개수를 확인할 수 있다.
sum(is.na(df))
## [1] 1
```

다음은 mean() 함수와 is.na() 함수를 결합하여 df에 있는 NA의 비율을 확인하는 예이다.

```
## mean(is.na()) 함수를 이용하여 NA의 비율을 구할 수 있다.
mean(is.na(df))
## [1] 0.08333333
```

- 전체 데이터 요소가 12개 있고 그 중이 NA가 1개이므로 `0.08333333`을 반환한다.

#### 11.2.1.1 일반 데이터를 결측치 NA로 변경하기

보통 데이터를 컴퓨터로 입력하면서 NA 대신에 특정값을 입력하는 경우가 있다. 이처럼 데이터 프레임에 NA로 입력이 되어 있지 않은 데이터를 NA로도 변경할 수 있다. 예를 들어, `my.df` 데이터 프레임의 `myvar1` 열에 있는 99의 값을 NA로 변경하고, `myvar2`열에 있는 7의 값을 NA로 변경해 보기로 한다.

먼저 실습을 위해 `my.df`를 다음과 같이 생성한다.

```
# my.df 데이터 프레임을 생성한다.
my.df <- data.frame(name = c("Kim", "Lee", "Park", "Choi", "Suh"),
                    gender = c("Female", "Male", "Female", "Male", "Female"),
                    myvar1 = c(1, NA, 3, 2, 99),
                    myvar2 = c(1, 3, 5, 7, 7))
str(my.df)
## 'data.frame':    5 obs. of  4 variables:
##  $ name  : chr  "Kim" "Lee" "Park" "Choi" ...
##  $ gender: chr  "Female" "Male" "Female" "Male" ...
##  $ myvar1: num  1 NA 3 2 99
##  $ myvar2: num  1 3 5 7 7
```

그런데 위의 데이터 중 `myvar1` 열의 99값은 결측치로 입력한 값이다. 이를 NA로 변경하면 다음과 같다.

```
# my.df$myvar1 의 값이 99인 요소를 선택한 다음, 그 값을 NA로 변경한다.
my.df$myvar1[my.df$myvar1 == 99] <- NA
my.df$myvar1
## [1]  1 NA  3  2 NA
```

그리고, myvar2 열의 7값은 결측치로 입력한 값이라면, 이를 NA로 변경한다.

```
# my.df$myvar2 의 값이 7인 요소를 선택한 다음, 그 값을 NA로 변경한다.
my.df$myvar2[my.df$myvar2 == 7] <- NA
my.df$myvar2
## [1]  1  3  5 NA NA
```

이제 my.df의 결측치는 모두 NA로 변환되었다.

#### 11.2.1.2 결측치를 제거한 연산

벡터의 연산 함수들에 대하여는 4.14에서 살펴본 바 있다. 이러한 함수들은 벡터에 NA값이 있으면 그 결과로 NA를 반환한다. 이러한 문제를 해결하기 위해, 함수의 인수로 `na.rm = TRUE` 를 설정해 주면, 벡터 요소에 있는 NA를 무시하고 연산을 하게 된다.

다음은 결측치가 있는 `my.df$myvar1`과 `my.df$myvar2`를 `sum()` 함수와 `mean()` 함수로 연산하는 예이다.

```
# my.df의 myvar1 컬럼의 합계와 평균을 구해 보기로 한다. sum() 함수와 mean() 함수 이
용
sum(my.df$myvar1)
## [1] NA
mean(my.df$myvar2)
## [1] NA
```

- `my.df$myvar1`과 `my.df$myvar2` 모두 NA를 포함하고 있기 때문에 NA를 반환한다.

다음은 `na.rm = TRUE`를 각 함수의 인수로 추가하여 연산을 하는 예이다.

```
# sum() 함수와 mean() 함수에 na.rm = TRUE 인수를 지정해 준다.
sum(my.df$myvar1, na.rm = TRUE)
## [1] 6
mean(my.df$myvar2, na.rm = TRUE)
## [1] 3
```

- my.df$myvar1과 my.df$myvar2 모두 NA를 제거한 후의 연산 결과를 반환한다.

complete.cases() 함수를 이용하여 데이터 세트의 각 행 별로 NA가 존재하는지 확인할 수 있다. 이 complete.cases() 함수는 논리형 벡터를 반환한다.

예를 들어, 앞에서 my.df 객체에 대하여 각 행 단위로 NA가 있는 행은 제거하여 새로운 데이터 세트 my.comp.df를 생성해 보기로 한다.

```
# my.df 파일의 내용을 확인한다.
my.df
##   name gender myvar1 myvar2
## 1  Kim Female      1      1
## 2  Lee   Male     NA      3
## 3 Park Female      3      5
## 4 Choi   Male      2     NA
## 5  Suh Female     NA     NA

# complete.case() 함수로 my.df의 행별로 NA가 있는지 확인한다.
comp.index <- complete.cases(my.df)
comp.index
## [1]  TRUE FALSE  TRUE FALSE FALSE

# comp.index가 T인 행만 선택해서 my.comp.df 개체에 복사한다.
my.comp.df <- my.df[comp.index,]
my.comp.df
##   name gender myvar1 myvar2
## 1  Kim Female      1      1
## 3 Park Female      3      5
```

한편, na.omit() 함수는 결측치가 있는 행들을 제거한 객체를 반환한다.

예를 들어, 앞에서 my.df 객체에 대하여 각 행 단위로 NA가 있는 행은 제거하여 새로운 데이터 세트 my.new.df를 생성해 보기로 한다.

```
# na.omit() 함수로 my.df의 각 행에서 NA가 없는 행만 my.new.df 개체에 복사한다.
my.new.df <- na.omit(my.df)
my.new.df
##   name gender myvar1 myvar2
## 1  Kim Female      1      1
## 3 Park Female      3      5
```

이제 setequal() 함수를 이용하여 my.comp.df와 my.new.df의 동일성을 확인한다.

```
# my.comp.df와 my.new.df는 동일한 데이터 세트 이다. : setequal() 함수로 확인한다.
setequal(my.comp.df, my.new.df)
## [1] TRUE
```

complete.cases() 함수의 결과로 생성된 객체 my.comp.df와 na.omit() 함수의 결과로 생성된 객체 my.new.df가 동일함을 알 수 있다.

### 11.2.1.3 결측치를 다른 값으로 대체하기

데이터 프레임의 특정 열에 NA가 있는 경우, 앞에서 살펴본 것처럼 NA를 제거하고 연산을 하는 방법도 있지만, 이 NA 값을 해당 열의 대표값 예를 들면, '평균'이나 '중앙값' 등으로 변경하여 처리하기도 한다.

앞의 예에서 my.df 데이터 프레임의 myvar1 열에 있는 NA 값을 myvar1 열의 평균으로 대체하면 다음과 같다.

```
## my.df$myvar1의 NA 요소 값을 my.df$myvar1의 평균값을 대체한다.
# my.df$myvar1 컬럼의 요소 값을 확인한다.
my.df$myvar1
## [1]  1 NA  3  2 NA

## my.df$myvar1의 NA 요소 값을 my.df$myvar1의 평균값을 대체한다.
```

```
# 먼저 my.df$myvar1의 평균을 구한다.
mean.myvar1 <- mean(my.df$myvar1, na.rm = TRUE)
mean.myvar1
## [1] 2

## my.df$myvar1의 NA 요소 값을 my.df$myvar1의 평균값을 대체한다.
# my.df$myvar1의 요소 값이 NA인 것들을 찾아서 mean.myvar1으로 대체한다.
my.df$myvar1[is.na(my.df$myvar1)] <- mean.myvar1
my.df$myvar1
## [1] 1 2 3 2 2
```

R의 대부분의 모델링 함수는 결측치를 처리하기 위한 옵션을 제공하고 있다. 또한 결측치를 처리하는 다양한 패키지들이 있다. 대표적인 예를 들면 다음과 같다.

- Amelia II : http://gking.harvard.edu/amelia/
- Mice : https://www.rdocumentation.org/packages/mice
- mitools : http://cran.us.r-project.org/web/packages/mitools/index.html

# 11.3 날짜 데이터 처리

R에서의 날짜는 1970-01-01 이후의 일 수로 표시되며, 이전 날짜는 음수 값으로 처리한다. 날짜 데이터는 날짜 형태의 문자형 벡터를 as.Date() 함수로 변환하여 생성한다. 다음은 날짜 형태의 문자형 벡터 date를 생성하여, as.Date() 함수로 날짜형으로 변환하는 예이다.

```
# as.Date( ) 함수는 문자열 날짜를 날짜형 날짜로 변경한다.
date <- c("2007-06-22", "2004-02-13")
mydates <- as.Date(date)
mydates
## [1] "2007-06-22" "2004-02-13"
```

- mydates의 데이터 유형을 확인해 보기로 한다.

```
# mydates의 데이터 유형을 확인한다.
typeof(mydates)
## [1] "double"
```

- mydates의 데이터 유형은 실수형(double)이다.

mydates의 클래스를 확인해 보기로 한다.

```
# mydates 객체의 클래스를 확인한다.
class(mydates)
## [1] "Date"
```

- mydates의 클래스는 "Date"이다.

이러한 날짜 데이터는 실수형이기 때문에 산술 연산이 가능한다. 다음은 mydates의 두 날짜 사이의 일수를 계산하고 있다.

```
# 2007-6-22과 2004-2-13 사이의 일수는 다음과 같이 계산한다.
days <- mydates[1] - mydates[2]
days
## Time difference of 1225 days
```

한편, Sys.Date( ) 함수는 현재 날짜를 반환한다. 그리고 date() 함수는 현재의 날짜와 더불어 시간까지 반환한다.

```
# Sys.Date() 함수는 현재 날짜를 반환한다.
Sys.Date()
## [1] "2024-01-05"

# date() 함수는 현재의 날짜와 시간을 반환한다.
date()
## [1] "Fri Jan  5 22:28:33 2024"
```

## 11.3.1 날짜 형식의 지정

다음의 기호들은 문자형 벡터를 날짜형으로 변경할 때, as.Date() 함수의 format =인수에 다음의 <표 11.1>에 있는 기호들을 사용하여 날짜 데이터의 표시 형식을 지정할 수 있다. 또는 format() 함수를 이용하여 날짜형 데이터의 출력형식을 지정할 수 있다.

**표 11.1: 날짜형 데이터의 출력 형식 지정**

| 기호 | 설명 | 사용 예 |
|---|---|---|
| %d | 숫자형 날짜 (0-31) | 01-31 |
| %a %A | 소문자 : 축약된 요일명, 대문자 : 완전한 요일명 | Mon Monday |
| %m | 월 (00-12) | 00-12 |
| %b %B | 소문자 : 축약된 월이름, 대문자 : 완전한 월이름 | Jan January |
| %y %Y | 소문자 : 2 자리 연도, 대문자 : 4자리 연도 | 07 2007 |

- 날짜형의 경우 help(strptime) 또는 ? strptime 등으로 자세한 내용을 확인할 수 있다.
- 날짜-시간형의 경우는 help(ISOdatetime)로 자세한 내용을 확인할 수 있다.

다음은 문자형 벡터를 as.Date() 함수를 이용하여 날짜형 벡터로 변경할 때, format = 인수에 <표 11.1>의 형식들을 사용하는 예를 보여준다.

```
## 문자형 벡터를 날짜형 벡터로 변경할 때 사용할 수 있다.
# 문자형 벡터를 생성한다.
dates <- c("2020 01 03", "2020 03 05", "2021 01 24")

## 문자형 벡터를 as.Date() 함수로 날짜형으로 변환한다.
my.dates <- as.Date(dates, format = "%Y %m %d")
my.dates
## [1] "2020-01-03" "2020-03-05" "2021-01-24"

## 오늘 날짜의 출력형식을 지정할 수 있다.
today <- Sys.Date()
format(today, format="%Y년 %m월 %d일")
## [1] "2024년 01월 05일"
```

- today의 출력은 format() 함수의 인수 format="%Y년 %m월 %d일" 형식으로 반환된다.

## 11.3.2 날짜형 변환

### 11.3.2.1 문자형을 날짜형으로

앞의 예에서 살펴본 바와 같이 as.Date() 함수를 사용하여 문자형 데이터를 날짜형으로 변환할 수 있다.

as.Date() 함수의 사용 형식은 다음과 같다.

```
as.Date(x, format = "")
  • x : 문자형 데이터이다.
  • format : 문자형 데이터에 맞춰, 앞의 표에 있는 기호들을 입력한다.
```

다음의 예를 통해 as.Date() 함수의 사용에 대하여 살펴 보기로 한다.

```
# 'mm/dd/yyyy' 형식의 문자형 벡터를 날짜형 벡터로 변경한다.
Dates.Chr <- c("02/25/2015", "08/15/2016")

# format 인수에 "%m/%d/%Y"로 지정한다.
my.dates <- as.Date(Dates.Chr, "%m/%d/%Y")
my.dates
## [1] "2015-02-25" "2016-08-15"
```

- "%m/%d/%Y" 형식으로 Dates.Chr을 입력받아, as.Date() 함수로 날짜형으로 변환한다.
- 그리고 최종 출력은 기본 출력형식인 yyyy-mm-dd 형식으로 출력된다.

### 11.3.2.2 날짜형을 문자형으로

as.character() 함수를 사용하여 날짜형 데이터를 문자형 데이터로 변환할 수 있다. 또한 format() 함수를 이용할 수도 있다.

다음의 예를 확인하기 바란다.

```
# 날짜형 벡터인 my.dates를 문자형 벡터인 dates로 변경한다.
dates1 <- as.character(my.dates)
dates1
## [1] "2015-02-25" "2016-08-15"

# format() 함수로도 문자형 벡터로 변경할 수 있다.
dates2 <- as.character(format(my.dates, format="%Y년 %m월 %d일"))
dates2
## [1] "2015년 02월 25일" "2016년 08월 15일
```

# 12

# 데이터 파일 관리

# 12. 데이터 파일 관리

이번 장에서는  분석에 사용하는 데이터를 파일로 관리하는 방법에 대하여 학습하기로 한다. 먼저 데이터를 불러오는 것은 매우 간단하다. Stata와 Systat의 데이터를 불러오는 경우에는 `foreign` 패키지를 사용하면 된다. 그리고, SPSS와 SAS 등의 데이터를 불러오는 경우에는 `Hmisc` 패키지를 이용하면 편리하다.

데이터를 R로 불러오기 전에 특히 스프레드 시트를 사용하는 경우에는 다음의 내용들을 미리 검토하면 좋을 것이다.

- 일반적으로 첫 번째 행은 열제목으로 사용하고, 첫 번째 열은 각 행의 식별자로 사용하는 것이 좋습니다. (예, 사원번호, 학번, 제품번호, 거래번호 등)
- 열이름이나 데이터 사이의 공백은 피하는 것이 좋습니다.
- 단어의 연결은 공백 대신 단어 사이에 점(.)을 사용하는 것이 좋습니다.
- 긴 이름보다는 짧은 이름이 좋습니다.
- ?, $, %, ^, &, *, (,),-, #,? ,,, <,>, /, |, \, [,], {, 그리고 } 같은 기호가 포함된 이름은 사용하지 않는게 좋습니다.
- 사용되지 않는 열이나, NA가 추가되지 않도록 엑셀에 입력된 주석을 삭제하십시오.
- 데이터의 결측치를 확인하기 바란다.

## 12.1 데이터 불러오기

`read.table()` 함수를 이용하면

- 확장자가 .txt인 텍스트 파일
- 탭(`\t`)으로 구분된 텍스트 파일
- 쉼표(,)로 구분된 텍스트 파일
- 확장자가 .csv 파일

등을 불러올 수 있다.

read.table() 함수의 형식은 다음과 같다.

```
read.table(file, header =, sep = "", ...)
인수 :
  • file : 읽어올 데이터 파일의 이름이다. 경로를 포함한다. (또한 데이터를 제공
    하는 웹 페이지 주소도 가능한다.)
  • header = : 첫 줄이 열이름이면 TRUE값으로 한다. (기본값은 FALSE 이다.)
  • sep = : 데이터 항목간의 구분 기호를 지정한다.
  • row.names =, col.names = : 행과 열이름을 설정한다.
  • na.strings = : NA로 처리하고자 하는 문자열을 지정한다.
  • nrows = : 불러올 행의 최대 개수를 지정한다.
  • skip = : 데이터를 불러올 때 읽지 말아야 할 행의 개수를 지정한다.
  • stringsAsFactors = : 문자열 컬럼을 요인화할 것인지를 지정한다.
  • fileEncoding = : 한글 데이터를 불러올 때 "UTF-8"로 지정한다.
```

### 12.1.1 탭(\t)으로 구분된 텍스트 파일

data 폴더에 저장되어 있는 heights.txt 파일은 탭(\t)으로 분리된 텍스트 파일(확장자가 txt)이다.

- R Studio의 오른쪽 하단부에 있는 Files에서 data 폴더에 저장되어 있는 heights.txt 파일을 클릭하면, 이 데이터 파일의 내용을 확인할 수 있다. (윈도우즈의 메모장으로도 확인할 수 있다.)

다음은 data 폴더에 저장되어 있는 height.txt 파일을 read.table() 함수로 불러와서 mytxt 변수에 할당하는 예이다.

```
# heights.txt 파일을 불러온다.
mytxt <- read.table("data/heights.txt", header = TRUE)
head(mytxt)
##    earn   height    sex ed age  race
## 1 50000 74.42444   male 16  45 white
## 2 60000 65.53754 female 16  58 white
```

```
## 3 30000 63.62920 female 16  29 white
## 4 50000 63.10856 female 16  91 other
## 5 51000 63.40248 female 17  39 white
## 6  9000 64.39951 female 15  26 white

# mytext의 구조를 확인한다.
str(mytxt)
## 'data.frame':    1192 obs. of  6 variables:
##  $ earn  : num  50000 60000 30000 50000 51000 9000 29000 32000 2000 27000 ...
##  $ height: num  74.4 65.5 63.6 63.1 63.4 ...
##  $ sex   : chr  "male" "female" "female" "female" ...
##  $ ed    : int  16 16 16 16 17 15 12 17 15 12 ...
##  $ age   : int  45 58 29 91 39 26 49 46 21 26 ...
##  $ race  : chr  "white" "white" "white" "other" ...
```

- (주의) header = TRUE 옵션을 생략하게 되면, heights.txt 파일의 첫 줄에 있는 열이름이 무시된다.

탭(\t) 이외의 다른 구분자(delimiter)로 구분된 파일의 경우도 read.table() 함수의 sep = 인수에 그 구분자를 입력하여 불러올 수 있다.

## 12.1.2 CSV 파일 불러오기

일반적으로 .csv 파일은, 또는 ; 으로 데이터의 항목들을 구분하여 저장하고 있는 파일이다. 이 파일을 R로 불러오려면 앞에서 살펴본 구분 문자(sep =)를 지정하는 read.table() 함수를 사용하거나, read.csv() 또는 read.csv2() 등의 함수를 사용할 수 있다.
read.csv() 함수와 read.csv2() 함수의 차이점은 다음과 같다.

- read.csv() 함수는 특히 구분자가 , 인 경우에 사용한다.
- read.csv2() 함수는 구분자가 ';'일 때 사용한다.

read.csv() 함수와 read.csv2() 함수는 read.table() 함수와 거의 동일하지만 header = 인수와 fill = 인수가 기본적으로 TRUE로 설정되어 있다는 점에서 read.table() 함수와 차이가 있다.
read.csv()와 read.csv2() 함수의 기본 형식은 다음과 같다.

```
read.csv(file, header = TRUE, sep = ",", quote = "", dec = ".", fill = TRUE,
        comment.char = "", ...)
read.csv2(file, header = TRUE, sep = ";", quote = "", dec = ",", fill = TRUE,
        comment.char = "", ...)
인수 :
  • file : 불러올 데이터 파일의 경로를 포함한 파일명이다.
  • header = TRUE : 파일의 첫 행을 헤더로 처리하는 것이 기본값이다.
  • sep = "," : 구분자가 ,이면 read.csv() 함수를, 구분자가 ;이면 read.csv2()
               함수를 사용한다.
```

### 12.1.2.1 read.table() 함수로 불러오기

문화체육관광부의 국가도서관통계 중 "전국대학도서관통계 파일" 을 다운받아 data 폴더에 Univ_Lib.csv(2023년 11월 6일에 변경된 파일)로 변경하여 저장한다. 이를 data.table() 함수를 이용해서 불러와 보기로 한다. 다운로드 받은 파일의 이름은 첫 줄은 각 열이름이 입력되어 있으며, 두번째 줄부터는 각 행의 요소들이 '쉼표(,)로 구분되어 있는 csv 파일(csv, comma-separated values)' 임을 알 수 있다.

```
# 다운받은 csv 파일을 read.table() 함수로 불러온다.
mydata <- read.table("data/Univ_Lib_221231.csv",
                     head = TRUE,
                     sep = ",")
str(mydata)
## 'data.frame':    458 obs. of  11 variables:
##  $ 평가년도  : int  2022 2022 2022 2022 2022 2022 2022 2022 2022 2022 ...
##  $ 도서관구분: chr  "LIBTYPE000003" "LIBTYPE000003" "LIBTYPE000003"
"LIBTYPE000003" ...
##  $ 도서관코드: chr  "L0044" "248032" "241005" "228001" ...
##  $ 도서관명  : chr  "ICT폴리텍대학 도서관" "가야대학교 분성도서관" "가천대학교
중앙도서관" "가천대학교 중앙도서관(M)" ...
##  $ 행정구역  : chr  "경기" "경남" "경기" "인천" ...
##  $ 시군구    : chr  "광주시" "김해시" "성남시" "연수구" ...
##  $ 장서수    : int  9686 232686 1058013 109656 754258 65899 299584 664214
190019 116877 ...
```

```
## $ 사서수   : int 0 2 9 1 3 1 4 6 7 2 ...
## $ 대출자수 : int 65 434 2911 836 1793 113 426 3768 1864 488 ...
## $ 대출권수 : int 262 6703 66503 6112 16697 667 11726 66161 20247 5274 ...
## $ 도서예산 : num 2.70e+06 1.15e+08 1.97e+09 0.00 4.88e+08 ...
```

그런데, csv 파일을 read.table() 함수로 불러오는데 에러가 발생할 수 있는데, 한글이 포함된 csv 파일의 경우에는 인코딩 문제가 발생하여 에러가 발생한다.

이처럼 "**유효하지 않은 멀티바이트 문자열이 있다.**" 라는 에러가 나는 경우는 오피스365 엑셀의 인코딩 문제로 발생하는 에러이다. 이때는 다운받아 저장받아 저장한 csv 파일을 윈도우즈의 메모장에서 인코딩을 UTF-8로 지정하여 Univ_Lib.csv 저장한다. 그런 다음, 다시 파일을 불러오기 한다.

```
# 다운받은 csv 파일을 read.table() 함수로 불러온다.
mydata <- read.table("data/Univ_Lib.csv",
                     head = TRUE,
                     sep = ",")
str(mydata)
## 'data.frame':    458 obs. of  11 variables:
## $ 평가년도   : int 2022 2022 2022 2022 2022 2022 2022 2022 2022 2022 ...
## $ 도서관구분: chr "LIBTYPE000003" "LIBTYPE000003" "LIBTYPE000003"
"LIBTYPE000003" ...
## $ 도서관코드: chr "L0044" "248032" "241005" "228001" ...
## $ 도서관명   : chr "ICT폴리텍대학 도서관" "가야대학교 분성도서관" "가천대학교
중앙도서관" "가천대학교 중앙도서관(M)" ...
## $ 행정구역   : chr "경기" "경남" "경기" "인천" ...
## $ 시군구     : chr "광주시" "김해시" "성남시" "연수구" ...
## $ 장서수     : int 9686 232686 1058013 109656 754258 65899 299584 664214
190019 116877 ...
## $ 사서수     : int 0 2 9 1 3 1 4 6 7 2 ...
## $ 대출자수   : int 65 434 2911 836 1793 113 426 3768 1864 488 ...
## $ 대출권수   : int 262 6703 66503 6112 16697 667 11726 66161 20247 5274 ...
## $ 도서예산   : num 2.70e+06 1.15e+08 1.97e+09 0.00 4.88e+08 ...
```

- read.table() 함수에 사용된 인수들은 다음과 같다.
  - data/Univ_Lib.csv : 불러올 파일의 경로이다.

◦ head = TRUE : 파일의 첫 줄에 열제목이 있다.

◦ sep = "," : 각 줄의 항목이 쉼표(,)로 구분되어 있다.

- csv 파일을 read.table() 함수가 불러와서 mydata 변수에 data.frame 구조로 할당되었다.

  ◦ mydata는 11개의 열(variables)과 458 개의 행(obs.)으로 구성되어 있음을 알 수 있다.

### 12.1.2.2 read.csv() 함수의 이용

앞에서 read.table() 함수로 불러왔던 Univ_Lib.csv 파일을 이번에는 read.csv() 함수로 불러와 보기로 한다.

read.csv() 함수는 read.table() 함수와 달리 head = 인수나 sep = 인수를 지정하지 않는다. 이 함수는 자동으로 첫 줄을 열이름으로 인식하고, 기본적으로 쉼표(')를 구분자로 사용하여 csv 데이터 파일을 불러온다.

앞에서 다운받았던 data/Univ_Lib.csv 파일을 read.csv() 함수로 불러와 mycsv 변수에 할당해 보기로 한다.

```
# csv 파일은 read.csv() 함수로도 불러올 수 있다.
mycsv <- read.csv("data/Univ_Lib.csv")
str(mycsv)
## 'data.frame':    458 obs. of  11 variables:
##  $ 평가년도  : int  2022 2022 2022 2022 2022 2022 2022 2022 2022 2022 ...
##  $ 도서관구분: chr  "LIBTYPE000003" "LIBTYPE000003" "LIBTYPE000003"
"LIBTYPE000003" ...
##  $ 도서관코드: chr  "L0044" "248032" "241005" "228001" ...
##  $ 도서관명  : chr  "ICT폴리텍대학 도서관" "가야대학교 분성도서관" "가천대학교
중앙도서관" "가천대학교 중앙도서관(M)" ...
##  $ 행정구역  : chr  "경기" "경남" "경기" "인천" ...
##  $ 시군구    : chr  "광주시" "김해시" "성남시" "연수구" ...
##  $ 장서수    : int  9686 232686 1058013 109656 754258 65899 299584 664214
190019 116877 ...
##  $ 사서수    : int  0 2 9 1 3 1 4 6 7 2 ...
##  $ 대출자수  : int  65 434 2911 836 1793 113 426 3768 1864 488 ...
##  $ 대출권수  : int  262 6703 66503 6112 16697 667 11726 66161 20247 5274 ...
##  $ 도서예산  : num  2.70e+06 1.15e+08 1.97e+09 0.00 4.88e+08 ...
```

## 12.1.3 구분자를 포함한 파일 불러오기

지금까지 살펴본 탭문자(\t), 쉼표(,) 또는 세미콜론(;) 이외의 다른 구분자가 포함된 파일의 경우에는 read.delim() 함수나 read.delim2() 함수를 사용하여 불러올 수 있다. 이 함수들은 read.csv() 함수와 마찬가지로 read.table() 함수의 변형이다.

read.delim() 함수나 read.delim2() 함수들은 read.table() 함수와 많은 공통점이 있다. 다만, read.delim() 함수나 read.delim2() 함수들은 첫 번째 줄에 열이름이 있는 '열제목'이라고 가정하고, 공백, 쉼표 또는 세미콜론 등의 구분자 대신에 탭(\t)을 구분 기호로 사용한다. 또한 fill = 인수가 TRUE로 설정되어 있어서, 길이가 다른 행에 공란이 추가된다.

```
read.delim(file, header = TRUE, sep = ", quote =""", dec =".", fill = TRUE,
          comment.char = "", …)
read.delim2(file, header = TRUE, sep = ", quote =""", dec =",", fill = TRUE,
          comment.char ="", …)
인수 :
  • file : 불러올 데이터 파일의 경로를 포함한 파일명이다.
  • header = TRUE : 파일의 첫 행을 헤더로 처리하는 것이 기본값이다.
  • sep = "\t" : 두 함수 모두 탭문자(\t)를 구분자로 지정하고 있다.
  • dec = "." 또는 "," : 소숫점의 기호를 점(.) 또는 쉼표(,)로 사용한다.
```

### 12.1.3.1 read.delim() 함수로 불러오기

데이터들을 공란(" ")으로 구분하여 입력한 Univ_Lib(Space).csv 파일을 불러와 보기로 한다. 이 파일은 공란으로 데이터들이 구분되어 있는 파일로, read.delim() 함수의 사용 예를 보여주기 위해 공란(" ")을 구분자로 입력하여 저장한 데이터 파일이다.

다음과 같이 read.table() 함수로 data 폴더에 있는 Univ_Lib(Space).csv 파일을 불러와 myspa 변수에 할당할 수 있다.

```
## 공란으로 데이터를 불리한 csv 파일을 불러온다.
myspa <- read.table("data/Univ_Lib(Space).csv", header = TRUE)

## myspa 데이터의 일부를 확인한다.
head(myspa)
##   평가년도    도서관구분 도서관코드                         도서관명 행정구역 시군구
## 1     2022 LIBTYPE000003      L0044          ICT폴리텍대학 도서관     경기 광주시
## 2     2022 LIBTYPE000003     248032         가야대학교 분성도서관     경남 김해시
## 3     2022 LIBTYPE000003     241005         가천대학교 중앙도서관     경기 성남시
## 4     2022 LIBTYPE000003     228001      가천대학교 중앙도서관(M)     인천 연수구
## 5     2022 LIBTYPE000003     242003 가톨릭관동대학교 학술정보원     강원 강릉시
## 6     2022 LIBTYPE000003     243019    가톨릭꽃동네대학교 도서관     충북 청주시
##    장서수 사서수 대출자수 대출권수   도서예산
## 1    9686      0       65      262    2700090
## 2  232686      2      434     6703  115000540
## 3 1058013      9     2911    66503 1973755559
## 4  109656      1      836     6112          0
## 5  754258      3     1793    16697  488409062
## 6   65899      1      113      667   50000000

## myspa의 구조를 확인한다.
str(myspa)
## 'data.frame':    458 obs. of  11 variables:
##  $ 평가년도  : int  2022 2022 2022 2022 2022 2022 2022 2022 2022 2022 ...
##  $ 도서관구분: chr  "LIBTYPE000003" "LIBTYPE000003" "LIBTYPE000003"
"LIBTYPE000003" ...
##  $ 도서관코드: chr  "L0044" "248032" "241005" "228001" ...
##  $ 도서관명  : chr  "ICT폴리텍대학 도서관" "가야대학교 분성도서관" "가천대학교
중앙도서관" "가천대학교 중앙도서관(M)" ...
##  $ 행정구역  : chr  "경기" "경남" "경기" "인천" ...
##  $ 시군구    : chr  "광주시" "김해시" "성남시" "연수구" ...
##  $ 장서수    : int  9686 232686 1058013 109656 754258 65899 299584 664214
190019 116877 ...
##  $ 사서수    : int  0 2 9 1 3 1 4 6 7 2 ...
##  $ 대출자수  : int  65 434 2911 836 1793 113 426 3768 1864 488 ...
##  $ 대출권수  : int  262 6703 66503 6112 16697 667 11726 66161 20247 5274 ...
##  $ 도서예산  : num  2.70e+06 1.15e+08 1.97e+09 0.00 4.88e+08 ...
```

이제는 read.delim() 함수로 data 폴더에 있는 Univ_Lib(Space).csv 파일을 불러와 myspa1 변수에 할당해 보기로 한다.

```
## 공란으로 데이터를 불리한 csv 파일을 불러온다.
myspa1 <- read.delim("data/Univ_Lib(Space).csv",
                     header = TRUE, sep = " ")

## myspa1 데이터의 일부를 확인한다.
head(myspa1)
##   평가년도    도서관구분 도서관코드                    도서관명 행정구역 시군구
## 1     2022 LIBTYPE000003      L0044       ICT폴리텍대학 도서관     경기 광주시
## 2     2022 LIBTYPE000003     248032      가야대학교 분성도서관     경남 김해시
## 3     2022 LIBTYPE000003     241005      가천대학교 중앙도서관     경기 성남시
## 4     2022 LIBTYPE000003     228001   가천대학교 중앙도서관(M)     인천 연수구
## 5     2022 LIBTYPE000003     242003 가톨릭관동대학교 학술정보원     강원 강릉시
## 6     2022 LIBTYPE000003     243019   가톨릭꽃동네대학교 도서관     충북 청주시
##    장서수 사서수 대출자수 대출권수   도서예산
## 1    9686      0       65      262    2700090
## 2  232686      2      434     6703  115000540
## 3 1058013      9     2911    66503 1973755559
## 4  109656      1      836     6112          0
## 5  754258      3     1793    16697  488409062
## 6   65899      1      113      667   50000000

## myspa의 구조를 확인한다.
str(myspa1)
## 'data.frame':    458 obs. of  11 variables:
##  $ 평가년도  : int  2022 2022 2022 2022 2022 2022 2022 2022 2022 2022 ...
##  $ 도서관구분: chr  "LIBTYPE000003" "LIBTYPE000003" "LIBTYPE000003"
"LIBTYPE000003" ...
##  $ 도서관코드: chr  "L0044" "248032" "241005" "228001" ...
##  $ 도서관명  : chr  "ICT폴리텍대학 도서관" "가야대학교 분성도서관" "가천대학교
중앙도서관" "가천대학교 중앙도서관(M)" ...
##  $ 행정구역  : chr  "경기" "경남" "경기" "인천" ...
##  $ 시군구    : chr  "광주시" "김해시" "성남시" "연수구" ...
##  $ 장서수    : int  9686 232686 1058013 109656 754258 65899 299584 664214
190019 116877 ...
##  $ 사서수    : int  0 2 9 1 3 1 4 6 7 2 ...
##  $ 대출자수  : int  65 434 2911 836 1793 113 426 3768 1864 488 ...
##  $ 대출권수  : int  262 6703 66503 6112 16697 667 11726 66161 20247 5274 ...
##  $ 도서예산  : num  2.70e+06 1.15e+08 1.97e+09 0.00 4.88e+08 ...
```

myspa와 myspa1이 같은지를 setequal() 함수로 확인해 보기로 한다.

```
## myspa와 myspa1이 같은지 확인한다.
setequal(myspa, myspa1)
## [1] TRUE
```

데이터 파일의 숫자 데이터에 대한 처리에 있어서 read.delim() 함수와 read.delim2() 함수는 dec = 인수 값에 차이가 있다. read.delim() 함수는 소숫점 기호를 점(.)으로 사용한다. 반면에, read.delim2() 함수는 소숫점 기호를 쉼표(,)로 사용하는 경우에 유용하다.

## 12.1.4 엑셀 파일 불러오기

xlsx 패키지의 read.xlsx() 함수를 사용하여 엑셀 파일에 액세스할 수 있다. 첫 번째 행에는 열이름이 포함되는 것이 좋습니다. R에서 엑셀 파일을 불러오기 전에 엑셀로 데이터 파일을 열어서 파일의 구조를 미리 확인해 보는 것도 좋습니다. 이외에도 readxl, XLConnect 등의 패키지를 이용할 수 있다.

read.xlsx() 함수의 형식은 다음과 같다.

```
read.xlsx( … )
인수 :
  • file : 불러올 파일명이다.
  • sheetIndex : 워크북의 시트 색인번호를 지정한다.
  • sheetName = NULL : 시트 이름을 지정한다.
  • rowIndex = NULL : 추출하고자 하는 행번호의 정수형 벡터이다.
  • startRow = NULL : 읽어 들일 행의 시작 색인번호이다.
  • endRow = NULL : 읽어 들일 행의 마지막 색인번호이다.
  • colIndex = NULL : 추출하고자 하는 컬럼의 정수형 벡터이다.
  • as.data.frame = TRUE : 읽어 들인 결과를 데이터 프레임형으로 한다.
  • header = TRUE : 첫 행이 컬럼 제목이다.
  • colClasses = NA,
  • keepFormulas = FALSE,
```

```
• encoding = "unknown" : 한글은 UTF-8로 지정한다.
• password = NULL
```

앞의 예에서 데이터 파일을 Univ_Lib.csv로 다운로드한 파일을 엑셀로 저장하였다면, 이를 read.xlsx() 함수를 이용하여 불러올 수 있다.

먼저 xlsx 패키지를 설치하기 위하여 콘솔창에서 install.packages("xlsx") 명령을 실행해 준다. 그리고, library(xlsx) 명령으로 xlsx 패키지를 불러온다.

```
# 패키지 불러오기
# install.packages("xlsx")
library(xlsx)
## Warning: package 'xlsx' was built under R version 4.3.2
```

이제 data 폴더에 있는 Univ_Lib.xlsx 파일을 read.xlsx() 함수로 불러와서 mydata1 변수에 다음과 같이 할당한다.

```
# read.xlsx() 함수로 엑셀 파일을 불러온다.
mydata1 <- read.xlsx("data/Univ_Lib.xlsx",
                     sheetIndex = 1,
                     head = TRUE,
                     fileEncoding = 'euc-kr',
                     encoding = "UTF-8"
)
```

- read.xlsx() 함수의 인수는 다음과 같다.
    - "data/Univ_Lib.xlsx" : 불러올 파일의 경로이다.
    - sheetIndex = 1: 불러올 시트번호이다.
    - fileEncoding = 'euc-kr', encoding = "UTF-8" : 한글 UTF-8 코드로 불러온다.

mydata1의 데이터 구조를 str() 함수로 확인한다.

```
# mydata1의 데이터 구조를 확인한다.
str(mydata1)
## 'data.frame':    458 obs. of  12 variables:
##  $ 평가년도     : num  2022 2022 2022 2022 2022 ...
##  $ 도서관구분  : chr  "LIBTYPE000003" "LIBTYPE000003" "LIBTYPE000003"
"LIBTYPE000003" ...
##  $ 도서관코드  : chr  "L0044" "248032" "241005" "228001" ...
##  $ 도서관명     : chr  "ICT폴리텍대학 도서관" "가야대학교 분성도서관" "가천대학
교 중앙도서관" "가천대학교 중앙도서관(M)" ...
##  $ 행정구역     : chr  "경기" "경남" "경기" "인천" ...
##  $ 시군구       : chr  "광주시" "김해시" "성남시" "연수구" ...
##  $ 장서수       : num  9686 232686 1058013 109656 754258 ...
##  $ 사서수       : num  0 2 9 1 3 1 4 6 7 2 ...
##  $ 대출자수     : num  65 434 2911 836 1793 ...
##  $ 대출권수     : num  262 6703 66503 6112 16697 ...
##  $ 도서예산     : num  2.70e+06 1.15e+08 1.97e+09 0.00 4.88e+08 ...
##  $ fileEncoding: chr  "euc-kr" "euc-kr" "euc-kr" "euc-kr" ...
```

확장자가 xlsx인 엑셀 파일을 불러얼 때 csv 파일보다 시간이 더 소요된다. 따라서 엑셀 파일을 불러오는 가장 좋은 방법 중 하나는 쉼표로 구분된 파일(csv)로 저장한 다음, read.csv() 함수로 불러오는 것이 파일을 훨씬 효율적이라고 할 수 있다.

## 12.1.5 R 형식의 데이터 파일 불러오기

R에서는 처리한 데이터를 R 고유의 데이터 형식으로 저장할 수 있다. 대표적인 형식이 .rds와 .Rdata (또는 .rda) 형식이다. 이렇게 저장된 파일은 readRDS() 함수나 load() 함수로 불러올 수 있다.

자세한 내용은 다음 12.2.1에서 다루는 R 형식으로 저장하기 부분을 참고하기 바란다.

## 12.1.6 기타 형식의 파일 불러오기

그 밖에도 JSON, XML, SPSS, SAS, Stata, systat 등의 파일은 다음과 같이 불러올 수 있다. 다

만 여기에서는 간단하게 형식 위주로만 정리하기로 한다.

### 12.1.6.1 JSON 파일 불러오기

```
## rjson 패키지를 이용한다.
# install.packages("rjson")
library(rjson)

# fromJSON() 함수를 이용하여 파일이나 웹사이트에서 불러온다.
JsonData <- fromJSON(file = "<filename.json>")
JsonData <- fromJSON(file = "<URL to your JSON file")
```

### 12.1.6.2 XML 파일을 불러오기

```
## XML 패키지를 이용한다.
# install.packages("XML")
library(XML)

## 함수를 이용하여 파일이나 웹사이트에서 불러온다.
# XML 파일을 불러온다.
xmlfile <- xmlTreeParse("URL  to the XML data")

# 불러온 파일의 top node에 접근한다.
topxml <- xmlRoot(xmlfile)

# XML 값들을 추출한다.
topxml <- xmlSApply(topxml,
                    function(x) xmlSApply(x, xmlValue))

# 데이터 프레임으로 변환한다.
xml_df <- data.frame(t(topxml),row.names=NULL)
# 위의 과정은 다음과 같이 간단하게 할 수 있다.
url <- "<a URL with XML data>"
data_df <- xmlToDataFrame(url)
```

### 12.1.6.3 HTML의 표 불러오기

웹 사이트에 있는 HTML 표를 불러오는 것은 웹 스크래핑에서 사용하는 방법의 일부이다.

#### 12.1.6.3.1 RCurl 패키지 이용

RCurl 패키지의 readHMTLTable() 함수를 이용하여 HTML 표를 불러올 수 있다.

```
# install.packages("RCurl")
library(RCurl)

# 불러올 URL을 지정한다.
url <- "<a URL>"

# HTML 표를 읽어온다.
data_df <- readHTMLTable(url,

# HTML의 표가 여러 개일 때, 순번을 지정한다.
                         which = 3)
```

### 12.1.6.4 RCurl 패키지와 XML 패키지의 결합 사용

RCurl 패키지와 XML  패키지를 결합하여 HTML 표를 불러올 수 있다.

```
# 또는 RCurl 패키지와 XML 패키지를 결합하여 사용할 수 있다.
library(XML)
library(RCurl)

# url 변수에 URL을 지정한다.
url <- "YourURL"

# url의 데이터를 불러온다.
urldata <- getURL(url)

# HTML 표를 불러온다.
data <- readHTMLTable(urldata,
                      stringsAsFactors = FALSE)
```

#### 12.1.6.5 httr 패키지 이용

httr 패키지의 readHTMLtable() 함수를 이용할 수도 있다.

```
# httr 패키지를 이용할 수도 있다.
# install.packages("httr")
library(httr)

# URL의 데이터를 불러온다.
urldata <- GET(url)

# HTML 표를 불러온다.
data <- readHTMLTable(rawToChar(urldata$content),
                      stringsAsFactors = FALSE)
```

### 12.1.7 SPSS 데이터 파일 불러오기

```
# SPSS 데이터 세트를 transport 형식으로 저장한다.
get file = 'c:\mydata.sav'
export outfile = 'c:\mydata.por'
# install.packages("Hmisc")
library(Hmisc)

sas.data <- spss.get("c:/mydata.por", use.value.labels = TRUE)
str(sas.data)
# 또는 foreign 패키지를 사용할 수도 있다.
library(foreign)

# SPSS 데이터를 불러온다.
mySPSSData <- read.spss("c:\mydata.sav",
                         to.data.frame=TRUE,
                         use.value.labels=FALSE)

str(mySPSSData)
```

## 12.1.8 SAS 데이터 파일 불러오기

```
# SAS 데이터 세트를 transport 형식으로 저장한다.
libname out xport 'c:/mydata.xpt';
data out.mydata;
set sasuser.mydata;

# install.packages("Hmisc")
library(Hmisc)
sas.data <- sasxport.get("c:/mydata.xpt")

str(sas.data)
# 또는 sas7bdat 패키지를 이용할 수도 있다.
# install.packages("sas7bdat")
library(sas7bdat)
mySASData <- read.sas7bdat("example.sas7bdat")
### Stata 데이터 파일을 불러온다.
# install.packages("foreign")
library(foreign)
stata.data <- read.dta("c:/mydata.dta")

str(stata.data)
```

## 12.1.9 systat 데이터 파일 불러오기

```
# install.packages("foreign")
library(foreign)
systat.data <- read.systat("c:/mydata.dta")

str(systat.data)
```

## 12.1.10 키보드 입력

일반적으로 SAS, SPSS, Excel, Stata, 데이터베이스 또는 ASCII 파일을 데이터 프레임으로 불러올 수 있다. 그런데 데이터를 키보드에 의해 대화식으로도 입력할 수 있다. 다음의 예를 실행해 보면, 윈도우즈에 데이터 편집기 화면이 엑셀 워크시트처럼 나타난다. 그러면 이 데이터 편집기에 데이터를 입력하면 된다.

```
## 키보드를 통하여 대화식으로 데이터 프레임에 데이터를 입력할 수 있다.
## 먼저 데이터 프레임의 구조를 생성한다.
# age 컬럼을 숫자형으로 지정한다.
data <- data.frame(age = numeric(0),
# gender 컬럼을 문자형으로 지정한다.
                   gender = character(0),
# weight 컬럼을 숫자형으로 지정한다.
                   weight = numeric(0))
kbd.data <- edit(data)

# 데이터 편집기의 [파일]-[닫기]를 선택하면 데이터가 저장된다.
str(kbd.data)
```

그런데, edit(data) 는 사용할 때 매우 조심해야 한다. 이 스크립트를 실행하면 기존의 데이터기 모두 지워진다는 것이다.

## 12.1.11 DBMS에 접속하기 : ODBC 인터페이스 이용하기

RODBC 패키지는 ODBC 인터페이스를 통해 데이터베이스 (Microsoft Access 및 Microsoft SQL Server 포함)에 대한 액세스를 제공한다.

주요 함수들을 다음과 같다.

**표 12.1: DBMS 접속 주요 함수**

| 함수 | 설명 |
|---|---|
| `odbcConnect(dsn, uid='', pwd='')` | ODBC 데이터베이스에 대한 연결 열기 |
| `sqlFetch(channel, sqtable)` | ODBC 데이터베이스에서 데이터 프레임으로 테이블 읽기 |
| `sqlQuery(channel, query)` | ODBC 데이터베이스에 쿼리를 제출하고 그 결과를 반환 받습니다. |
| `sqlSave(channel, mydf, tablename = sqtable, append = FALSE)` | ODBC 데이터베이스의 테이블에 데이터 프레임 쓰기 또는 업데이트 (append = True) |
| `sqlDrop(channel, sqtable)` | ODBC 데이터베이스에서 테이블 제거 |
| `close(channel)` | 연결 종료 |

RODBC의 예를 들면 다음과 같다. 예로 DBMS에서 두 개의 테이블을 데이터 프레임으로 불러오는 예이다.

```
# install.packages("RODBC")
library(RODBC)

## mydsn에 연결한다.
# 접속명을 기입한다.
myconn <-odbcConnect("mydsn",

# 접속 ID와 접속 비밀번호를 기입한다.
                     uid="접속ID",
                     pwd="접속비밀번호")

# Crime 테이블을 crimedat로 불러온다.
crimedat <- sqlFetch(myconn, "Crime")

# Punishment 테이블을 쿼리한다.
pundat <- sqlQuery(myconn, "select * from Punishment")

# mydsn 연결을 종료한다.
close(myconn)
```

이외에도 MySQL(RMySQL), Orcle(ROracle), 그리고 JDBC(RJDBC)에 인터페이스 접근도 할 수 있다.

# 12.2 데이터 저장하기

R 에서 처리한 객체를 다양한 형식으로 저장할 수 있다. SPSS, SAS 는 Hmisc 패키지를 그리고 Stata 의 경우에는 foreign 패키지를 사용해야 한다. 그리고 엑셀의 경우는 xlsx 패키지가 필요한다.

## 12.2.1 R 형식으로 저장하기

R에서는 처리한 데이터를 R 고유의 데이터 형식으로 저장할 수 있다. 대표적인 형식이 .rds와 .Rdata (또는 .rda) 형식이다.

이러한 형식으로 데이터를 저장하는 것은 다음과 같은 장점이 있다.

- 데이터를 R로 불러올 때 훨씬 더 빠릅니다.
- 데이터에 인코딩된 R 고유의 정보들(예 : 속성, 변수 유형 등)을 그대로 유지해 준다.

### 12.2.1.1 saveRDS() 함수 이용

이러한 R 형식으로 데이터를 저장하는 saveRDS() 함수와 readRDS() 함수는 하나의 R 객체 만을 저장한다. 그러나 불러들인 객체의 객체 이름이 객체가 저장될 때의 객체 이름과 같을 필요가 없다는 점에서 다중 객체 저장 방식보다는 좀 더 유연한다.

예를 들어, 앞의 예에서 전국 대학도서관정보 파일에서 불러왔던 mydata 객체 한 개를 .rds 형식의 파일로 저장한 다음, 다시 불러와 보기로 한다.

다음은 이러한 하나의 mydata 객체를 out 폴더에 saveRDS() 함수를 이용하여 univ_library.rds로 저장하는 예이다.

```
## mydata 데이터 세트를 out 폴더에 univ_library.rds 파일로 저장한다.
saveRDS(mydata, "out/univ_library.rds")
이제 out 폴더에 저당되어 있는 univ_library.rds 파일을 readRDS() 함수로 불러와서
univ.libr 변수에 다음과 같이 할당한다.
# 저장된 univ_library.rds 파일을 다시 불러들이다.
univ.libr <- readRDS("out/univ_library.rds")

# univ.libr의 데이터 구조를 확인한다.
str(univ.libr)
## 'data.frame':    458 obs. of  11 variables:
##  $ 평가년도  : int  2022 2022 2022 2022 2022 2022 2022 2022 2022 2022 ...
##  $ 도서관구분: chr  "LIBTYPE000003" "LIBTYPE000003" "LIBTYPE000003"
"LIBTYPE000003" ...
##  $ 도서관코드: chr  "L0044" "248032" "241005" "228001" ...
##  $ 도서관명  : chr  "ICT폴리텍대학 도서관" "가야대학교 분성도서관" "가천대학교
중앙도서관" "가천대학교 중앙도서관(M)" ...
##  $ 행정구역  : chr  "경기" "경남" "경기" "인천" ...
##  $ 시군구    : chr  "광주시" "김해시" "성남시" "연수구" ...
##  $ 장서수    : int  9686 232686 1058013 109656 754258 65899 299584 664214
190019 116877 ...
```

```
## $ 사서수    : int  0 2 9 1 3 1 4 6 7 2 ...
## $ 대출자수  : int  65 434 2911 836 1793 113 426 3768 1864 488 ...
## $ 대출권수  : int  262 6703 66503 6112 16697 667 11726 66161 20247 5274 ...
## $ 도서예산  : num  2.70e+06 1.15e+08 1.97e+09 0.00 4.88e+08 ...
```

### 12.2.1.2 save() 함수 이용

한편, 복수 개의 객체들을 저장하기 위해서는 save() 함수를 사용하며, 그 결과는 .Rdata 형식으로 저장된다.

예를 들어, 전국 대학도서관정보를 담고 있는 mydata와 mycsv 등의 2개의 객체를 save() 함수를 이용하여 library.Rdata라는 파일로 저장해 보기로 한다. 이때, 저장되는 파일의 확장자 Rdata를 잊지 말기 바란다.

```
## mydata와 mycsv 두 개의 객체를 저장한다.
save(mydata, mycsv,
     file = "out/library.Rdata")
```

- mydata, mycsv : 두 개의 객체를 save() 함수롤 저장하고 있다.
- file = "out/library.Rdata" : 저장할 폴더와 파일명이다.

콘솔 창에 rm(list = ls()) 명령을 수행하여, 현재 사용 중인 모든 객체를 다음과 같이 제거한다. 그런 다음, library.Rdata를 load() 함수로 불러 온다.

```
# 메모리에 저장된 모든 객체를 제거한다.
rm(list = ls())

## 저장된 Rdata 파일은 load() 함수로 불러온다.
load("out/library.Rdata")          # 변수에 할당할 필요가 없다. (자동으로 변수명도 가져옴)

# 메모리에 저장된 객체 목록을 확인한다.
ls()
## [1] "mycsv"  "mydata"
```

- load()함수의 경우에는 Rdata에 저장되어 있는 객체들의 이름을 그대로 불러오게 된다.

R Studio의 환경 탭에 두 개의 객체가 표시되어 있음을 알 수 있다.

```
# mycsv 객체의 구조를 확인한다.
str(mycsv)
## 'data.frame':    458 obs. of  11 variables:
##  $ 평가년도  : int  2022 2022 2022 2022 2022 2022 2022 2022 2022 2022 ...
##  $ 도서관구분: chr  "LIBTYPE000003" "LIBTYPE000003" "LIBTYPE000003"
"LIBTYPE000003" ...
##  $ 도서관코드: chr  "L0044" "248032" "241005" "228001" ...
##  $ 도서관명  : chr  "ICT폴리텍대학 도서관" "가야대학교 분성도서관" "가천대학교
중앙도서관" "가천대학교 중앙도서관(M)" ...
##  $ 행정구역  : chr  "경기" "경남" "경기" "인천" ...
##  $ 시군구    : chr  "광주시" "김해시" "성남시" "연수구" ...
##  $ 장서수    : int  9686 232686 1058013 109656 754258 65899 299584 664214
190019 116877 ...
##  $ 사서수    : int  0 2 9 1 3 1 4 6 7 2 ...
##  $ 대출자수  : int  65 434 2911 836 1793 113 426 3768 1864 488 ...
##  $ 대출권수  : int  262 6703 66503 6112 16697 667 11726 66161 20247 5274 ...
##  $ 도서예산  : num  2.70e+06 1.15e+08 1.97e+09 0.00 4.88e+08 ...
```

- library.Rdata 파일에 저장되어 있던 mycsv 객체의 구조를 반환한다.

## 12.2.2 CSV로 저장하기

R에서 처리한 객체를 write.csv() 함수 또는 write.table() 함수를 이용하여 csv 파일로 저장할 수 있다.

### 12.2.2.1 write.csv() 함수 이용

write.csv() 함수의 형식은 다음과 같다.

```
write.csv(x, file = "", row.names = TRUE)
  • x : 파일에 저장할 데이터 프레임 또는 행렬 등의 객체이다.
  • file = "" : 데이터를 저장할 경로와 파일명이다.
  • row.names = TRUE : TRUE면 행 이름을 csv 파일에 포함시켜 저장한다.
```

좀 전에 앞에 불러왔던 mydata 객체를 csv 파일로 저장해 보기로 한다. 그런데 이 객체에는 한글이 있기 때문에 fileEncoding = 인수에 "UTF-8"을 입력해 줘야 한다.

그러면 write.csv() 함수를 이용하여 mydata 객체를 out 폴더에 mydata.csv로 저장해 보기로 한다.

```
## mydata 객체를 mydata.csv로 저장한다.
# 한글 코딩을 설정한다.
write.csv(mydata, "out/mydata.csv",
          fileEncoding = "UTF-8")

## out 폴더에 있는 파일의 목록을 확인한다.
list.files("out")
## [1] "library.Rdata"     "mydata.csv"        "mydata.xlsx"       "mydatatab1.csv"
## [5] "mydataTable.csv"   "univ_library.rds"
```

- list.files("out") : list.files() 함수로 "out" 폴더에 저장되어 있는 파일의 목록을 확인할 수 있다.

#### 12.2.2.2 write.table() 함수 이용

write.table() 함수를 이용해서도 현재 사용 중인 객체를 csv 파일로 저장할 수 있다.

다음은 mydata 객체를 write.table() 함수를 이용하여 out 폴더에 mydataTable.csv 파일로 저장하는 예를 보여주고 있다.

```
## 또는 write.table() 함수를 이용할 수도 있다.
# 한글 코딩을 설정한다.
write.table(mydata, "out/mydataTable.csv",
            fileEncoding = "UTF-8")

## out 폴더에 있는 파일의 목록을 확인한다.
list.files("out")
## [1] "library.Rdata"     "mydata.csv"        "mydata.xlsx"       "mydatatab1.csv"
## [5] "mydataTable.csv"   "univ_library.rds"
```

write.table() 함수를 이용해 mydata 객체를 저장할 때, 데이터 구분자를 sep = 인수에 지정할 수 있다.

다음의 예는 구분자를 탭(\t)으로 지정하는 예이다.

```
## 데이터 항목의 구분자를 설정할 수도 있다.
# 구분자로 탭문자(\t)를 설정한다.
write.table(mydata, "out/mydatatab1.csv",
            sep = "\t",
            fileEncoding = "UTF-8")

# out 폴더에 있는 파일의 목록을 확인한다.
list.files("out")
## [1] "library.Rdata"    "mydata.csv"         "mydata.xlsx"        "mydatatab1.csv"
## [5] "mydataTable.csv"  "univ_library.rds"
```

## 12.2.3 엑셀 시트로 저장하기

xlsx 패키지의 write.xlsx() 함수를 이용하여 R의 객체를 엑셀 시트로도 저장할 수 있다.

예를 들어, mydata 객체를 write.xlsx() 함수를 이용하여 out 폴더에 mydata.xlsx 파일로 저장해 보기로 한다.

```
## mydata 객체를 mydata.xlsx 파일로 저장한다.
# install.packages("xlsx")
library(xlsx)

# 특별히 한글코드를 지정할 필요가 없다.
write.xlsx(mydata, "out/mydata.xlsx")

# out 디렉토리에 있는 파일의 목록을 확인한다.
list.files("out")
## [1] "library.Rdata"    "mydata.csv"         "mydata.xlsx"        "mydatatab1.csv"
## [5] "mydataTable.csv"  "univ_library.rds"
```

엑셀 파일로 저장하는데 다소 시간이 소요됨을 느낄 수 있을 정도이다. 따라서 엑셀 파일형식으로 저장하는 것은 추천하고 싶지 않다. 엑셀 파일형식보다는 csv 파일의 형식으로 저장하는 것이 좋다.

### 12.2.4 기타 형식으로 저장하기

SPSS, SAS, Stata 형식으로도 저장할 수 있다.

다음의 예를 참고하기 바란다. mydata 객체를 저장하는 예를 살펴 보기로 한다.

```
## SPSS로 저장한다.
library(foreign)
write.foreign(mydata,
              "c:/mydata.txt", "c:/mydata.sps",
              package = "SPSS")
```

```
## SAS로 저장한다.
library(foreign)
write.foreign(mydata,
              "c:/mydata.txt", "c:/mydata.sas",
              package="SAS")
```

```
## Stata로 저장한다.
library(foreign)
write.dta(mydata, "c:/mydata.dta")
```

# 13

# 조건문

# 13. 조건문

이번 장에서는 R에서 다루는 조건문들에 대하여 학습하기로 한다. R에서의 조건문도 '단순 조건문'과 '중첩된 조건문'으로 구분할 수 있다.

## 13.1 단순 조건문

### 13.1.1 if 조건문

단순 조건문은 `if (조건식) {본체}`와 같이 하나의 조건식을 테스트한다. 조건식이 TRUE이면, {본체}가 실행된다. 그러나 조건식이 FALSE이면 {본체}는 실행하지 않고 그 아래로 내려가게 된다.여기서 조건식은 "논리형 벡터" 또는 " 숫자형 벡터" 일 수 있으며, 여러 요소가 있는 경우에는 첫 번째 요소 만 고려된다. 숫자형 벡터의 경우 0은 FALSE로, 나머지는 TRUE로 간주된다.

단순 조건문을 나타내는 `if` 조건문의 흐름도를 살펴보면 <그림 13.1>과 같다.

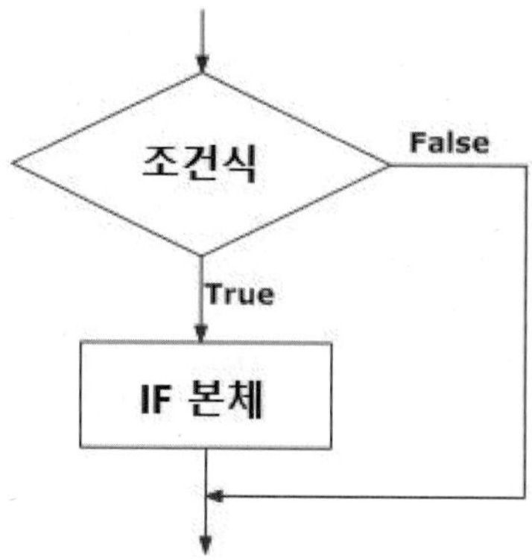


그림 13.1: if 조건문의 흐름도

`if` 조건문의 형식은 다음과 같다.

```
# if 조건문의 형식
if (조건식) {
    명령문
}
```

다음은 벡터 x에 대하여 벡터의 요소 값에 음수가 포함되어 있는지를 검사하고 그 결과를 출력하는 예이다.

```
# 테스트할 벡터를 생성한다.
x <- c(8, 3, -2, 5)

# 조건식을 만족하면 print() 문을 반환한다.
if (any(x < 0)) print("벡터 x에 음수 값이 포함되어 있다.")
## [1] "벡터 x에 음수 값이 포함되어 있다."
```

- 여기서 any() 함수가 사용되었다. 이 함수는 (x < 0)을 만족하는 요소가 하나라도 있는지를 확인하는 함수이다.
- 참고로, all() 함수가 있다. 이 함수는 () 안에 있는 조건을 모두 만족하는지를 확인하는 함수이다.

이 if 문을 작성할 때 중괄호를 사용하는 것이 좋다. 위의 예에서는 조건문의 본문이 한 줄이기 때문에 블록을 나타내는 중괄호({})를 사용하지 않았다. 그러나, 중괄호를 사용하는 습관을 들이는 것이 좋다. 이렇게 하면 본문에 추가 함수가 있는 if 문을 작성하거나 나중에 else 문을 추가할 때 예기치 않은 코드 절차와 관련된 문제의 발생을 예방할 수 있다.
다음은 {}를 사용하여 앞의 예를 다시 표현한 예이다.

```
# 중괄호를 사용해도 같은 결과를 가져온다.
if(any(x < 0)){
        print("벡터 x에 음수 값이 포함되어 있다.")
}
## [1] "벡터 x에 음수 값이 포함되어 있다."
```

그런데, 위의 예에서 만일 벡터 x의 요소가 모두 양수라면 어떻게 될까?

```
# 만일 조건문이 FALSE인 경우에는 어떠한 결과도 반환하지 않습니다.
x <- c(8, 3, 2, 5)

if(any(x < 0)){
        print("벡터 x에 음수 값이 포함되어 있다.")
}
```

아무런 결과가 출력이 되지 않음을 알 수 있다. 이것은 `if(조건문)`이 TRUE인 경우에만 `print()` 함수로 출력하고 있고, FALSE인 경우를 대비하고 있지 않기 때문이다. 다음의 절에서 조건식이 FALSE인 경우를 대비하기 위한 `if ... else` 조건문에 대하여 살펴보기로 한다.

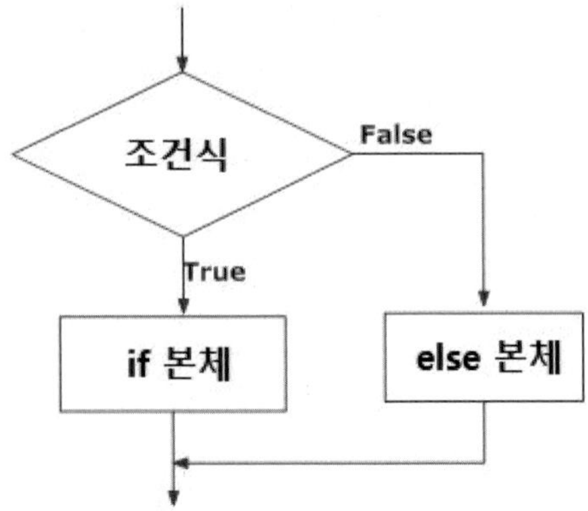


**그림 13.2: if … else 조건문의 흐름도**

## 13.1.2 if...else 조건문

`if ... else` 조건문은 `if` 조건문과 유사하게 조건식을 검사하는 데 사용된다. 그러나 `if` 조건문에서는 조건식이 FALSE이면 아무 일도 일어나지 않지만, `if ... else` 조건문에서는 조건식이 FALSE인 경우 `else` 이하 부분이 실행되는 것이다.

`if...else` 조건문의 흐름도는 다음의 <그림 13.2>와 같다.

`if … else` 조건문의 형식은 다음과 같다.

```
# if...else 조건문의 형식
if (조건식) {
     # TRUE 블록
       명령문 1
   } else {
     # FALSE 블록
       명령문 2
}
```

- 조건식을 검사하여 그 결과가 TRUE 이면, 'TRUE 블록'에 있는 명령문 1을 수행하고 전체 블록을 빠져 나간다.
- 조건식의 결과가 FALSE 이면, 'FALSE 블록'에 있는 명령문 2를 수행하고 전체 블록을 빠져 나간다.

이제 if 조건문의 조건식 결과가 TRUE이면 'TRUE 블록'을 실행하고, FALSE이면 else 이하의 'FALSE 블록'을 실행하는 형태로 앞의 예를 확장해 보기로 한다. 앞에서의 print() 함수의 내용을 'TRUE 블록'에 배치하고, 음수가 없는 경우에 출력할 print() 함수를 'FALSE 블록'에 새로 추가하면 되는 것이다.

다음의 예를 살펴보기로 한다.

```
## if ... else 조건문을 이용한 예이다.
# 음수를 포함한 벡터를 생성한다.
x <- c(11, 23, -22, 15)

# TRUE 블록이 실행된다.
if( any(x < 0) ){
       print("벡터 x가 음수 값을 포함하고 있다.")
  } else {
       print("벡터 x가 모두 양수이다.")
}
## [1] "벡터 x가 음수 값을 포함하고 있다."
```

- 예로 사용된 벡터 x에 음수가 포함되어 있다.

따라서 위의 예에서는 'TRUE 블록'의 print() 함수로 결과가 반환된다.

다음은 'TRUE 블록'이 실행되는 예로, 벡터 y는 모두 양수 값만을 가지고 있는 경우이다.

```
## if ... else 조건문을 이용한 예이다.
# 모두 양수인 벡터를 생성한다.
y <- c(11, 23, 22, 15)

# FALSE 블록이 실행된다.
if( any(y < 0) ){
       print("벡터 y가 음수 값을 포함하고 있다.")
  } else {
       print("벡터 y가 모두 양수이다.")
}
## [1] "벡터 y가 모두 양수이다."
```

앞에서 살펴본 if … else조건문을 다음과 같이 한 줄로도 간단히 표현할 수 있다.

```
# 한줄로 if 조건문을 표현할 수 있다.
if(any(x < 0)) print("벡터 x가 음수 값을 포함하고 있다.")
else print("벡터 x가 모두 양수이다.")
## [1] "벡터 x가 음수 값을 포함하고 있다."
```

그러나, 이러한 방법은 사용하지 않은 것이 좋다. 이 방법보다는 다음에서 살펴볼 ifelse() 함수을 사용하는 것이 좋다.

## 13.1.3 ifelse() 함수

위와 같이 명령문이 한 줄의 코드만 실행되는 간단한 if ... else 조건문은 매우 간단하게 ifelse() 함수를 사용하는 좋다.

ifelse() 함수의 형식은 다음과 같다.

```
ifelse(test, yes, no)
인수 :
  • test : 조건식이다.
  • yes : 조건식이 TRUE 일 때 실행되는 'TRUE 블록'에 해당한다.
  • no : 조건식이 FALSE일때 실행되는 'FALSE 블록'에 해당한다.
```

여기서 test는 논리형 벡터 (또는 논리로 강제 변환될 수 있는 객체)여야 한다. 반환 값은 test와 길이가 같은 벡터이다.

이 ifelse() 함수에 의해 반환되는 벡터는 test의 값이 TRUE 인 경우 yes의 요소가 실행되고, test의 값이 FALSE 인 경우 no의 요소가 실행된다.

즉, test[i]가 TRUE이면 결과의 i 번째 요소는 yes[i]가 된다. FALSE이면 no[i]의 값을 반환하게 된다. 벡터 yes와 no는 필요할 때마다 자동 채우기(recycling)가 된다.

ifelse() 함수의 사용에 대한 간단한 예를 들어 보기로 한다.

```
# 벡터 a의 요소들이 짝수이면 "even", 홀수 이면 "odd"를 반환한다.
a <- c(15, 32, 22, 29)
ifelse(a %% 2 == 0, "짝수", "홀수")
## [1] "홀수" "짝수" "짝수" "홀수"
```

위의 예에서

- test에 해당하는 a %% 2 == 0의 반환 결과는 논리형 벡터로 (FALSE, FALSE, TRUE, FALSE)가 된다.
- 마찬가지로 함수 인수의 다른 두 벡터인 yes와 no는 각각 ("짝수", "짝수", "짝수", "짝수")와 ("홀수", "홀수", "홀수", "홀수")로 자동 채우기가 된다.
- 따라서 최종적인 결과로 test가 반환하는 벡터의 요소 값에 따라 평가가 되어 ("홀수" "짝수" "짝수" "홀수")가 반환되는 것이다.

앞에서 살펴본 예를 ifelse() 함수를 이용하면 간단하게 작성할 수 있다.

```
x <- c(15, 32, 22, 29)
# ifelse() 함수의 이용 방법
ifelse(any(x < 0),
       "벡터 x는 음수를 포함한다.",
       "벡터 x는 모두 양수이다.")
## [1] "벡터 x는 모두 양수이다."
```

- ifelse() 함수는 다음과 같이 구성됨을 알 수 있다.
    - 첫째 요소 : 조건식
    - 둘째 요소 : 조건식이 TRUE인 경우 실행되어야 할 명령문
    - 셋째 요소 : 조건식이 FALSE인 경우 실행되어야 할 명령문

그리고 가능하면 이들 요소들을 한 줄씩 표현하는 것이 좋을 듯 한다.

# 13.2 중첩 조건문

## 13.2.1 if … else 조건문

`if ... else` 조건문은 필요한 만큼 'TRUE 블록'과 'FALSE 블록'에 중첩할 수도 있다. 이를 '중첩된 조건문'이라고 한다.

중첩된 `if … else` 조건문은 다음과 같은 형식으로 표현된다.

```
if (조건식1)
   명령문 1
} else if (조건식2) {
           명령문 2
} else if (조건식3) {
           명령문3
} else {
           명령문 4
}
```

예를 들어, 다음은 스칼라 x의 값이 허용범위(`x >= 0 & x < 10`) 안에 속하고 있는지를 검사하고, x의 값이 허용범위를 미달하는지, 허용범위를 초과하는지를 그리고 허용범위 안에 있는지를 반환하는 예를 보여 주고 있다.

```
## 중첩 if ... else 조건문의 예이다.
# 허용범위(0부터 10까지의 값)를 조건으로 한다.
x <- 8

# 허용범위의 초과를 검사하는 (조건식 1)이다.
if( x >= 10)  {

# (조건식 1)의 TRUE 블록이다.
       print("x가 허용 범위 수준을 초과하고 있다.")
# 허용범위 안에 있는지를 검사하는 (조건식 2)이다.
   } else if(any(x >= 0 & x < 10)) {
```

```
# (조건식 2)의 TRUE 블록이다.
        print("x가 허용 범위 내에 있다.")

# 모든 조건식들의 FALSE 블록이다.
  } else {
         print("x가 허용 범위 수준에 미달하고 있다.")
}
## [1] "x가 허용 범위 내에 있다."
```

- 그런데, 위의 예에서 x가 스칼라가 아닌 벡터인 경우에는 위의 구문은 에러가 발생한다.

## 13.2.2 switch() 함수

switch()함수는 리스트의 요소에 대해 조건식을 테스트한다. 조건식에서 평가된 값이 목록의 항목과 일치하면 해당 값이 반환되는 것이다.

switch() 함수의 형식은 다음과 같다.

```
switch(조건식, 실행문 목록)
```

여기서 조건식이 검사되고, 검사 결과의 반환값을 기반으로 컴마(,)로 구분된 실행문 목록 중 해당 실행문이 실행되어 결과가 반환되는 것이다.

그런데, 조건식에서 평가된 값이 실행 목록 중 두 개 이상의 항목과 일치하는 경우에는 그 중 첫 번째 일치 항목을 반환한다.

switch() 함수를 사용하는 예를 살펴보기로 한다.

다음과 같이 switch() 함수의 조건식의 결과 값이 숫자이면 '실행 목록'의 색인으로 이용된다. 즉 목록의 색인에 해당하는 실행문이 반환된다.

```
## switch() 함수의 사용 예이다.
# 2번째 요소가 반환된다.
switch(2, "red", "green", "blue")
## [1] "green"
```

- 조건식이 정수형으로 되어 있다.
- 실행 목록은 "red", "green", "blue" 등의 문자형이다.
- 따라서 결과는 조건식의 값 2에 해당하는 실행 목록 중 "green"을 반환하는 것이다.

```
## switch() 함수의 사용 예이다.
# 1번째 요소가 반환된다.
switch(1, "red", "green", "blue")
## [1] "red"
```

위의 예에서 "red", "green" ,"blue"가 세 개의 실행 목록이 있다. 그리고 switch() 함수의 조건식의 결과에 따라 해당하는 목록의 항목을 반환하게 되는 것이다.

그런데 조건식의 결과에 해당하는 항목이 실행 목록에 없으면 어떻게 될까? 결론적으로 NA를 반환하게 된다.

다음의 예는 실행 목록은 3개인데, 조건식의 결과 값은 4 또는 0인 경우의 예이다. 물론 그 결과로 NA가 반환됨을 알 수 있다.

```
## switch() 함수의 사용 예이다.
# 조건식의 결과에 해당하는 실행항목이 없다.
x <- switch(4,"red","green","blue")

## switch() 함수의 사용 예이다.
# 조건식의 결과에 해당하는 실행항목이 없다.
x <- switch(0,"red","green","blue")
x
## NULL
```

switch() 함수의 조건식에 문자열도 사용될 수 있다. 그러면 switch() 함수는 이 문자열으로 이름 붙여진 실행 목록의 항목을 반환하게 된다.

다음은 switch() 함수의 조건식의 결과가 문자열이고, 실행 목록의 요소에 문자열로 키워드가 설정되어 있는 예이다.

```
## switch() 함수의 사용 예이다.
# 조건식에 문자열을 사용하고 있다.
switch("color",
       "color" = "red",
       "shape" = "square",
       "length" = 5)
## [1] "red"
```

- 조건식에 문자열 "color"가 지정되어 있다.
- 실행 목록의 요소들에 키워드가 지정되어 있다. 이중 color =를 키워드로 하는 "red"가 반환된다.

```
## switch() 함수의 사용 예이다.
# 조건식에 문자열을 사용하고 있다.
switch("length",
       "color" = "red",
       "shape" = "square",
       "length" = 5)
## [1] 5
```

다음은 switch() 함수의 장점을 잘 보여주는 간단한 계산기 프로그램의 예를 살펴 보기로 한다.

```
###  switch() 함수를 이용하여 간단한 사칙연산을 수행하는 계산기 프로그램이다.

## 사칙연산 함수들을 정의한다.
# add() 함수를 정의한다.
add <- function(x, y) { return(x + y) }

# subtract() 함수를 정의한다.
subtract <- function(x, y) { return(x - y) }

# multiply() 함수를 정의한다.
multiply <- function(x, y) { return(x * y) }
```

```
# divide() 함수를 정의한다.
divide <- function(x, y) { return(x / y) }

## 사용자로부터 자료를 입력받습니다.
print("연산자를 선택하세요(1/2/3/4).")
## [1] "연산자를 선택하세요(1/2/3/4)."
print("1. 더하기")
## [1] "1. 더하기"
print("2. 빼기")
## [1] "2. 빼기"
print("3. 곱하기")
## [1] "3. 곱하기"
print("4. 나누기")
## [1] "4. 나누기"

# 원하는 연산을 선택한다.
choice <- as.integer(readline(prompt="[1/2/3/4] 중에서 선택하세요 : "))
## [1/2/3/4] 중에서 선택하세요 :
num1 <- as.integer(readline(prompt="첫 번째 수를 입력하세요 : "))
## 첫 번째 수를 입력하세요 :
num2 <- as.integer(readline(prompt="두 번째 수를 입력하세요 : "))
## 두 번째 수를 입력하세요 :

##  switch() 함수 사용의 첫번째 예이다.
# 원하는 연산에 해당하는 연산기호를 선택한다.
operator <- switch(choice,"+", "-", "*", "/")

# <다음은 시험을 위한 데이터 세트이다.>
choice <- 3
num1 <- 12
num2 <- 4

## switch() 함수의 사용의 두번째 예이다.
```

```
# 해당하는 연산함수를 택하여 연산을 수행한다.
result <- switch(choice,
                 add(num1, num2),
                 subtract(num1, num2),
                 multiply(num1, num2),
                 divide(num1, num2))

# 계산결과를 출력한다.
print(paste(num1, operator, num2, "=", result))
## [1] "12  4 = 48"
```

위의 프로그램을 실행하면 콘솔창의 프롬프트에 choice, num1, num2를 입력하라는 메시지가 표시가 된다.

중간에 있는 다음의 내용을 삭제하고 여러분도 실행해 보기 바란다.

```
# <다음은 시험을 위한 데이터 세트이다.>
choice <- 3
num1 <- 12
num2 <- 4
```

# 14 반복문

# 14. 반복문

이번 장에서는 명령문을 반복적으로 수행하게 하는 반복문에 대하여 살펴 보기로 한다.

R에서는 반복문이 명시적으로 이용되는 경우와 암시적으로 이용되는 경우가 있다.

다음의 <표 14.1>에 있는 `for`, `while`, 그리고 `repeat` 등은 명시적으로 명령문을 반복적으로 수행하게 한다.

**표 14.1: 반복문**

| 구문 | 설명 |
|---|---|
| for (i in data) { i를 사용한 문장 } | data에 들어 있는 각각의 값을 변수 i에 할당하면서<br>블록 안의 문장을 수행한다. |
| while (조건식) { 조건이 참일 때 수행할 문장 } | 조건식이 참일 때 블록 안의 문장을 수행한다. |
| repeat {반복해서 수행할 문장 } | 블록 안의 문장을 반복해서 수행한다.<br>repeat는 다른 언어의 do-while에 해당한다. |

앞으로 17 장에서 살펴볼 `tapply()` 함수, `apply()` 함수 그리고 `lapply()` 함수 등은 암시적 반복을 위한 대표적 함수들이다.

그리고 앞에서 살펴보았던 4.11의 벡터의 산술 연산의 경우에는 명시적인 반복문을 사용하지 않아도 된다.

또한, 반복문을 명시적으로 제어하는 데 도움이 되는 두 가지 명령문이 있다. 그것은 다음의 14.4에서 살펴보게 될 `next`와 `break` 등의 명령문이 있는데 이를 간단히 설명하면 다음과 같다.

- `break` 문은 현재 실행 중인 가장 안쪽의 루프에서 종료된다.
- `next` 문은 즉시 제어가 루프의 처음 시작으로 돌아가도록 한다. 그런 다음 반복문의 다음 반복(있는 경우)이 실행된다. 현재 반복블록에서는 `next` 아래의 명령문은 실행되지 않는다.
- 루프 문에서 반환된 값은 항상 `NULL`이며, 묵시적으로 이를 반환한다.

# 14.1 for 반복문

for 반복문은 특정 회수(또는 특정 값을 포함하고 있는) 동안 반복적으로 명령문을 실행하는데 사용된다.

for 반복문의 흐름도는 다음의 <그림 14.1>과 같다.

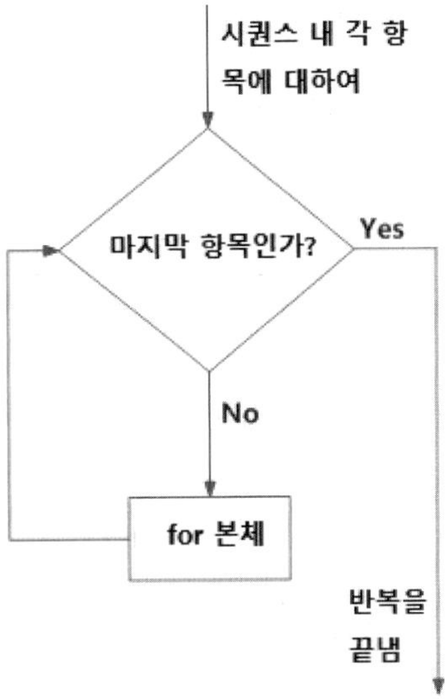


■■그림 14.1: for 반복문의 흐름도

for 반복문의 형식은 다음과 같다.

```
## for 반복문의 형식 (1)
# val에 sequence의 첫번째 값부터 마지막 값까지 하나씩 할당한다.
for (val in sequence)
    {
        명령문
    }
```

예를 들어, 다음의 'for' 반복문은 i가 가질 수 있는 값 (2010, 2011,…, 2016)의 범위인 2010에서 시작하여 2016까지 중괄호 안에 있는 블록의 paste() 함수와 print() 함수를 반복적으로 수행하는 예를 보여주고 있다.

```
## for() 반복문의 예이다.

for (i in 2010:2016){
        output <- paste("The year is", i)
        print(output)
}
## [1] "The year is 2010"
## [1] "The year is 2011"
## [1] "The year is 2012"
## [1] "The year is 2013"
## [1] "The year is 2014"
## [1] "The year is 2015"
## [1] "The year is 2016"
```

만일 for 루프를 수행하여 output을 벡터 또는 다른 데이터 구조로 결합시키려면 for 루프 이전에 output 데이터 구조를 지정해야 한다.

예를 들어, 앞의 output 출력 결과들을 하나의 벡터 x로 결합하고자 한다면, 먼저 공벡터 x <- NULL을 for 루프 이전에 정의한다. 그리고, for 루프 안에서 c() 함수를 이용하여 output과 x를 결합해 주면 된다.

다음의 예를 확인해 보기 바란다.

```
# 블록 내의 output 결과를 하나의 벡터 x로 결합한다.
x <- NULL

for (i in 2010:2016){
        output <- paste("The year is", i)
        x <- c(x, output)
}

x
## [1] "The year is 2010" "The year is 2011" "The year is 2012" "The year is 2013"
## [5] "The year is 2014" "The year is 2015" "The year is 2016"
```

- output 의 결과들이 벡터 x의 요소가 되었음을 알 수 있다.

그러나 여기서 알아야 할 중요한 교훈은 R이 데이터 객체의 요소를 c() 함수를 이용하여 추가/결합(growing)하는 것이 효율적이지 않다는 것이다. 이 보다는 빈 데이터 객체를 만들고 for 루프 출력으로 벡터 x의 색인을 이용하여 색인 요소에 데이터를 채워가는(filling) 것이 더 효율적이라는 것이다.

이전 예에서는 새 값을 추가/결합하여 x요소를 추가했다.

그런데 이 보다 효율적인 방법은 적당한 길이를 갖는 벡터(또는 기타 데이터 구조)를 미리 정의하고, 그 요소를 채워가는 방법이다.

다음 예에서는 적당한 길이의 벡터 x 를 만들고, for 루프 내에서 벡터 x의 각 요소들을 채워가는 방법을 보여 주고 있다. 이 작은 예제에서는 이러한 비효율성이 눈에 띄지 않지만 더 큰 반복을 수행하면 눈에 띄게 확인될 것이다.

다음은 적당한 길이의 벡터 x를 생성하고, 색인 변수 counter를 설정하여, output을 벡터 x의 요소에 색인으로 채워가는 방법을 보여주고 있다.

```
## 벡터에 색인을 이용하여 데이터 요소를 채워가는 예이다.

# 적당한 길이의 벡터를 그 유형과 함께 정의한다.
x <- vector(mode = "numeric", length = 7)

# 색인 변수의 초기값을 설정한다.
counter <- 1

# 벡터의 데이터 요소를 반복적으로 채워갑니다.
for (i in 2010:2016){
        output <- paste("The year is", i)
        x[counter] <- output
        counter <- counter + 1
}

x
## [1] "The year is 2010" "The year is 2011" "The year is 2012" "The year is 2013"
## [5] "The year is 2014" "The year is 2015" "The year is 2016"
```

- vector(mode = "numeric", length = 7) : 벡터를 생성을 위해 vector() 함수를 사용하고 있다.
- x[counter] <- output : 각 루프의 output을 벡터의 요서 x[counter]에 할당하고 있다.

참고로, vector() 함수의 도움말은 콘솔창에서 ? vector() 명령을 실행하면 볼 수 있다.
행렬의 경우의 예도 살펴보기로 한다.
다음의 예는 5행, 5열의 빈 행렬 my.dat를 정의하고 각 요소를 채워가는 예이다. my.dat 행렬을 미리 정의한 다음, for 루프가 각 열에 대하여 반복적으로 (여기에서 i가 my.mat 행렬의 열 번호 값 1을 어떻게 취하는지 주목하기 바란다.) i 컬럼에 있는 평균 i를 갖는 포아송 분포에서 추출된 5개의 난수를 가져와 각 열의 요소로 채우게 된다.

```
## 행렬에 데이터 요소를 채워가는 예이다.
# 공행렬을 정의한다.
my.mat <- matrix(NA, nrow = 5, ncol = 5)

# 색인 변수로 i를 설정하고, my.dat의 각 열을 채워나갑니다.
set.seed(1000)
for(i in 1:ncol(my.mat)){
        my.mat[, i] <- rpois(5, lambda = i)
}
my.mat
##      [,1] [,2] [,3] [,4] [,5]
## [1,]    0    0    2    1    3
## [2,]    2    3    4    4    7
## [3,]    0    2    2    5    4
## [4,]    1    1    5    1    2
## [5,]    1    1    4    4    5
```

- `matrix(NA, nrow = 5, ncol = 5)` : 5행 5열의 공행렬을 생성한다.
- `rpois(5, lambda = i)` : 평균값(lambda)을 열번호(i)로 하는 포아송 분포(`dpois()` 함수)의 난수(`r`)를 5개 생성한다.
- `my.mat[, i]` : `my.mat` 행렬의 `i`열을 색인한다.

이와 같이, `for` 구문은 일반적으로 `i` 를 카운터로 사용하여, 이 카운터가 순차적으로 증가하는 `i`번째 값에서 코드의 본체(body)가 실행되는 형식을 취하며, `for` 루프는 카운터 `i`의 특정 회수 동안 반복적으로 명령문을 실행하게 된다.

`i`를 카운터로 하고, `i in 1:10`의 각 값에 대하여 반복되어야 할 명령어를 수행하는 `for` 반복문은 다음과 같다.

```
# for 반복문의 형식 (2)
for(i in 1:10) {
        i에 의해 실행되는 명령어
}
```

# 14.2 while 반복문

while 반복문은 반복 조건식의 검사로 시작한다. 조건식의 결과가 TRUE이면 명령문을 실행하며, 명령문을 실행한 다음에는 다시 조건식을 다시 반복적으로 검사를 수행하여, 최종적으로 조건식의 결과가 FALSE로 판명될 때 반복이 종료되는 구문이다.

이때, while 내의 블록이 몇 번 반복되었는지 확인하고자 할 경우 counter 객체를 포함하는 것도 좋은 방법이다.

다음의 <그림 14.2>는 while 반복문의 흐름도를 보여주고 있다.

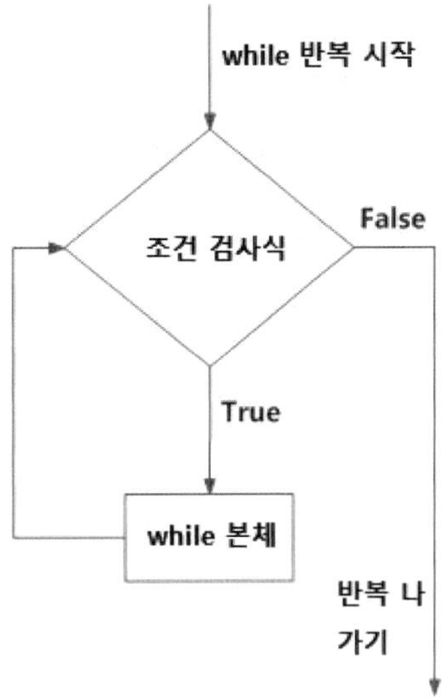


그림 14.2: while 반복문의 흐름도

while 반복문의 형식은 다음과 같다.

```
## while 반복문의 형식

# 반복회수 확인을 위한 counter 이다.
counter <- 1

# while 반복문의 시작이다.
while(조건식) {
      명령문
      counter <- counter + 1
}
```

그런데 while 반복문은 잘못 작성하면 잠재적으로 무한 루프가 발생할 수 있다. 따라서 주의해서 사용해야 한다.

for 반복문과 while  반복문의 유사성을 다음의 예에서 살펴보기로 한다.

```
### for 반복문과 while 반복문은 매우 유사한다.
## while 반복문의 예이다.
counter <- 1

while(counter <= 10) {
        print(counter)
        counter <- counter + 1
}
## [1] 1
## [1] 2
## [1] 3
## [1] 4
## [1] 5
## [1] 6
## [1] 7
## [1] 8
## [1] 9
## [1] 10

## 위와 같은 결과를 가져오는 for 반복문이다.
counter <- vector(mode = "numeric", length = 10)

for(i in 1:length(counter)) {
        print(i)
}
## [1] 1
## [1] 2
## [1] 3
## [1] 4
## [1] 5
## [1] 6
## [1] 7
## [1] 8
## [1] 9
## [1] 10
```

for 루프와 while 루프의 주요 차이점은 다음과 같다.

명령문이 실행되는 반복 회수가 명확할 때는 for 반복문을 사용하는 것이 유리하며, 반복 회수가 불명확할 때는 while 반복문을 사용하는 것이 유리하다고 할 수 있다.

예를 들어, 다음은 x 값을 취하고 x가 조건식에 있는 값 9를 초과할 때까지 x에서 임의로 1을 더하거나 빼주는 예이다. output은 x 값이 조건식의 임계값인 9를 초과할 때까지 코드가 14 번 실행됨을 보여준다.

```
## while 반복문의 사용 예이다.

# counter 변수와 x를 설정한다.
counter <- 1
x <- 5

# 난수의 초기값을 지정한다.
set.seed(3)

# while 반복문의 시작이다.
while(x >= 3 && x <= 8 ) {

# 이항분포인 난수를 발생하여 coin에 할당한다.
                coin <- rbinom(1, 1, 0.5)

# coin 값이 1인지 확인한다.
                if(coin == 1) {     ## <<random walk>>

# coin 값이 1이면 x에 1을 더한다.
                x <- x + 1
        } else {
# coin 값이 1이 아니면 x에서 1을 뺍니다.
                x <- x - 1
        }
# 반복시 마다 다음을 실행한다.
  cat("반복회수 : ", counter, ", x =", x, '\n')
  counter <- counter + 1
}
## 반복회수 :  1 , x = 4
## 반복회수 :  2 , x = 5
## 반복회수 :  3 , x = 4
## 반복회수 :  4 , x = 3
## 반복회수 :  5 , x = 4
## 반복회수 :  6 , x = 5
## 반복회수 :  7 , x = 4
## 반복회수 :  8 , x = 3
## 반복회수 :  9 , x = 4
## 반복회수 :  10 , x = 5
## 반복회수 :  11 , x = 6
## 반복회수 :  12 , x = 7
## 반복회수 :  13 , x = 8
## 반복회수 :  14 , x = 9
```

- 위의 예는 명령문의 반복회수가 정해져 있지 않은 경우에 해당한다.
- 총 14회의 반복을 수행했음을 알 수 있다.

# 14.3 repeat 반복문

repeat 반복문도 코드 블록을 여러 번 반복하는 데 사용된다.

repeat 반복문의 흐름도는 다음의 <그림 14.3>과 같다.

repeat 반복문의 형식은 다음과 같다.

```
## repeat 반복문의 형식 (1)
repeat {
    명령문
}
```

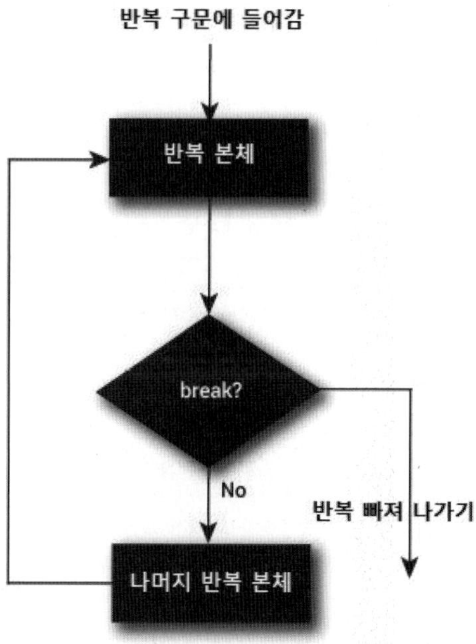


■■ 그림 14.3: repeat 반복문의 흐름도

repeat 반복문에서 반복을 종료하거나 빠져나가기 위해서는 명령문 블록에 조건식을 입력해야 한다. 한편, 루프 본문에 명시적으로 조건문을 넣고 반복을 종료하려면 14.4.1에서 설명할 break 명령을 사용하여 반복을 종료할 수도 있다. 그렇지 않으면 무한 반복이 발생하게 된다.

```
## repeat 반복문의 형식 (2)
counter <- 1

repeat {
        명령문

        if(조건식){
                break
        }
        counter <- counter + 1
}
```

예를 들어, (min = ) 1과 (max = ) 25 사이의 '균등 분포(uniform distribution)'를 갖는 난수를 추출해 보고자 한다. 이렇게 생성되는 샘플에 1과 25 사이의 각 정수 값들이 적어도 한번이라도 포함될 때까지 계속 무작위로 값을 추출할 것이다. 그러나 특정 값이 여러 번 추출되어도 상관은 없다.

다음의 예는 1에서 25 사이의 값을 (반올림하여) 무작위로 추출하는 것을 반복한다. 그런 다음 if 문을 포함하여 1에서 25 사이의 모든 값이 샘플에 있는지 확인한다. 그러한 조건이 만족되면 break 문을 사용하여 반복을 종료한다. 그렇지 않은 경우에는 counter에 1을 추가하고 if 조건문이 참이 될 때까지 계속 반복한다. 그리고, counter 객체를 확인하여 조건부 요구 사항에 도달하기까지의 최종 반복 회수 113을 확인할 수 있다.

```
## repeat 반복문의 예이다.

counter <- 1
x <- NULL

# 난수 발생을 반복한다.
set.seed(1234)

# repeat 반복문의 시작이다.
repeat {
        x <- c(x, round(runif(1, min = 1, max = 25)))

# 발생된 난수에 대한 조건문이다.
        if(all(1:25 %in% x)){
                break
        }

        counter <- counter + 1
}

# 최종 반복회수를 확인한다.
counter
## [1] 113
```

# 14.4 break와 next

## 14.4.1 break

break는 어떤 반복에 있든 상관없이 즉시 반복을 종료하는 데 사용된다. break는 일반적으로 조건이 평가되는 if 문에 포함되며, TRUE이면 반복을 종료하고, FALSE이면 다음 번 반복이 진행된다. 다른 반복문의 내부에 반복문이 있는 중첩 루프 상황에서 이 break 문은 평가 중인 반복문에서 종료하는 역할을 수행하게 된다.

break 명령문의 흐름도는 다음의 <그림 14.4>와 같다.

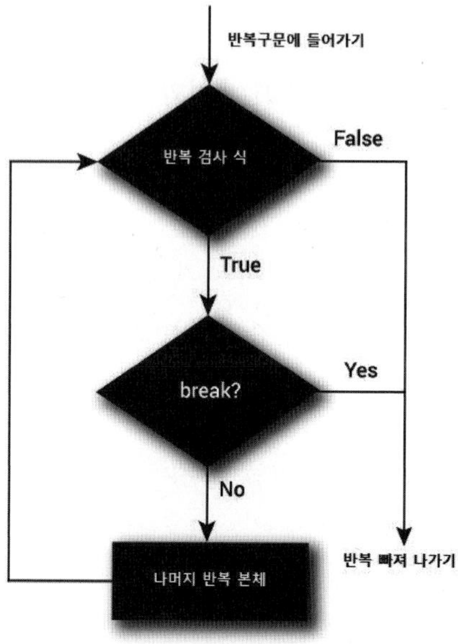


그림 14.4: break의 흐름도

다음의 예에서 for 루프는 벡터 x의 각 요소에 대해 반복을 하는데, x의 값이 3이 되면 for 루프가 종료되는 것을 보여주고 있다.

```
## break의 사용 예이다.

# x 벡터를 정의한다.
x <- 1:5

for (i in x) {
        if (i == 3){
        break
                }
        print(i)
}
## [1] 1
## [1] 2
```

- i의 값이 1과 2일 때만 결과가 반환됨을 알 수 있다.

## 14.4.2 next

next 명령어는 반복을 종료하지 않고, 현재의 반복을 건너 뛰고 싶을 때 유용하다.

next 명령문의 흐름도는 다음의 <그림 14.5>와 같다.

next를 만나면 R은 현재의 반복에 해당하는 시행을 멈추고 다음 번 반복을 시작한다.

다음의 예는 for 반복문이 x의 각 요소에 대해 반복 시행하게 된다. 그러나 x의 값이 3이 되면, print() 명령문을 건너 뛰고, 다음 단계의 반복을 실행하게 된다. 즉, next 이하의 블록에 있는 명령문을 실행하지 않고, for의 처음으로 올라가서 다음 번 반복 실행 조건을 검사하게 된다.

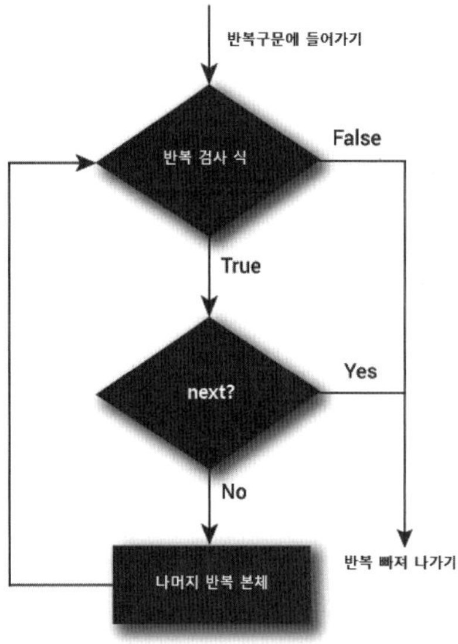


■그림 14.5: next의 흐름도

```
## next의 사용 예이다.

# x 벡터를 정의한다.
x <- 1:5

for (i in x) {
        if (i == 3){
        next
                }
        print(i)
}
## [1] 1
## [1] 2
## [1] 4
## [1] 5
```

x의 요소 값이 3이 될 때까지 print 구문이 2번 반복 실행된다.

그리고 x의 요소 값이 3이 되면 반복이 중단되어 print(i)를 실행하지 않고, x 요소 값 4의 반

# 15

# 사용자 정의 함수와 객체의 적용 범위

# 15. 사용자 정의 함수와 객체의 적용 범위

## 15.1 사용자 정의 함수

이 장에서는 "사용자 정의 함수(user-defined function)"의 작성 방법와 활용 등에 대하여 학습하기로 한다.

함수는 논리적으로 코드를 더 쉬운 부분으로 분할하여 작성하게 함으로써, 코드의 유지보수를 용이하게 하고, 코드에 대한 이해도를 높이기 위해 사용된다. R 에서는 사용자 자신이 사용할 수 있는 함수를 만드는 것이 매우 간단하다.

### 15.1.1 함수 정의

함수 정의의 기본 형식은 다음과 같다.

```
func_name <- function(인수) {
              명령문
}
```

함수의 정의는 예약어 function을 사용한다. function 예약어 다음에 이 함수에서 사용할 인수들을 나열한다. 그리고 중괄호({}) 안의 블록에 함수의 본문을 작성한다. 본문에 명령문이 하나만 포함된 경우에는 중괄호를 생략할 수 있다. 이렇게 정의된 함수는 함수 객체를 나타내는 변수 func_name에 할당하여 함수의 이름이 설정된다.

예를 들어, 다음은 x, y 등의 2개의 인수를 받아들여 x^y의 결과를 적당한 문자열로 결합하여 반환하는 pow() 함수를 정의하고 이를 활용하는 예를 보여주고 있다.

```
## 사용자 정의 함수를 일반적으로 정의한다.
# x, y를 인수로 하여, x의 y 제곱을 구하는 pow() 함수를 정의한다.
pow <- function(x, y) {
       result <- x^y
       print(paste0(x, "의 ", y, "제곱은 ", result, "이다."))
```

```
}

# pow() 함수를 사용한다.
pow(3, 4)
## [1] "3의 4제곱은 81이다."
```

- pow()라는 함수를 정의하고 있다.
    - 이 함수는 두 개의 인수 x, y를 받아들이다.
    - 그리고, x의 y 제곱을 계산한다.

print()에 인수와 연산결과를 paste0() 함수를 이용하여 문자열로 결합하고 있다.

여기서, 함수 선언에 사용된 x와 y 인수를 형식 인수(formal arguments)라고 하고, 함수를 호출하는 동안 사용되는 인수를 실제 인수(actual arguments)라고 한다.

#### 15.1.1.1 이름이 부여된 인수

위의 함수 호출에서 형식 인수와 실제 인수의 대응은 인수의 위치 순서대로 이루어지게 된다. 즉, pow(8,2) 호출에서 형식 인수 x와 y에 각각 8과 2가 할당되는 것이다. pow(2,8)과 같이 인수의 순서를 바꾸면 그 결과는 완전히 달라지게 된다.

```
## 사용자 정의 함수의 사용 예를 보여준다.
# 함수를 호출할 때 인수의 순서가 중요하다.
pow(8, 2)
## [1] "8의 2제곱은 64이다."
## 사용자 정의 함수의 사용 예를 보여준다.
# 함수를 호출할 때 인수의 순서를 달리하면 결과가 달라진다.
pow(2, 8)
## [1] "2의 8제곱은 256이다."
```

그런데, '이름이 부여된 인수(named arguments)'를 사용하여 함수를 호출할 수도 있다. 이러한 '이름이 부여된 인수'로 함수를 호출할 때에는 실제 인수의 순서는 중요하지 않다. 예를 들어, 아래의 예에서 볼 수 있는 모든 함수 호출은 동일한 결과를 가져온다. 즉, 함수를 호출할 때 함수 정의에 사용된 형식 인수 (x, y)의 순서대로 실제 인수 값 (8, 2)를 다음과 같이 입력하는 경우이다.

```
## 함수를 호출할 때 인수의 이름을 사용하는 예이다.
# 인수로 x = 8, y = 2 의 순서로 입력한다.
pow(x = 8, y = 2)
## [1] "8의 2제곱은 64이다."
```

한편 다음의 예는 함수를 호출할 때 인수로서 형식 인수의 이름을 실제 인수에 반영하여 호출하는 예를 보여 준다. 실제 인수의 순서는 중요하지 않으며, 실제 인수에 수록된 형식 인수의 이름이 중요함을 알 수 있다. 따라서, 다음의 두 예는 같은 결과를 가져온다.

```
## 함수를 호출할 때 인수의 이름을 사용하는 예이다.
# 인수로 x = 8, y = 2 의 순서로 입력한다.
pow(x = 8, y = 2)
## [1] "8의 2제곱은 64이다."

## 함수를 호출할 때 인수의 이름을 사용하는 예이다.
# 인수로 y = 2, x = 8의 순서로 입력한다.
pow(y = 2, x = 8)
## [1] "8의 2제곱은 64이다."
```

• 함수를 호출할 때 인수의 이름을 사용하면, 인수의 순서는 중요하지 않다.

또한 함수의 호출에서 이름을 이용하여 인수와 이름이 부여되지 않은 인수를 동시에 사용할 수도 있다. 이런 경우 이름이 부여된 인수를 호출되는 함수의 형식 인수에 먼저 대응시키고, 이름이 부여되지 않은 인수는 형식 인수의 순서대로 대응시키게 된다. 다음의 예는 형식 인수 x의 이름만을 함수 호출의 인수에 사용한 예이다.

```
## 이름이 붙여진 인수와 이름이 붙여지지 않은 인수를 동시에 이용한 함수 호출이다.
# 인수로 (x = 8, 2)의 형태로 입력한다.
pow(x = 8, 2)
## [1] "8의 2제곱은 64이다."
```

• x = 8을 먼저 대응시키고, 2의 값은 형식 인수 y에 대응이 된다.

```
## 이름이 붙여진 인수와 이름이 붙여지지 않은 인수를 동시에 이용한 함수 호출이다.
# 인수로 (2, x = 8)의 형태로 입력한다.
pow(2, x = 8)
## [1] "8의 2제곱은 64이다."
```

- 이 경우에도, x = 8이 먼저 대응되고, 2는 형식 인수 y에 대응이 된다.

## 15.1.2 인수에 기본 값 지정하기

한편, 함수를 정의할 때, (형식) 인수에 "기본값"을 설정할 수도 있다. 이는 함수 선언에 있어서 형식 인수에 적절한 "기본값"을 제공함으로써 구현할 수 있다.

다음은 pow() 함수를 정의할 때, 형식 인수 y에 "기본값"으로 2를 설정하는 예를 보여주고 있다.

```
## 사용자 정의 함수의 인수에 기본값을 설정하는 예이다.
# 형식 인수 y에 2를 기본값으로 설정한다.
pow <- function(x, y = 2) {
       result <- x^y
       print(paste0(x, "의 ", y, "제곱은 ", result, "이다."))
}
```

이처럼 형식 인수에 기본값을 설정한 경우, 함수를 호출할 때 그 형식 인수에 해당하는 값을 입력하지 않아도 되며, 이 때 형식 인수에 설정된 기본값이 적용되게 된다.

다음은 pow() 함수를 호출하는데, 인수로 하나의 값만을 입력하는 예를 보여주고 있다.

```
## 인수에 기본값이 설정된 사용자 정의 함수의 사용 예이다.
# 인수를 한 개만 설정해서 호출한다.
pow(3)
## [1] "3의 2제곱은 9이다."
```

- pow() 함수 호출에 입력된 3은 형식 인수에 기본값이 설정되어 있지 않은 x에 대응이 된다.
- 형식 인수 y는 기본값 2가 적용된다.

pow() 함수를 호출할 때, 형식 인수에 기본값이 설정되어 있더라도, 함수 호출에 값을 입력하면 호출 시 입력된 값이 적용된다.

```
## 인수에 기본값이 설정된 사용자 정의 함수의 사용 예이다.
# 인수를 모두 설정해서 호출한다. 이때 기본값은 무시된다.
pow(3,1)
## [1] "3의 1제곱은 3이다."
```

## 15.1.3 함수 값의 반환

이 절에서는 R의 함수 값을 반환하는 return() 함수의 사용에 대하여 학습하기로 한다. 또한 return() 함수없이 함수의 값을 반환하는 방법도 알아 보기로 한다.

사용자 정의 함수에서 그 결과를 반환하기 위해서 return () 함수를 사용한다.

return() 함수의 형식은 다음과 같다.

```
return(식)
```

함수에서 반환되는 값은 다양한 객체가 될 수 있다.

### 15.1.3.1 return() 함수의 이용

return() 함수의 사용 예를 들면 다음과 같다. 주어진 숫자가 양수인지, 음수인지 또는 0인지를 판단하고 그 결과를 반환하는 예를 살펴 보기로 한다.

먼저 다음과 같이 check() 함수를 정의해 보기로 한다.

```
## return() 함수를 사용한 check() 함수를 정의한다.
# 숫자가 양수, 음수 또는 0인지를 확인한다.
check <- function(x) {
    if (x > 0) {
        result <- "양수"
    }
```

```
       else if (x < 0) {
         result <- "음수"
       }
       else {
           result <- "영"
       }
return(result)
}
```

- check() 함수가 최종적으로 반환하는 결과는 return(result)이다.

이제 위에서 정의된 check() 함수를 호출해 보기로 한다.

```
## return() 함수를 사용한 check() 함수를 호출한다.
# 양수를 인수로 입력하여 호출한다.
check(1)
## [1] "양수"

## 사용자 정의 함수 check() 를 호출한다.
# 음수를 인수로 입력하여 호출한다.
check(-10)
## [1] "음수"

## 사용자 정의 함수 check() 를 호출한다.
# 영을 인수로 입력하여 호출한다.
check(0)
## [1] "영"
```

#### 15.1.3.2 return() 함수의 생략

함수에 명시적인 return() 함수가 없는 경우에는 마지막으로 평가된 식의 값이 자동으로 반환된다.

예를 들어 다음은 return() 함수를 사용하지 않았지만 앞의 예와 동일한 기능을 수행한다.

```
## return() 함수를 사용하지 않은 check() 함수를 정의한다.
check <- function(x) {
     if (x > 0) {
        result <- "양수"
     }
     else if (x < 0) {
          result <- "음수"
     }
     else {
          result <- "영"
     }
result
}
```

- check() 함수가 최종적으로 반환하는 결과는 result이다.

이제 check() 함수를 호출해 보기로 한다.

```
## return() 함수를 사용하지 않은 check() 함수를 호출한다.
# 양수를 인수로 입력하여 호출한다.
check(1)
## [1] "양수"

## return() 함수를 사용하지 않은 check() 함수를 호출한다.
# 음수를 인수로 입력하여 호출한다.
check(-10)
## [1] "음수"

## return() 함수를 사용하지 않은 check() 함수를 호출한다.
# 영을 인수로 입력하여 호출한다.
check(0)
## [1] "영"
```

우리는 일반적으로 명시적인 return() 함수를 사용하여 함수의 값을 반환한다.

다음과 같이 조건문을 사용하여 check() 함수를 정의하는 경우, 함수 내의 처리가 조기에 종료될 수 있다.

```
## 조건문의 각 블록에 return() 함수로 함수를 정의한다.
check <- function(x) {
     if (x > 0) {
        return("양수")
     }
     else if (x < 0) {
          return("음수")
     }
     else {
          return("영")
     }
}
```

이제 함수를 다음과 같이 호출해 보기로 한다.

```
## 조건문의 각 블록에 return() 함수를 사용한 함수를 호출한다.
# 양수를 인수로 입력하여 호출한다.
check(1)
## [1] "양수"

## 조건문의 각 블록에 return() 함수를 사용한 함수를 호출한다.
# 음수를 인수로 입력하여 호출한다.
check(-10)
## [1] "음수"

## 조건문의 각 블록에 return() 함수를 사용한 함수를 호출한다.
# 영을 인수로 입력하여 호출한다.
check(0)
## [1] "영"
```

#### 15.1.3.3 다중값 반환

return() 함수는 단일 객체 만을 반환할 수 있다. 함수의 결과로 다중 값을 반환하고자 한다면, 복수 개의 요소로 구성되는 벡터나 리스트 등 (또는 다른 객체)을 사용하여 반환할 수 있다. 다음은 여러 요소를 갖는 리스트 데이터를 반환하는 함수의 예를 보여준다. 이 예에서는 여러 요소로 구성되어 있는 리스트 my_list를 생성하고, 이 리스트를 함수의 결과로 반환하는 multi_return() 함수를 정의하고 있다.

```
## 다중 값을 리스트로 반환하는 함수를 정의한다.
multi_return <- function() {
                my_list <- list("color" = "red",
                                "size" = 20,
                                "shape" = "round")
                return(my_list)
}
```

이제 이 multi_return() 함수를 호출해 보기로 한다.

```
## 다중 값을 리스트로 반환하는 함수를 호출한다.
# 함수의 호출 결과를 리스트 객체 a에 할당한다.
a <- multi_return()

# 객체 a의 데이터 요소들을 확인한다.
a$color
## [1] "red"

# 객체 a의 데이터 요소들을 확인한다.
a$size
## [1] 20

# 객체 a의 데이터 요소들을 확인한다.
a$shape
## [1] "round"
```

# 15.2 재귀 함수

이 절에서는 R 프로그래밍에서 재귀 함수(recursive function)(자신을 호출하는 함수)를 생성하는 방법에 대해 살펴 보기로 한다. 자신을 호출하는 함수를 "재귀 함수"라고 하며, 이러한 기술을 "재귀(recursion)"라고 한다.

이 특수 프로그래밍 기술은 하나의 문제를 더 작고 간단한 하위 문제로 나누어 간단히 문제를 해결하는 데 사용할 수 있다.

다음의 예를 통하여 이 개념을 살펴보도록 하기로 한다.

숫자의 팩토리얼의 결과를 찾는 예를 들어 보기로 한다. 양의 정수의 팩토리얼은 1에서부터 해당 숫자까지의 모든 정수의 곱 즉, n! = 1 * 2 * … * n 으로 정의된다.

예를 들어, 5팩토리얼은(5!로 표시)은 다음과 같다.

5 ! = 5 * 4 !이 되는 것이다.

5!을 찾는 이 문제는 4!에 5를 곱하는 것으로, 4!과 5라는 두개의 하위 문제로 구성되는 것이다.

이를 일반적인 식으로 표현하면 다음과 같다.

즉, n ! = n * (n-1) ! 이 된다.

이제 우리는 1의 값을 갖는 0!에 도달할 때까지 이 연산을 계속할 수 있다.

이제 이러한 팩토리얼 연산을 구현하는 함수는 다음과 같이 정의될 수 있다.

```
## 팩토리얼 연산을 위한 재귀함수를 정의한다.
factorial <- function(x) {
                    if (x == 0)    return (1)
                    else           return (x * factorial(x-1))
}
```

이제 자신을 호출하는 재귀함수가 정의하였다. 이 factorial(x) 함수는 x가 0이 될 때까지 x * factorial(x-1)를 반복적으로 실행한다.

x가 0이 되면 0! 값을 1로 하여 1의 값을 반환한다. 이것은 종료 조건이 되며, 매우 중요한 의미를 갖는다. 이 조건이 없으면 재귀는 끝나지 않고 (이론상) 무한히 반복되게 된다.

다음은 이 factorial() 함수를 호출하는 몇 가지 예를 보여주고 있다.

```
## 팩토리얼 연산을 위한 재귀함수의 사용 예이다.
factorial(0)
## [1] 1

## 팩토리얼 연산을 위한 재귀함수의 사용 예이다.
factorial(5)
## [1] 120

## 팩토리얼 연산을 위한 재귀함수의 사용 예이다.
factorial(7)
## [1] 5040
```

재귀함수를 사용하면 종종 코드가 짧아지고 깔끔해질 수 있다. 그러나 때때로 코드 로직을 따르기가 어려운 경우가 있다. 재귀적인 방식으로 문제를 생각하는 것이 어려울 수 있기 때문이다. 재귀 함수는 또한 많은 중첩 함수 호출로 이어질 수 있으므로 메모리를 많이 사용한다. 이것은 큰 문제를 해결하려 할 때 명심해야 하는 문제이다.

또 다른 재귀함수의 예로, '피보나치 수열(Fibonacci numbers)'을 들 수 있다. 피보나치 수열은 즉,

$$F_0 = F_1 = 1$$

$$F_n = F_{n-1} + F_{n-2}, (n \geq 2)$$

이 된다.

다음은 피보나치 수열을 반환하는 fibonacci() 함수를 정의하고, 이 함수를 호출하는 예를 보여준다.

```
## 피보나치 수열을 생성하는 함수를 정의한다.
fibonacci <- function(x) {
           if (x < 0) print("양의 정수 값을 입력해 주세요.")
               else if (x < 2) return(1)
               else return( fibonacci(x-1) + fibonacci(x-2) )
}
## fibonacci() 함수를 호출하여 0:10 까지의 피보나치 수를 생성한다.
for (i in 0:10)
    print(paste0(i, "의 피보나치 수",  " = ", fibonacci(i)))
```

```
## [1] "0의 피보나치 수 = 1"
## [1] "1의 피보나치 수 = 1"
## [1] "2의 피보나치 수 = 2"
## [1] "3의 피보나치 수 = 3"
## [1] "4의 피보나치 수 = 5"
## [1] "5의 피보나치 수 = 8"
## [1] "6의 피보나치 수 = 13"
## [1] "7의 피보나치 수 = 21"
## [1] "8의 피보나치 수 = 34"
## [1] "9의 피보나치 수 = 55"
## [1] "10의 피보나치 수 = 89"
```

# 15.3 환경과 객체의 적용 범위

이 절에서는 R 프로그래밍의 환경으로서 '전역 환경'과 '지역 환경' 등에 대해 알아 보기로 한다. 또한 변수의 적용 범위에 대하여 예제를 통해 살펴 보기로 한다.

함수를 적절하게 정의하고 비정상적인 오류를 방지하려면 R의 환경(environment)과 범위(range)의 개념을 잘 숙지하고 있어야 한다.

## 15.3.1 프로그래밍 환경

환경(environment)은 객체(함수, 변수 등)의 모음으로 생각할 수 있다. R을 처음 시작할 때 하나의 환경이 생성된다. 그리고 우리가 정의하는 모든 객체는 이 환경하에 존재하게 된다.

R에서 사용하는 최상위 환경은 R_GlobalEnv라는 전역 환경이다.

이 전역 환경은 R 코드에서도 .GlobalEnv로 참조될 수 있다.

```
## 글로벌 전역환경을 확인한다.
.GlobalEnv
## <environment: R_GlobalEnv>
```

#### 15.3.1.1 환경의 확인

ls() 함수를 사용하여 현재 환경에서 정의된 변수와 함수를 확인할 수 있다. 또한 environment() 함수를 사용하여 현재 환경을 가져올 수 있다.

다음의 environment() 함수와 .GlobalEnv는 현재의 환경을 반환한다.

```
# 현재의 환경을 확인한다.
environment()
## <environment: R_GlobalEnv>
.GlobalEnv
## <environment: R_GlobalEnv>
```

이러한 현재의 환경에서 정의한 객체들의 목록은 ls() 함수로 확인하는 예이다.

```
## 현재의 환경에서 이번 장에 정의한 객체들의 목록을 확인한다.
ls()
##  [1] "a"            "add"          "check"        "choice"       "coin"
##  [6] "counter"      "divide"       "factorial"    "fibonacci"    "hlgf3301"
## [11] "i"            "multi_return" "multiply"     "my.mat"       "mycsv"
## [16] "mydata"       "num1"         "num2"         "operator"     "output"
## [21] "pow"          "result"       "subtract"     "x"            "y"
```

현재 환경에서의 모든 객체들을 rm() 함수로 지울 수 있다.

```
## rm() 함수로 현재 환경의 모든 객체들을 지웁니다.
rm(list = ls())
```

- R Studio의 환경 창을 확인해 보면 모든 목록이 사라짐을 알 수 있다.

현재의 환경에 다음과 같이 객체 a, b, f를 생성보기로 한다.

```
## 새로운 객체들을 현재의 환경에 생성한다.
a <- 2
b <- 5
f <- function(x) x <- 0
```

- R Studio의 환경 창을 확인해 본다.
    - a와 b는 Values 목록에 생성된다.
    - f는 Functions 목록에 생성된다.

현재의 환경에 새롭게 생성한 객체의 목록을 ls() 함수로 확인해 보기로 한다.

```
## 현재의 환경에 있는 객체를 확인한다.
ls()
## [1] "a" "b" "f"
```

#### 15.3.1.2 객체가 존재하는 환경 확인

find() 함수를 이용하면 특정 객체가 발견되는 환경을 확인할 수 있다.

```
## find() 함수로 객체들이 발견되는 환경을 확인한다.
for (i in ls()) {
  print(paste0(i, "라는 이름을 갖는 객체는 ", find(i), " 환경에 존재한다."))
}
## [1] "a라는 이름을 갖는 객체는 .GlobalEnv 환경에 존재한다."
## [1] "b라는 이름을 갖는 객체는 .GlobalEnv 환경에 존재한다."
## [1] "f라는 이름을 갖는 객체는 .GlobalEnv 환경에 존재한다."
```

그런데, f() 함수에 사용된 인수 x를 find() 함수로 확인해 보기로 한다.

```
## f() 함수에 이용된 x라는 객체는 전역환경에 존재하지 않는다.
find("x")
## character(0)
```

- character(0) : x라는 객체는 .GlobalEnv에 존재하지 않음을 의미한다.

위의 예에서 a, b, f가 R_GlobalEnv 환경에 있음을 알 수 있다.

그런데 (f 함수의 형식 인수인) x 는 이 전역 환경에 존재하지 않는다. 이는 새로운 함수를 정의하면 새로운 환경이 생성되기 때문이다. 위의 예에서 함수 f는 전역 환경 내에 새로운 환경을 만들고 있는 것이다.

실제로 하나의 환경은 모든 정의된 객체를 담고 있는 프레임(frame)과 이를 둘러싸고 있는 (상위) 환경에 대한 인클로우저(enclosure)로 구성된다.

프레임이란 변수와 값에 대한 바인딩이고, 인클로우저란 이 환경에서 뭔가를 찾지 못할 때 어느 환경으로 이동할지를 가리키는 포인터라고 할 수 있다.

따라서 f 함수의 형식 인수인 x는 함수 f에 의해 생성된 새로운 환경의 프레임 안에 있다. 이 환경은 이 환경의 상위 환경인 R_GlobalEnv에 대한 포인터를 가지고 있을 것이다.

한편, sum 이라는 객체는 어디에 존재하는지 find() 함수로 확인해 보기로 한다.

```
## f() 함수에 이용된 sum이라는 객체는 전역환경에 존재하지 않는다.
find("sum")
## [1] "package:base"
```

- sum 이라는 객체는 "package:base"에 존재한다는 것을 알 수 있다.

이처럼 find() 함수는 객체의 존재여부를 확인할 때 현재의 환경을 탐색하고 만일 발견되면 그 값을 반환한다. 만일 존재하지 않는다면 다음 단계의 환경을 탐색하게 된다. 그래도 발견이 안 되면 character(0)를 반환한다.

sum이라는 객체의 경우도 .GlobalEnv에 존재하지 않지만 다음 단계의 환경을 검색한 결과 "package:base"에 존재함을 발견한 것이다.

## 15.3.2 연결된 환경의 탐색과 경로의 확인

이렇듯 R의 환경들은 계속 이어진 구조를 가지고 있으며, 이렇게 이어진 구조를 "탐색 경로(search path)"라고 한다.

현재의 환경들과 연결된 환경을 발견하기 위해 search() 함수를 사용한다.

```
## search() : 현재의 환경들과 연결된 환경을 발견한다.
search()
##  [1] ".GlobalEnv"        "package:xlsx"      "package:Hmisc"
##  [4] "package:reshape"   "package:lubridate" "package:forcats"
##  [7] "package:stringr"   "package:dplyr"     "package:purrr"
## [10] "package:tidyr"     "package:ggplot2"   "package:tidyverse"
## [13] "package:readr"     "package:tester"    "package:tibble"
## [16] "package:stats"     "package:graphics"  "package:grDevices"
## [19] "package:utils"     "package:datasets"  "package:methods"
## [22] "Autoloads"         "package:base"
```

- 처음에 있는 ".GlobalEnv" 환경에서 시작하여 마지막에 있는 "package:base" 환경까지 이동하면서 어떤 객체가 존재하는 위치를 찾는 것이다.

또한 searchpaths() 함수를 이용하여 환경의 경로를 확인할 수 있다.

```
## searchpaths() : 메모리에 패키지의 경로를 확인한다.
searchpaths()
##  [1] ".GlobalEnv"
##  [2] "C:/Users/김대호/AppData/Local/R/win-library/4.3/xlsx"
##  [3] "C:/Users/김대호/AppData/Local/R/win-library/4.3/Hmisc"
##  [4] "C:/Users/김대호/AppData/Local/R/win-library/4.3/reshape"
##  [5] "C:/Users/김대호/AppData/Local/R/win-library/4.3/lubridate"
##  [6] "C:/Users/김대호/AppData/Local/R/win-library/4.3/forcats"
##  [7] "C:/Users/김대호/AppData/Local/R/win-library/4.3/stringr"
##  [8] "C:/Users/김대호/AppData/Local/R/win-library/4.3/dplyr"
##  [9] "C:/Users/김대호/AppData/Local/R/win-library/4.3/purrr"
## [10] "C:/Users/김대호/AppData/Local/R/win-library/4.3/tidyr"
## [11] "C:/Users/김대호/AppData/Local/R/win-library/4.3/ggplot2"
## [12] "C:/Users/김대호/AppData/Local/R/win-library/4.3/tidyverse"
## [13] "C:/Users/김대호/AppData/Local/R/win-library/4.3/readr"
## [14] "C:/Users/김대호/AppData/Local/R/win-library/4.3/tester"
## [15] "C:/Users/김대호/AppData/Local/R/win-library/4.3/tibble"
## [16] "C:/Program Files/R/R-4.3.1/library/stats"
## [17] "C:/Program Files/R/R-4.3.1/library/graphics"
## [18] "C:/Program Files/R/R-4.3.1/library/grDevices"
## [19] "C:/Program Files/R/R-4.3.1/library/utils"
## [20] "C:/Program Files/R/R-4.3.1/library/datasets"
## [21] "C:/Program Files/R/R-4.3.1/library/methods"
## [22] "Autoloads"
## [23] "C:/PROGRA~1/R/R-43~1.1/library/base"
```

### 15.3.3 단계적 환경의 예

글로벌 환경 내에 상이한 환경이 어떻게 단계적으로 중첩될 수 있는데 다음의 예를 통해 확인해 보기로 한다.

먼저 함수 f를 다음과 같이 정의해 보기로 한다.

```
## 중첩된 함수를 이용해 단계적 환경을 왁인하는 예이다.

# 함수 f를 정의한다.
f <- function(f_x){
     g <- function(g_x){
          print("== 함수 g의 내부환경 ==")
          print(environment())
          print(ls())
     }
     g(5)
     print("-- 함수 f의 내부 환경 --")
     print(environment())
     print(ls())
}

# 함수 f가 존재하는 환경을 확인한다.
find("f")
## [1] ".GlobalEnv"
```

- f 라는 이름의 객체가 생성되어 습니다. 이 객체는 ".GlobalEnv"에 존재한다.

이제 이 f() 함수를 다음과 같이 f(5)로 호출하기로 한다.

```
## 중첩된 함수를 호출하여 환경이 어떻게 연결되는지 확인한다.
# 함수 f()를 호출한다.
f(6)
## [1] "== 함수 g의 내부환경 =="
## <environment: 0x0000022ea86c5810>
## [1] "g_x"
## [1] "-- 함수 f의 내부 환경 --"
## <environment: 0x0000022ea86c55e0>
## [1] "f_x" "g"
```

- 함수 f를 호출한다.
- g 함수 내의 환경과 객체를 반환하고,
- 또한 f 함수 내의 환경과 객체를 반환한다.

다시 한번 최상위의 환경을 environment() 함수로 확인한다.

```
## 최상위의 환경을 확인한다.
environment()
## <environment: R_GlobalEnv>
```

다시 한번 최상위의 환경에 존재하는 객체를 ls() 함수로 확인한다.

```
# 최상위의 객체를 확인한다.
ls()
## [1] "a" "b" "f" "i"
```

- 최상위의 객체로는 f가 존재한다.

여기에서 우리는 함수 f 안에서 함수 g를 정의하였다. 두 함수 모두 각각의 프레임 내에서 서로 다른 객체를 갖는 다른 환경을 가지고 있음을 분명히 알 수 있다.

### 15.3.4 객체의 적용 범위

변수가 프로그램 내에서 적용되는 범위에 대한 개념을 이해하기 위해 다음 예를 살펴 보기로 한다.

```
## 객체의 적용범위를 이해하기 위한 함수를 정의한다.
outer_func <- function(){
                b1 <- 20
                inner_func <- function(){
                              c1 <- 30
                }
              }
a1 <- 10
```

#### 15.3.4.1 전역 변수

전역 변수(global variables)는 프로그램이 실행되는 동안 계속 존재하고 있는 변수이다. 이 전역 변수는 프로그램의 모든 부분에서 액세스할 수 있고 변경도 가능하다. 그러나 전역 변수는 함수의 관점에 의존하기도 한다.

예를 들어, 앞의 outer_func() 함수의 경우 inner_func()의 관점에서 보면 a와 b는 모두 전역 변수이다. 그러나 outer_func() 함수의 관점에서 보면 b는 지역 변수(local variables)이고, a만 전역 변수인 것이다. 따라서 변수 c는 outer_func()의 입장에서는 전혀 확인할 수 없는 것이다.

```
## search() : 현재의 환경들과 연결된 환경을 확인한다.
search()
##  [1] ".GlobalEnv"        "package:xlsx"      "package:Hmisc"
##  [4] "package:reshape"   "package:lubridate" "package:forcats"
##  [7] "package:stringr"   "package:dplyr"     "package:purrr"
## [10] "package:tidyr"     "package:ggplot2"   "package:tidyverse"
## [13] "package:readr"     "package:tester"    "package:tibble"
## [16] "package:stats"     "package:graphics"  "package:grDevices"
## [19] "package:utils"     "package:datasets"  "package:methods"
## [22] "Autoloads"         "package:base"
```

이제 outer_func() 함수 밖의 a1 객체와, outer_func() 함수 내의 b1 객체, 그리고 outer_func() 함수 내에 있는 inner_func() 함수 내의 c1 객체를 탐색해 보기로 한다.

```
## find() 함수를 이용하여 다음의 객체들이 현재의 환경에 존재하는지 탐색한다.
find("a1")
## [1] ".GlobalEnv"

## find() 함수를 이용하여 다음의 객체들이 현재의 환경에 존재하는지 탐색한다.
find("b1")
## character(0)

## find() 함수를 이용하여 다음의 객체들이 현재의 환경에 존재하는지 탐색한다.
find("c1")
## character(0)
```

- 현재의 ".GlobalEnv" 환경에 a1 객체 만이 존재함을 알 수 있다.

### 15.3.4.2 지역 변수

반면에 지역 변수(local variables)는 새로이 정의되고 있는 함수의 특정 부분에만 존재하며, 함수 호출이 종료되면 사라지는 변수이다.

위의 프로그램에서 보면 변수 c1은 inner_func() 함수 내의 지역 변수이다.

inner_func() 함수를 사용하여 변수 c1에 값을 할당하면, 이 변수는 그 함수 내에서만 적용될 뿐이며, inner_func() 함수 외부에서는 이 변수에 접근할 수 없는 것이다.

이는 전역 변수와 지역 변수의 이름이 같더라도 마찬가지이다.

예를 들어 아래와 같이 outer_func() 함수를 정의해 보자.

```
## 전역변수와 지역변수의 이름이 같은 경우이다.
outer_func <- function(){
                 a1 <- 20
                 inner_func <- function(){
                                  a1 <- 30
                                  print(paste0("inner : ", a1))
              }
              inner_func()
              print(paste0("outer : ", a1))
}
```

이제 이 함수들을 호출해 보기로 한다.

```
## 전역변수와 지역변수가 같은 함수를 호출한다.
# 전역변수이다.
a1 <- 10

# 함수를 호출한다.
outer_func()
## [1] "inner : 30"
## [1] "outer : 20"

# 전역변수를 출력한다.
print(paste0("global : ", a1))
## [1] "global : 10"
```

- outer_func() 함수는 두 결과를 반환한다.
    - 첫째, 이 함수 내부의 inner_func() 함수가 반환하는 30
    - 둘째, outer_func() 함수가 반환하는 20

이처럼 변수 a1이 outer_func() 함수와 inner_func() 함수 등의 각각의 환경 프레임 내에서 지역 변수로 생성이 되이 있으며, 또한 글로벌 환경 프레임에 있는 변수 a1 등 같은 이름을 사용하고 있지만, 이들은 서로 다른 것임을 알 수 있다.

#### 15.3.4.3 전역 변수 접근

지역 환경에서 전역 변수의 값을 접근할 수 있지만, 지역 환경에서 그 전역 변수에 값을 할당하려고 하면 새로운 지역 변수로서 할당이 되는 것이다. 그러면 지역 환경에서 전역 변수에 값을 할당하려 하면 어떻게 해야 할까요?
이때 수퍼 할당 연산자인 <<- 연산자로 지역 환경에서 전역 변수에 할당을 해야 한다.
지역 환경 내에서 이 연산자를 사용하면, 상위 환경 프레임에 있는 변수를 검색하고, 찾을 수 없는 경우 전역 환경에 도달할 때까지 상위의 레벨을 계속 검색하게 된다.
변수가 여전히 발견되지 않으면 글로벌 환경 수준에서 그 변수를 생성하고, 그 값을 할당하게 된다.
다음은 inner_funt() 함수의 지역 환경에서 a <<- 30 으로 전역변수 할당을 하는 예를 보여주고 있다.

```
## 지역 환경에서 전역변수에 할당하는 함수를 정의한다.
outer_func <- function(){
               inner_func <- function(){
                    a1 <<- 30
                    print(paste0("inner : ", a1))
               }
               inner_func()
               print(paste0("outer : ", a1))
}
```

```
## 지역 환경에서 전역변수에 할당하는 함수를 호출한다.
outer_func()
## [1] "inner : 30"
## [1] "outer : 30"

## 전역변수를 출력한다.
print(paste0("global : ", a1))
## [1] "global : 30"
```

- inner_func) 함수의 지역환경에서 a1 <<- 30 할당문이 있기 때문에, 상위 환경인 outer_func() 환경에서 변수 a1을 찾는다.
- 그러나 검색이 실패하여 다시 그 상위 환경인 전역 환경 즉, R_GlobalEnv에서 검색한다.
- 이 전역 환경에서도 a1이 발견되지 않기 때문에 inner_func() 내에서 변수 a1이 전역 변수로 생성되고 할당된다.
- 따라서 이 a1 변수는 inner_func() 함수 내에서 뿐 아니라 out_func() 함수 내에서도 참조되고, 최상위 환경에서도 출력이 되는 것이다.

# 16

# 객체와 클래스

# 16. 객체와 클래스

객체와 클래스에 대하여는 이미 앞의 3.6절에서 살펴본 바 있다. 이번 장에서는 이들 객체와 클래스에 대하여 좀 더 자세히 살펴보기로 한다.

## 16.1 S3 클래스

S3 클래스는 R 에서 가장 널리 사용되는 클래스이다.

R에 미리 정의된 대부분의 클래스는 이 S3 유형이다. 이 유형의 객체는 간단하고 구현하기 쉽기 때문이다.

### 16.1.1 S3 클래스 객체 생성

S3 클래스에는 사전 정의된 공식적인 정의가 없다.

기본적으로 클래스 속성이 일부 클래스 이름으로 설정된 리스트가 S3객체이다. 클래스의 속성을 나타내는 리스트의 구성 요소는 객체의 멤버 변수가 된다.

다음은 student라는 S3 클래스의 객체 s를 생성하는 간단한 예이다.

```
## S3 클래스인 리스트 구조의 객체 s를 생성한다.
s <- list(name = "Chang", age = 21, GPA = 3.5)

## 클래스 이름을 지정한다.
class(s) <- "student"

## 객체 s를 확인한다.
s
## $name
## [1] "Chang"
##
## $age
## [1] 21
##
## $GPA
```

```
## [1] 3.5
##
## attr(,"class")
## [1] "student"
```

- class(s) <- "student" : 객체 s에 클래스 student를 할당한다.
- 객체 s의 "class" 속성이 student 이다.

이것은 공식적인 클래스 정의가 있고 객체에 속성과 메서드가 적절하게 정의되어 있는 C++, Python 등을 사용해 본 프로그래머들에게는 어색해 보일 수 있다.

R의 S3 시스템은 매우 임기 응변적이다. 같은 클래스의 객체가 여러분의 의지에 따라 완전히 다르게 보이는 객체의 클래스로 변환될 수도 있다. 모든 것이 여러분에게 달려 있다.

### 16.1.2 S3 클래스 생성자를 사용하여 객체 생성하기

클래스와 같은 이름을 갖는 함수(필수 아님)를 사용하여 객체를 만들면 편리한다.

이것은 객체 생성에 약간의 일관성(uniformity)을 부여하는 효과를 가져온다.

또한, 멤버 속성에 대한 무결성 검사(integrity test)를 추가할 수도 있다.

한편 attr() 함수는 객체에 클래스 속성을 부여할 수 있다.

다음은 student 클래스 객체를 만들 수 있게 하는 student() 함수를 정의하는 예를 보여 준다.

```
## "student" 클래스 객체 생성 함수를 정의한다.
# 정의 : student(n, a, g)
student <- function(n, a, g) {

# (데이터 입력 오류 방지를 위한) 무결성 테스트 조건을 추가할 수 있다.
    if(g > 4 || g < 0)  stop("평균평점은 0과 4.5 사이어야 한다.")
    value <- list(name = n, ae = a, GPA = g)

# class() 함수 또는 attr() 함수를 이용하여 클래스를 설정한다.
    attr(value, "class") <- "student"
    value
}
```

- student() 함수는 다음과 같다.
  - (n, a, g) : 3개의 인수를 사용한다.
  - if(g > 4.5 || g < 0) : 인수 g에 대한 '무결성 검사'를 한다.
  - value <- list(name = n, ae = a, GPA = g) : 리스트 구조의 객체 value를 생성한다.
  - attr(value, "class") <- "student" : 객체 value의 class 속성을 "student"로 지정한다.
  - value : 객체 value를 반환한다.
  - 이제 student 클래스의 객체를 만들 수 있는 student() 함수가 정의되었다.

다음은 이 student() 함수를 사용하여 student 클래스의 s3.s1 객체를 만드는 예를 보여 주고 있다.

```
## student() 함수를 이용하여 student 클래스의 s3.s1 객체를 생성한다.
s3.s1 <- student("Park", 26, 3.7)
s3.s1
## $name
## [1] "Park"
##
## $ae
## [1] 26
##
## $GPA
## [1] 3.7
##
## attr(,"class")
## [1] "student"
```

- s3.s1 객체는 3개의 요소를 갖는 리스트 구조이다.
- 이 객체의 class 속성(attr(,"class"))은 student 임을 알 수 있다.

다음은 class() 함수를 이용하여 지금 생성한 s3.s1의 클래스를 확인하는 예이다.

```
## s3.s1 객체의 클래스를 확인한다.
class(s3.s1)
## [1] "student"
```

- s3.s1 객체는 class가 student임을 알 수 있다.

이제 새로운 객체로 s3.s2를 student() 함수로 생성해 보기로 한다. 그런데 이 때 GPA 값으로 5를 입력하여, student() 함수의 무결성 검사의 작동을 확인해 보기로 한다.

```
## 새로운 s3.s2 객체를 생성한다. (무결성 검사)
# student() 함수의 g 인수의 범위를 벗어난 값을 입력한다.
s3.s2 <- student("Park", 26, 5)
## Error in student("Park", 26, 5): 평균평점은 0과 4.5 사이어야 한다.
```

- s3.s2를 생성하고자 할 때, student() 함수 내의 무결성 검사를 통과하지 못해 에러가 발생했다.

즉, student() 함수를 이용하여 새로운 객체를 생성할 때, 객체의 무결성 검사를 통과하지 못하면 객체가 생성되지 않고 student() 함수에서 설정한 경고 메시지 "평균평점은 0과 4.5 사이어야 한다."가 반환된다.

이제 다시 student() 함수의 g 인수의 허용 범위에 있는 값을 입력하여 새로운 s3.s2 객체를 생성해 보기로 한다.

```
## student() 함수로 s3.s2 객체를 생성한다.
s3.s2 <- student("Park", 26, 2.5)
s3.s2
## $name
## [1] "Park"
##
## $ae
## [1] 26
##
## $GPA
## [1] 2.5
```

```
##
## attr(,"class")
## [1] "student"
```

한편, student() 함수로 생성된 객체의 요소 값을 수정할 때에는 student() 함수의 무결성 검사와 상관없이 수정된다. 다음과 같이 s3.s2 객체의 GPA 요소에 5라는 값을 할당해 보기로 한다.

```
## s3.s2 객체의 요소는 아무런 문제없이 값을 수정할 수 있다.(꼭 그렇게 해야 한다면)
s3.s2$GPA <- 5
s3.s2
## $name
## [1] "Park"
##
## $ae
## [1] 26
##
## $GPA
## [1] 5
##
## attr(,"class")
## [1] "student"
```

### 16.1.3 S3 클래스의 메소드와 일반 함수

위의 예에서는 단순히 객체의 이름 s3.s1를 입력하면 내부 요소들이 출력되었다.
이는 객체 이름을 입력하면 print() 함수가 작동되어 출력되기 때문이다.

```
## 객체 이름을 입력하면 'print()' 함수가 작동되어 출력된다.
s3.s1
## $name
## [1] "Park"
##
## $ae
## [1] 26
##
## $GPA
```

```
## [1] 3.7
##
## attr(,"class")
## [1] "student"
```

또한 벡터, 행렬, 데이터 프레임, 요인 등에도 print() 함수가 사용되며, print() 함수의 결과는 객체들이 속한 클래스에 따라 그 결과가 달라진다.

print() 함수는 이처럼 다양한 유형의 객체를 인쇄하는 방법을 어떻게 감지할까?

이는 print() 함수가 일반 함수(generic function)라는 것이다. 실제로 print() 함수와 관련되 다양한 메소드(method)들이 있다. 이러한 모든 메소드들은 method() 함수로 확인할 수 있다.

다음은 print() 함수의 다양한 메소드들을 method() 함수로 확인하는 예이다. 너무나 많아서 head() 함수로 앞의 10개만 확인해 보기로 한다.

```
head(methods(print), 10)
##  [1] "print.abs.error.pred"     "print.acf"
##  [3] "print.activeConcordance" "print.AES"
##  [5] "print.agnes"              "print.all_vars"
##  [7] "print.anova"              "print.any_vars"
##  [9] "print.aov"                "print.aovlist"
```

그런데, methods(print)를 이용하여 전체 메소드를 출력해 보면 260여개의 메소드가 확인되고, 그 중에 print.listof, print.data.frame 과 print.factor 등과 같은 메소드가 확인된다.

즉, 데이터 프레임 객체가 print() 함수를 호출하면 print.data.frame() 함수로 전달이 되는 것이다. 요인(factor)으로 동일한 작업을 수행하면 실제로 호출되는 메소드는 print.factor() 함수가 되는 것이다.

이처럼 메소드의 이름은 generic_name.class_name() 형식으로 구성되어 있음을 알 수 있다. 이것이 R이 클래스에 따라 어떤 메소드를 호출하는지 알아낼 수 있는 방법이다.

그런데, student 클래스의 객체를 인쇄하면 print.student() 형식의 메소드가 있어야 하는데, 이 형식의 메소드는 현재 없다. 그러면 student 클래스의 객체는 어떤 메소드를 호출했을

까요? print.default() 함수를 호출한 것이다. 이 메소드는 특정 객체에 일치하는 메소드를 찾을 수 없을 때 호출되는 대체 메소드로 print() 함수의 기본 매소드이다.

print() 함수와 같은 형태의 많은 일반 함수가 있다. 이러한 일반 함수들은 method(class = "default") 를 이용하여 모두 확인할 수 있다.

다음은 일반 함수들의 기본 메소드를 확인하는 것을 보여 주고 있는데, 너무 많아서 head() 함수로 앞의 10개만 확인하고 있다.

```
## 일반 함수들의 기본 메소드를 확인한다. (앞의 10개)
head(methods(class="default"), 10)
##  [1] "add_count.default"     "add1.default"           "aggregate.default"
##  [4] "AIC.default"           "all.equal.default"      "ansari.test.default"
##  [7] "anyDuplicated.default" "aperm.default"          "ar.burg.default"
## [10] "ar.yw.default"
```

## 16.1.4 나만의 S3 클래스 메소드 정의

이제 student 클래스를 출력할 수 있는 나만의 print.student() 메소드를 만들어 보기로 한다. 다음과 같이 print.student() 함수를 정의하면 된다.

```
## student 클래스를 출력할 수 있는 나만의 'print.student()' 메소드를 정의한다.
print.student <- function(obj) {
        cat("[1] 이름 : ", obj$name, "\n")
        cat("[2] 나이 : ", obj$age, "세\n")
        cat("[3] 평균평점 : ", obj$GPA, "\n")
}
```

이제 student 클래스의 객체를 print() 함수로 출력하면, 이 print() 함수의 student 메소드인 print.student() 함수가 작동하게 되는 것이다.

이처럼 S3 시스템에서의 메소드는 객체나 클래스에 속하지 않고 일반 함수에 속한다. 이것은 객체의 클래스가 설정되어 있는 한 작동한다.

```
## 이제 s3.s1 객체를 출력해 보기로 한다.
# 앞에서 정의한 print.student() 메소드가 호출된다.
s3.s1
## [1] 이름 :  Park
## [2] 나이 :  세
## [3] 평균평점 :  3.7
```

## 16.1.5 S3 클래스 속성의 제거

객체의 클래스 속성은 attr() 함수에 NULL 을 할당하여 삭제할 수 있다.

다음은 s3.s1 객체 클래스 속성을 attr() 함수로 삭제하는 예를 보여주고 있다.

```
## s3.s1 객체의 클래스 속성을 제거한다.
# 클래스 속성을 제거하기 전의 s3.s1 클래스 속성을 확인한다.
class(s3.s1)
## [1] "student"
## s3.s1 객체의 클래스 속성을 제거한다.
attr(s3.s1, "class") <- NULL
## s3.s1 객체의 클래스 속성을 제거한다.
# 클래스 속성을 제거한 후의 s3.s1 클래스 속성을 확인한다.
class(s3.s1)
## [1] "list"
```

- s3.s1의 클래스 속성이 list로 변경되었음을 알 수 있다.

## 16.1.6 나만의 S3 클래스 일반 함수 작성

print() 함수 또는 plot() 함수 등과 같이 나만의 일반 함수를 만들 수도 있다.

먼저 이러한 기능이 어떻게 구현되는지 살펴 보기로 한다.

```
## 다음의 일반함수를 확인한다.
print
## function (x, ...)
## UseMethod("print")
```

```
## <bytecode: 0x0000022ec50b5308>
## <environment: namespace:base>
## 다음의 일반함수를 확인한다.
plot
## function (x, y, ...)
## UseMethod("plot")
## <bytecode: 0x0000022ec792d580>
## <environment: namespace:base>
```

- print() 함수 또는 plot() 함수 등은 공통적으로
    - UseMethod() 함수를 이용하고 있다
    - UseMethod() 함수의 인수에 일반 함수의 이름 "print", "plot"입력하여 함수를 호출한다.

여기서 UseMethod() 함수는 모든 바탕이 되는 세부 정보를 처리 하게 될 디스패처(dispatcher) 함수이다. 이 함수를 이용한다면 간단히 나만의 일반 함수를 구현할 수 있다.
다음과 같이 나만의 grade라는 일반 함수를 만들어 보기로 한다.

```
## 나만의 일반 함수 grade를 생성한다.
# 이때 디스패터 함수 UseMethod() 함수를 이용한다.
grade <- function(obj) {
       UseMethod("grade")
}
```

- 이제 일반 함수 grade가 생성되었다.
- R Studio 환경 창의 Functions 목록에 grade가 표시되어 있음을 확인하기 바란다.

일반 함수는 메소드 없이는 쓸모가 없다. 따라서 grade() 함수의 작동을 담당할 기본 메소드를 다음과 같이 grade.default로 정의한다.

```
## 일반 함수 grade의 default 메소드를 정의한다.
grade.default <- function(obj) {
        cat("== 이것은 grade의 기본 메소드를 이용한 출력이다. ==\n\n",
```

```
            "이 름 : ", obj$name,"\n",
            "성 적 : ", obj$GPA,"\n")
}
```

- 이제 일반 함수 grade의 기본 메소드로 grade.default가 생성되었다.
- R Studio 환경 창의 Functions 목록에 grade.default가 표시되어 있음을 확인하기 바란다.

지금 생성한 grade.default() 메소드가 작동하는 grade() 함수를 이용하여 s3.s1객체를 출력해 보기로 한다.

```
## 나만의 일반함수를 grade() 함수를 이용하여 s3.s1 객체를 출력한다.
grade(s3.s1)
## == 이것은 grade의 기본 메소드를 이용한 출력이다. ==
##
##  이 름 :  Park
##  성 적 :  3.7
```

grade() 함수를 이용하여 s3.s1 객체를 출력해 보니, grade.default() 메소드가 작동됨을 알 수 있다.

다음은 "student" 클래스 만을 위한 grade.student() 메소드를 다음과 같이 만들어 보기로 한다.

```
## student 클래스의 출력을 담당할 grade.student() 메소드를 정의한다.
grade.student <- function(obj) {
          cat("== 이것은 grade의 student 메소드를 이용한 출력이다. ==\n\n",
              obj$name, "님의 성적은", obj$GPA, "이다.\n")
}
```

- 이제 일반 함수 grade의 student 클래스 메소드로 grade.student가 생성되었다.
- R Studio 환경 창의 Functions 목록에 grade.student가 표시되어 있음을 확인하기 바란다.

이제 이 student 클래스의 s3.s2 객체를 출력해 보기로 한다.

```
## 나만의 일반함수를 grade() 함수를 이용하여 s3.s1 객체를 출력한다.
grade(s3.s2)
## == 이것은 grade의 student 메소드를 이용한 출력이다. ==
##
##  Park 님의 성적은 5 이다.
```

- grade() 함수의 인수 s3.s2객체가 student 클래스이기 때문에 grade.student() 메소드가 적용되어 출력됨을 알 수 있다.

이제 grade() 함수는 인수가 student 클래스로 전달이 되면, grade.student() 함수가 작동하고, 그 외의 클래스는 grade.default() 함수가 작동된다.
다음에서 다시 한번 더 확인해 본다.

```
## s3.s1의 클래스를 확인한다.
# s3.s1 객체는 리스트 클래스이다.
class(s3.s1)
## [1] "list"

## s3.s1을 grade() 함수로 확인한다.
# grade.default() 메소드가 작동한다.
grade(s3.s1)
## == 이것은 grade의 기본 메소드를 이용한 출력이다. ==
##
##  이 름 :  Park
##  성 적 :  3.7
## s3.s2의 클래스를 확인한다.
# s3.s2 객체는 student 클래스이다.
class(s3.s2)
## [1] "student"

## s3.s2를 grade() 함수로 확인한다.
# grade.student() 메소드가 작동한다.
grade(s3.s2)      # grade.student() 메소드가 작동한다.
## == 이것은 grade의 student 메소드를 이용한 출력이다. ==
##
##  Park 님의 성적은 5 이다.
```

지금까지 grade()라는 일반 함수를 정의하고, 이 함수에 전달되는 인수의 클래스에 따라 그에 적합한 메소드를 구현해 보았다.

# 16.2 S4 클래스

이 절에서는 R의 S4 클래스에 대하여 학습한다. 클래스를 정의하고, 생성하고, 슬롯에 액세스하고, 그리고 프로그램에서 효율적으로 사용하는 방법 등에 대하여 살펴 보기로 한다.

S3 클래스와 객체가 형식적 정의가 없는 것과 달리, S4 객체는 공식적으로 정의해야 하고, S4 객체를 생성하는 독특한 방법이 있다는 점에서 엄격한 S4 클래스에 대하여 살펴 보기로 한다.

이는 우리가 작성하는 코드를 보다 안전하게 만들어 주어, 우연히 저지를 수 있는 단순한 실수들을 막아 주기 위함이다.

## 16.2.1 S4 클래스 정의와 확인

setClass() 함수를 사용하여 S4 클래스를 정의한다.

S4 클래스는 여러 개의 멤버 변수를 포함하는데, 이 멤버 변수를 슬롯(slot)이라고 한다. 클래스를 정의하는 동안 클래스의 이름과 (슬롯의 클래스와 함께) 클래스에 포함되는 멤버인 슬롯을 설정해야 한다.

setClass() 함수를 이용하여 S4 클래스인 stud를 정의하고, getClass() 함수로 확인한다.

```
## S4 클래스 stud를 정의한다.
# Class 인수에 클래스명을, slots 인수에 멤버를 기입한다.
setClass(Class = "stud",
         slots = list(name="character",
                      age="numeric",
                      GPA="numeric"))

getClass("stud")
## Class "stud" [in ".GlobalEnv"]
##
```

```
## Slots:
##
## Name:       name      age      GPA
## Class: character   numeric   numeric
```

## 16.2.2 S4 클래스 초기화

이제 stud 클래스의 '객체 예'를 생성(instantiation)하기 위해 stud 클래스를 setMethod() 함수로 다음과 같이 초기화(initialize)를 한다.

```
# 객체 예를 생성하기 위하여 stud 클래스를 초기화한다
setMethod(f = "initialize",
          signature = "stud",
          definition = function( .Object, Aname, Aage, AGPA)
          {
            .Object@name <- Aname
            .Object@age  <- Aage
            .Object@GPA  <- AGPA
            return( .Object )
          }
)
```

- setMethod() 함수의 인수들은 다음과 같다.
    - f ="initialize": 함수의 이름이다.
    - signature = "stud": 메소드가 적용되는 클래스이다.
    - definition = : 메소드의 함수를 정의한다.

## 16.2.3 S4 클래스 객체 생성

S4 클래스의 객체는 new() 함수로 생성할 수 있다.

stud 라는 S4 클래스의 객체로 mystu를 만들기 위해 new() 함수를 이용하면 다음과 같이 할 수 있다.

```
# new() 함수를 이용하여  S4 클래스의 mystu 객체를 생성한다.
# create new instance of the class 'Person' using new()
mystu <- new(Class = "stud",
             Aname = "Choi",
             Aage = 21,
             AGPA = 3.5)

mystu
## An object of class "stud"
## Slot "name":
## [1] "Choi"
##
## Slot "age":
## [1] 21
##
## Slot "GPA":
## [1] 3.
```

- new() 함수의 인수는 다음과 같다.
    - Class ="stud" : 클래스 이름이다.
    - 이하의 인수들은 슬롯의 이름과 값이다.

이제 mystu 라는 S4 클래스의 객체가 생성이 되었다. R Studio의 환경창의 Data 목록에 mystu 가 생성되어 있음을 확인할 수 있다.

isS4() 함수를 이용하면 mystu 객체가 S4 객체인지 확인할 수 있다.

```
## 객체가 S4 클래스인지 isS4() 함수로 확인한다.
isS4(mystu)
## [1] TRUE
```

## 16.2.4 S4 클래스 객체의 슬롯 접근과 수정

mystu 객체의 구조를 str() 함수로 확인해 보기로 한다.

```
## mystu 객체의 구조를 str() 함수로 확인한다.
str(mystu)
## Formal class 'stud' [package ".GlobalEnv"] with 3 slots
##   ..@ name: chr "Choi"
##   ..@ age : num 21
##   ..@ GPA : num 3.5
```

- mystu 객체의 클래스는 stud 이다.
- 각 슬롯에는 @ 다음에 '키워드'와 '데이터 유형' 그리고 '데이터 값'이 표시되어 있다.

즉, S4 클래스의 객체의 슬롯에 대한 접근은 @ 기호를 사용한다.

### 16.2.4.1 S4 클래스 객체의 슬롯 접근

mystu 객체에 있는 3개의 슬롯의 값은 '**객체명@키워드**'의 형식으로 접근할 수 있다.

다음의 예를 확인하기 바란다.

```
## S4 클래스의 mystu@name 슬롯에 접근한다.
mystu@name
## [1] "Choi"

## S4 클래스의 mystu@age 슬롯에 접근한다.
mystu@age
## [1] 21

## S4 클래스의 mystu@GPA 슬롯에 접근한다.
mystu@GPA
## [1] 3.5
```

## 16.2.4.2 S4 클래스 객체의 슬롯의 수정

### 16.2.4.2.1 할당 연산자를 이용한 직접 수정

할당 연산자를 이용하여 재할당을 함으로써 슬롯을 수정할 수 있다.

예를 들어, 다음은 mystu 객체의 GPA 슬롯을 3.7로 수정하는 것을 보여준다.

```
## GPA 슬롯의 데이터를 수정한다.
# 데이터 수정 전 mystu 객체를 확인한다.
mystu
## An object of class "stud"
## Slot "name":
## [1] "Choi"
##
## Slot "age":
## [1] 21
##
## Slot "GPA":
## [1] 3.5

## GPA 슬롯의 데이터를 수정한다.
# GPS 슬롯의 데이터를 수정한다.
mystu@GPA <- 3.7

## GPA 슬롯의 데이터를 수정한다.
# 데이터 수정 후 mystu 객체를 확인한다.
mystu
## An object of class "stud"
## Slot "name":
## [1] "Choi"
##
## Slot "age":
## [1] 21
##
## Slot "GPA":
## [1] 3.7
```

#### 16.2.4.2.2 slot() 함수를 이용한 수정

마찬가지로 `slot()` 함수를 사용하여 슬롯에 접근하고 수정할 수 있다.

```
## slot() 함수를 이용하여 슬롯에 접근하고 수정한다.
# 수정 전, mystu 객체의 name 슬롯을 확인한다.
slot(mystu,"name")
## [1] "Choi"
```

```
## slot() 함수를 이용하여 슬롯에 접근하고 수정한다.
# mystu 객체의 name 슬롯을 수정한다.
slot(mystu,"name") <- "Park"

## slot() 함수를 이용하여 슬롯에 접근하고 수정한다.
# 수정 후, mystu 객체의 name 슬롯을 확인한다.
slot(mystu,"name")
## [1] "Park"
```

- slot() 함수의 인수는 다음과 같다.
  - mystu : 수정하고자 하는 객체 이름이다
  - "name" : 수정하고자 하는 슬롯의 문자열 이름이다.

## 16.2.5 S4 클래스의 메소드와 일반 함수

S3 클래스의 경우와 마찬가지로 S4 클래스의 메소드도 클래스 자체가 아닌 일반 함수에 속한다. S4 의 일반 함수 작업은 S3의 일반 함수와 매우 유사하다.

참고로, showMethods() 함수를 사용하면, 지정된 함수나 클래스의 모든 메소드를 확인할 수 있다.

이제 mystu 객체의 데이터를 확인해 보기로 한다. 다음과 같이 객체 이름을 쓰면 그 내용이 출력된다. 이때에 호출되는 S4 클래스의 일반 함수는 show() 함수이다.

```
## mystu 객체를 확인한다.
mystu
## An object of class "stud"
## Slot "name":
## [1] "Park"
##
## Slot "age":
## [1] 21
##
## Slot "GPA":
## [1] 3.7
```

```
## mystu 객체를 show() 함수로도 확인한다.
show(mystu)
## An object of class "stud"
## Slot "name":
## [1] "Park"
##
## Slot "age":
## [1] 21
##
## Slot "GPA":
## [1] 3.7
```

S3 클래스의 일반 함수인 print() 함수와 대응되는 S4 클래스의 일반 함수는 show() 함수이다.

print() 함수와 show() 함수가 S4 클래스 일반 함수인지 isS4() 함수로 확인해 보기로 한다.

```
## 일반 함수로서 print가 S4 클래스인지 확인한다.
isS4(print)
## [1] FALSE

## 일반 함수로서 show가 S4 클래스인지 확인한다.
isS4(show)
## [1] TRUE
```

- print() 함수는 S4 클래스의 일반 함수가 아님을 알 수 있다.
- 반면에 show() 함수는 S4 클래스의 일반 함수이다.

그리고 showMethods(show)를 사용하여 show() 일반 함수의 모든 메소드를 확인할 수 있다.

```
## 'show' 일반 함수의 모든 메소드를 확인한다.
showMethods(show)

# 목록이 너무 많아서 출력은 생략한다.
```

### 16.2.6 나만의 S4 클래스 메소드 정의

setMethod() 함수를 사용하여 나만의 메소드를 정의할 수 있다.

예를 들어, 다음과 같이 show() 일반 함수의 메소드를 구현할 수 있다.

```
## setMethod() 함수를 이용하여 show 일반 함수를 정의한다.
setMethod("show",
          "stud",
          function(object) {
                   cat("[1] 이 름 : ", object@name, "\n")
                   cat("[2] 나 이 : ", object@age, "세\n")
                   cat("[3] 평균 평점 : ", object@GPA, "\n")
                 }
        )
```

이제 이전과 같이 s4.s1 객체의 이름을 입력하면 위의 코드가 실행된다.

```
## s4.s1 객체를 생성하고, 객체 이름을 호출한다.
# s4.s1 객체를 생성한다.
s4.s1 <- new("stud", Aname="Chun", Aage=21, AGPA=3.5)

## s4.s1 객체를 생성하고, 객체 이름을 호출한다.
# s4.s1 객체를 호출한다.
s4.s1
## [1] 이 름 :  Chun
## [2] 나 이 :  21 세
## [3] 평균 평점 :  3.5
```

이런 식으로 일반 함수에 대한 나만의 S4 클래스 메소드를 적용할 수 있다.

## 16.3 참조(reference) 클래스

이 절에서는 참조(reference) 클래스에 대하여 학습하기로 한다.

R의 참조 클래스는 C++, Java, Python 등과 같은 공통 언어에서 사용되는 객체 지향 프로그래

밍과 유사하다. S3와 S4 클래스와 달리 참조 클래스에서 메소드는 일반 함수가 아닌 클래스에 속한다. 참조 클래스는 환경이 추가된 S4 클래스로 내부적으로 구현된다.

### 16.3.1 참조 클래스 정의

참조 클래스를 정의하는 것은 S4 클래스를 정의하는 것과 유사하다. 다만, setClass() 함수 대신에 setRefClass() 함수를 사용한다.

다음은 setRefClass() 함수로 참조 클래스 stud1을 정의하고 있다.

```
## setRefClass() 함수로 stud1 참조 클래스를 정의한다.
setRefClass("stud1")
```

클래스에 멤버 변수가 정의된 경우 클래스 정의에 이를 포함시켜야 한다. 참조 클래스의 멤버 변수는 필드(fields)라고 한다 (S4 클래스의 슬롯과 유사하다).

다음은 이름(name), 나이(age) 그리고 GPA 등의 3 개 필드로 구성된 참조 클래스 st를 정의하는 예이다.

```
## setRefClass() 함수로 3개의 필드로 구성된 참조 클래스 st를 정의한다.
setRefClass("st",
            fields = list(name = "character",
                          age = "numeric",
                          GPA = "numeric"))
```

- setRefClass() 함수의 인수는 다음과 같다.
  - "st" : 참조 클래스 이름이다.
  - fields = : 멤버를 서술한다.

### 16.3.2 참조 객체 생성

그런데, setRefClass() 함수는 해당 클래스의 객체를 생성하는 데 사용하는 생성 함수를 반환한다. 이를 이용하여 새로운 참조 객체를 생성하면 된다.

다음은 setRefClass() 함수를 이용하여 참조 객체 생성 함수 st()를 정의하는 것을 보여 준다.

```
## 참조객체 생성함수 st()를 를 정의한다.
st <- setRefClass("st",
                  fields = list(name = "character",
                                age = "numeric",
                                GPA = "numeric"))
```

이제 참조 객체를 생성할 수 있는 st() 함수가 정의되었다.

이 st() 함수를 이용하여 참조 객체 ref.s를 생성해 보기로 한다.

```
## st() 함수를 이용하여 새로운 참조 객체 ref.s를 생성한다.
ref.s <- st(name = c("Chun", "Kim"), age = c(21, 23), GPA = c(3.5, 4.0))
ref.s
## Reference class object of class "st"
## Field "name":
## [1] "Chun" "Kim"
## Field "age":
## [1] 21 23
## Field "GPA":
## [1] 3.5 4.0
```

### 16.3.3 참조 객체의 필드 접근과 수정

참조 객체의 필드는 $ 연산자를 사용하여 접근할 수 있다.

다음은 ref.s 객체의 필드들을 접근하는 예를 보여주고 있다.

```
## ref.s 참조 객체의 각 필드에 $ 연산자를 이용하여 접근한다.
# ref.s$name 필드에 접근한다.
ref.s$name
## [1] "Chun" "Kim"

## ref.s 참조 객체의 각 필드에 $ 연산자를 이용하여 접근한다.
# ref.s$age 필드에 접근한다.
ref.s$age
## [1] 21 23
```

```
## ref.s 참조 객체의 각 필드에 $ 연산자를 이용하여 접근한다.
# ref.s$GPA 필드에 접근한다.
ref.s$GPA
## [1] 3.5 4.0
```

마찬가지로 참조 객체의 필드는 할당 연산자를 이용하여 수정할 수 있다.

다음은 `ref.s` 참조 객체의 name 필드 값을 수정하는 예를 보여주고 있다.

```
## 참조 객체의 필드 값을 수정한다.
# 수정 전, ref.s의 name 필드 값을 확인한다.
ref.s$name
## [1] "Chun" "Kim"

## 참조 객체의 필드 값을 수정한다.
# ref.s의 name 필드 값을 수정한다.
ref.s$name[1] <- "Park"
## 참조 객체의 필드 값을 수정한다.
# 수정 후, ref.s의 name 필드 값을 확인한다.
ref.s$name
## [1] "Park" "Kim"
```

### 16.3.4 참조 객체 사용 시 유의사항

R 프로그래밍에서 객체는 새 변수에 할당되거나 (값으로) 함수에 전달될 때 복사된다. 예를 들면 다음과 같다.

```
## 리스트 a를 생성하고 b에 할당한다.
a <- list("x" = 1, "y" = 2)
b <- a

## b를 수정한다.
b$y = 3

## a에게는 아무런 영향이 미치지 않는다.
a
```

```
## $x
## [1] 1
##
## $y
## [1] 2

## b만 수정된다.
b
## $x
## [1] 1
##
## $y
## [1] 3
```

그러나 참조 객체의 경우가 이렇지 않다. 단지 사본만이 존재하고 모든 변수가 동일한 사본을 참조한다.

따라서 다음같이 st() 함수로 생성된 참조 객체 a를 객체 b에 할당하고, b 객체의 name 필드를 수정해 보면 a 객체의 name 필드도 수정되게 된다.

```
## 참조 객체 a를 생성하고, b에 할당한다.
a <- st(name = "Cho", age = 21, GPA = 3.5)
b <- a
b
## Reference class object of class "st"
## Field "name":
## [1] "Cho"
## Field "age":
## [1] 21
## Field "GPA":
## [1] 3.5

## b 객체의 name 필드를 수정한다.
b$name <- "Park"
b
## Reference class object of class "st"
## Field "name":
## [1] "Park"
## Field "age":
## [1] 21
```

```
## Field "GPA":
## [1] 3.5

## 이제 객체 a와 객체 b를 확인한다.
# a도 수정되어 있다.
a
## Reference class object of class "st"
## Field "name":
## [1] "Park"
## Field "age":
## [1] 21
## Field "GPA":
## [1] 3.5
```

이로 인해 원치 않는 값의 변경이 발생할 수 있으며, 이상한 버그의 원인이 될 수 있다. 참조 객체로 작업하는 동안 이를 염두에 두어야 한다.

할당 연산자 대신에 copy() 함수를 이용하여 복사 개체를 생성할 수 있다.

다음은 참조 객체 a를 copy() 함수로 복제하여 개체 b를 만들고, 앞에서 동일하게 필드 수정을 하는 과정을 보여주고 있다.

```
## copy() 함수를 이용하여 참조 객체를 생성한다.
# 참조 객체 a를 생성하고, a의 copy를 b에 할당한다.
a <- st(name = "Cho", age = 21, GPA = 3.5)
b <- a$copy()
b
## Reference class object of class "st"
## Field "name":
## [1] "Cho"
## Field "age":
## [1] 21
## Field "GPA":
## [1] 3.5

## 참조 객체 b의 name 필드를 수정한다.
b$name <- "Park"
b
## Reference class object of class "st"
```

```
## Field "name":
## [1] "Park"
## Field "age":
## [1] 21
## Field "GPA":
## [1] 3.5

## 참조 객체 a에는 아무런 영향이 없다.
a
## Reference class object of class "st"
## Field "name":
## [1] "Cho"
## Field "age":
## [1] 21
## Field "GPA":
## [1] 3.5
```

### 16.3.5 나만의 참조 메소드 작성

이제 참조 클래스의 메소드를 정의하기로 한다. 그런데, S3와 S4 클래스에서 처럼 일반 함수에는 속하지 않는다.

모든 참조 클래스는 사전에 정의된 메소드를 가지고 있다. 이 메소드들은 수퍼 클래스 `envRefClass`에서 상속되기 때문이다.

다음은 참조 객체 `st()` 생성자에 대한 정보를 확인한다.

```
## st 클래스 생성 함수의 클래스에 대한 정보를 확인한다.
st
## Generator for class "st":
##
## Class fields:
##
## Name:        name       age       GPA
## Class: character   numeric   numeric
##
## Class Methods:
##      "field", "trace", "getRefClass", "initFields", "copy", "callSuper",
```

```
##         ".objectPackage", "export", "untrace", "getClass", "show",
"usingMethods",
##       ".objectParent", "import"
##
## Reference Superclasses:
##       "envRefClass"
```

위 목록에서 copy(), field() 그리고 show() 등의 클래스 메소드를 확인할 수 있다.

그리고 이 클래스 st에 대한 나만의 메소드도 정의할 수 있다.

이는 setRefClass()의 메소드 인수 methods =에 메소드들을 정의해 주면 된다.

다음은 fields =에 3개의 필드로 구성된 st 클래스를 정의하고, methods =에 inc_age 메소드와 dec_age 메소드를 정의하는 setRefClass() 함수를 사용하는 예를 보여주고 있다. 결과로 st 클래스 생성함수 st가 정의된다.

```
st <- setRefClass("st",
            fields = list(name = "character", age = "numeric", GPA = "numeric"),
            methods = list(
                        inc_age = function(x) {
                                age <<- age + x
                            },
                        dec_age = function(x) {
                                age <<- age - x
                            }
                         )
            )
```

위의 코드 섹션에서 inc_age()와 dec_age()라는 두 가지의 메소드를 정의했다. 이 두 가지 메소드는 age 필드를 수정하고자 한다.

age가 메소드의 로컬 환경에 없기 때문에 로컬이 아닌 전역 할당 연산자 <<-를 사용해야 한다.

이것은 중요하다. 간단한 할당 연산자 <-를 사용하면 우리가 원하는 것이 아닌 age라는 지역 변수가 생성될 것이다. 이러한 경우 R은 경고를 발하게 된다.

다음은 위에 정의된 메소드를 사용하는 실행의 예를 보기로 한다.

먼저 st() 함수를 이용하여 다음과 같이 참조 객체 ref.st1을 생성한다.

```
## 참조 메소드를 사용하는 예를 보여준다.
# ref.st1 참조 객체를 생성한다.
ref.st1 <- st(name = "Chang", age = 21, GPA = 3.5)
ref.st1$age
## [1] 21
```

st() 함수의 inc_age() 메소드를 이용하여 age 필드의 값을 5 증가시켜 보기로 한다.

```
## 참조 메소드를 사용하는 예를 보여준다.
# ref.st1의 age 필드를 5 증가 시킨다.
ref.st1$inc_age(5)
ref.st1$age
## [1] 26
```

ref.st1의 age 필드의 값을 dec_age() 메소드를 이용하여 감소시켜 보기로 한다.

```
## 참조 메소드를 사용하는 예를 보여준다.
# ref.st1의 age 필드를 10 감소시킨다.
ref.st1$dec_age(10)
ref.st1$age
## [1] 16
```

# 16.4 상속

이 절에서는 R의 상속에 대하여 살펴 보기로 한다. 보다 구체적으로는 S3, S4 그리고 참조 클래스에서 상속을 생성하고, 이를 프로그램에서 효율적으로 사용하는 방법에 대하여 알아 보기로 한다. 상속(inheritance)이란 기존 클래스에서 새 클래스를 정의할 수 있는, 객체 지향 프로그래밍의 주요 기능 중 하나이다. 즉, 기존 기본 클래스에서 새 클래스를 파생시키고 새 기능을 추가할 수 있다. 상속은 코드의 재사용성(reusability)을 제공한다.

상속은 가계도처럼 클래스의 계층을 형성한다. 중요한 점은 '기본/부모 클래스(parent class)'에 정의된 특성이 '파생 클래스(child class)'에도 자동으로 전달된다는 것이다. 또한 기본/부모 클래스의 메소드는 파생된 클래스에서도 작동한다.

이를 간단히 그림으로 표현하면 다음의 <그림 16.1>과 같다.

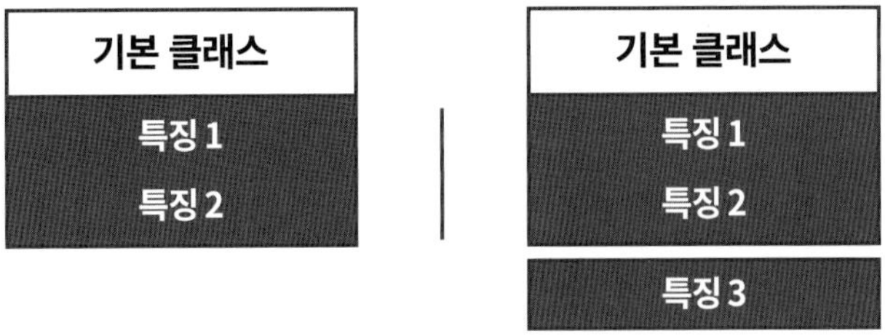


**그림 16.1: R에서의 상속**

다음에서는 R의 세 가지 클래스에서 상속이 어떻게 수행되는지 살펴보기로 한다.

### 16.4.1 S3 클래스의 상속

S3 클래스에는 고정된 정의가 없다. 따라서 S3 객체의 속성은 임의적일 수 있다.

그러나 파생 클래스는 기본 클래스에서 정의된 메소드를 상속받는다.

다음과 같이 stu 클래스의 새로운 객체를 생성하는 함수를 정의하기로 한다.

```
##  S3 클래스의 상속을 살펴보기 위한 stu() 생성함수를 정의한다.
stu <- function(n,a,g) {
           value <- list(name = n, age = a, GPA = g)
           attr(value, "class") <- "stu"
           value
}
```

- value <- list(name = n, age = a, GPA = g) : stu() 함수는 리스트 구조의 value를 반환하는 함수이다.
- attr(value, "class") <- "stu" : value의 클래스 속성을 stu로 할당한다.

stu() 함수를 이용하여 S3 클랫의 s3.s3 객체를 생성하기로 한다.

```
## student() 함수를 이용하여 student 클래스의 s3.s1 객체를 생성한다.
s3.s3 <- stu("Park", 26, 3.7)
```

이제 일반 함수 print()에 stu 클래스의 메소드 print.stu를 다음과 같이 정의한다.

```
## 일반 함수 print에 stu 클래스 메소드를 정의한다.
print.stu <- function(obj) {
                    cat("-- print.stu 메소드로 출력한다. --\n\n")
                    cat(obj$name, "\n")
                    cat(obj$age, "세\n")
                    cat("GPA:", obj$GPA, "\n")
}

## print.stu 메소드로 s3.s3 객체를 출력한다.
print.stu(s3.s3)
## -- print.stu 메소드로 출력한다. --
##
## Park
## 26 세
## GPA: 3.7
```

- print.stu(s3.s3) : 일반 함수 print의 stu 클래스 메소드로 s3.s3를 출력한다.
- s3.s3로 해도 print.stu(s3.s3)와 같은 결과를 반환된다.

이제 stu 클래스를 상속받는 InterStu 클래스의 객체를 만들어 보기로 한다.

상속 객체는 다음과 같이 생성한다.

'obj' 객체의 클래스 속성으로 'parent'의 특성을 상속받는 'child' 클래스를 정의는 다음과 같이 한다.

```
class(obj) <- c(child, parent)'
```

- obj : 생성하는 객체의 이름이다.
- child : 새로 생성하는 파생 클래스의 이름을 문자열로 기입한다.
- parent : 기본/부모 클래스의 이름을 문자열로 기입한다.

따라서 객체 obj의 클래스 속성은 c(child, parent)가 된다.

이제 새로운 상속 개체의 생성에 대하여 살펴보기로 한다.

먼저 리스트 변수 s3.s4 를 생성한다.

```
## 리스트 변수 s3.s4를 생성한다.
s3.s4 <- list(name="Chun", age=21, GPA=3.5, country="France")

## s3.s4의 클래스를 확인한다.
class(s3.s4)
## [1] "list"
```

- s3.s4의 클래스는 "list" 이다.

다음은 s3.s4 리스트 변수를 "InterStu" 클래스로 하여, 부모 클래스인 stu 클래스의 상속을 받게 한다.

```
# stu 클래스에서 파생된 InternationalStudent 클래스를 만든다.
class(s3.s4) <- c("InterStu", "stu")
class(s3.s4)
## [1] "InterStu" "stu"
```

- class(s3.s4) : s3.s4 개체의 클래스 속성
- c("InterStu", "stu") : 두 클래스의 이름이다.

이제 s3.s4 객체를 출력해 보기로 한다.

```
# 객체를 출력한다.
print.stu(s3.s4)
## -- print.stu 메소드로 출력한다. --
##
## Chun
## 21 세
## GPA: 3.5
s3.s4
## -- print.stu 메소드로 출력한다. --
##
```

```
## Chun
## 21 세
## GPA: 3.5
```

그런데, 일반 함수 print의 InterStu 클래스에 해당하는 메소드를 정의하지 않았기 때문에, InterStu 클래스 객체인 s3.s4를 출력해도 print.stu() 메서드가 호출되고 있음을 알 수 있다. 이 클래스 메소드는 stu 클래스에서 상속된 것이다.

이제 InterStu 클래스를 위한 print.InterStu()를 정의해 보기로 한다.

```
## InterStu 클래스를 위한 print 메소드를 정의한다.
print.InterStu <- function(obj) {
                cat("-- print.InterStu 메소드로 출력한다. --\n\n")
                cat(obj$name, "의 국적은(는) ", obj$country, " 이다\n")
}
```

- R Studio의 환경창에 있는 Functions 목록에 print.InterStu가 표시됨을 확인하기 바란다.

아래와 같이 InterStu 클래스 객체 s3.s4를 다시 출력해 보기로 한다.

```
## s3.s4 객체를 출력한다.
s3.s4
## -- print.InterStu 메소드로 출력한다. --
##
## Chun 의 국적은(는)  France  이다
```

inherits() 함수 또는 is() 함수 등을 이용하여, 하나의 객체가 다른 클래스에서 상속된 파생 클래스인지 확인할 수 있다.

```
## s3.s4가 stu 클래스를 상속받고 있는지 확인한다.
inherits(s3.s4, "stu")
## [1] TRUE

## s3.s4가 stu 클래스를 상속받고 있는지 확인한다.
is(s3.s4, "stu")
## [1] TRUE
```

## 16.4.2 S4 클래스의 상속

S4 클래스에는 적절한 정의가 있으므로 파생 클래스는 부모 클래스의 특성과 메소드를 모두 상속받는다.

일반 함수 show()에 대한 메소드로 student1 클래스를 setClass() 함수로 다음과 같이 정의해 보기로 한다.

```
## student1라 불리는 S4 클래스를 setClass() 함수로 정의한다.
setClass("student1",
         slots=list(name="character",
                    age="numeric",
                    GPA="numeric"))

## 일반 함수 show()의 student1 클래스 메소드를 정의한다.
setMethod("show", "student1", function(object) {
                   cat("-- show.student1 메소드로 출력한다. --\n\n")
                   cat(object@name, "\n")
                   cat(object@age, "세\n")
                   cat("GPA:", object@GPA, "\n")
              }
         )
```

다음은 setClass() 함수를 이용하여 InterStu를 정의하되, contains = 인수에 부모 클래스를 지정해 주는 것을 보여주고 있다.

```
# student1에서 상속된다.
setClass("InterStu",
          slots = list(country = "character"),
          contains = "student1"
)
```

- "InterStu" : 파생 클래스 이름이다.
- slots = list(country = "character") : 파생 클래스에 country 속성을 추가하고 있다.
- contains = "student1" : InterStu 클래스는 student1 클래스로 부터 상속받고 있다.

이제 S4 클래스인 InterStu 클래스 객체 s4.s2를 new() 함수를 이용하여 다음과 같이 생성한다.

```
## new() 함수를 이용하여 InterStu 클래스 객체인 s4.s2 를 생성한다.
s4.s2 <- new("InterStu",
             name="Kim",
             age=21,
             GPA=3.5,
             country="France")

## s4.s2 객체를 확인한다.
s4.s2
## -- show.student1 메소드로 출력한다. --
##
## Kim
## 21 세
## GPA: 3.5
show(s4.s2)
## -- show.student1 메소드로 출력한다. --
##
## Kim
## 21 세
## GPA: 3.5
```

show(s4.s2)를 했을 때 student1 클래스를 위해 정의된 show.student1 메소드가 호출된 것을 알 수 있다.

setMethod() 함수를 이용하여 InterStu 클래스를 위한 메소드를 정의할 수도 있다.

### 16.4.3 참조 클래스의 상속

참조 클래스의 상속은 S4 클래스의 상속과 매우 유사하다. 파생 클래스를 정의할 때, 기본 클래스를 contains 인수에서 지정해 주면 된다.

다음은 inc_age()와 dec_age()라는 두 가지 메소드가 있는 ref.st 참조 클래스의 생성 함수를 정의하는 예이다.

```
## inc_age()와 dec_age() 두 메소드가 있는 ref.st 참조 클래스 생성함수를 정의한다.
ref.st <- setRefClass("ref.st",
                      fields=list(name="character",
                                  age="numeric",
                                  GPA="numeric"),

                      methods=list(
                              inc_age = function(x) {
                                        age <<- age + x
                              },
                              dec_age = function(x) {
                                        age <<- age - x
                              }
                      )
)
```

• R Studio의 환경창에 있는 Values 목록에 ref.st가 표시됨을 확인하기 바란다.

이제 이 ref.st 참고 클래스를 상속하는 파생 참조 클래스로 "IntStu" 클래스를 정의해 보기로 한다. 이 파생 참조 클래스에 dec_age() 메소드에 age 필드가 음수가 되지 않도록 하는 무결성 검사를 추가한다.

```
## ref.st 참조 클래스를 상속받는 IntStu 파생클래스 생성함수를 정의한다.
IntStu <- setRefClass("IntStu",
              fields = list(country = "character"),
              contains = "ref.st",
              methods = list(
                 dec_age = function(x) {
                       if((age - x) < 0)  stop("나이는 음수가 될 수 없다.")
                          age <<- age - x
                       }
              )
)
```

• fields = list(country= "character") : IntStu 참조 클래스에 추가되는 필드를 정의한다.

• contains= "ref.st" : 부모 클래스 "ref.st"를 지정한다.

• methods = : 부모 클랫의 dec_age를 수정하여 정의하고 있다.

이제 ref.st() 생성함수를 이용하여 ref.st 참조 클래스 객체인 ref.s4 객체를 생성해 보기로 한다.

```
## ref.st 참조 클래스 객체 ref.s4를 생성한다.
ref.s4 <- ref.st(name="Lee", age = 18, GPA = 3.8)

## ref.s4객체의 age 필드의 값을 확인한다.
ref.s4$age
## [1] 18
```

다음은 ref.st 참조 클래스 객체인 ref.st의 age 필드 값에서 dec_age 메소드를 이용하여 5를 빼 보기로 한다.

```
## ref.s4객체의 age 필드의 값에서 5를 빼준다.
ref.s4$dec_age(5)

## ref.s4객체의 age 필드의 값을 확인한다.
ref.s4$age
## [1] 13
```

다음은 IntStu() 함수를 이용하여 파생 참조 클래스 객체인 ref.s5를 생성하고, 각 필드의 값을 확인해 보기로 한다.

```
## IntStu 참조 클래스 객체인 ref.s5 를 생성한다.
ref.s5 <- IntStu(name = "Chung",
                 age = 21,
                 GPA = 3.5,
                 country = "France")

## IntStu 참조 클래스 객체인 ref.s5의 필드 값을 확인한다.
# age 필드를 확인한다.
ref.s5$age
## [1] 21
```

이제 age 필드에 inc_age 메소드를 이용하여 5를 더하고 그 결과를 확인해 보기로 한다.

```
## IntStu 참조 클래스 객체인 ref.s5의 age 필드를 수정한다.
# age 필드에 5를 더한다.
ref.s5$inc_age(5)

## IntStu 참조 클래스 객체인 ref.s5의 age 필드 값을 확인한다.
ref.s5$age
## [1] 26
```

이번에는 ref.s5 객체의 age 필드에 dec_age 메소드를 이용하여 5를 빼고 그 결과를 확인해 보기로 한다.

```
## IntStu 참조 클래스 객체인 ref.s5의 age필드 값을 수정한다.
# age 필드에서 5를 뺍니다.
ref.s5$dec_age(5)

## IntStu 참조 클래스 객체인 ref.s5의 age 필드 값을 확인한다.
ref.s5$age
## [1] 21
```

이러한 방식으로 부모 클래스에서 상속을 받을 수 있게 된다.

이제 ref.s5 객체의 age 필드 값에서 30을 빼는 연산을 해 보기로 한다.

```
## IntStu 참조 클래스 객체인 ref.s5의 age필드 값을 수정한다.
# age 필드에서 30을 뺍니다.
ref.s5$dec_age(30)
## Error in ref.s5$dec_age(30): 나이는 음수가 될 수 없다.
```

- 객체 ref.s5의 dec_age 메소드는 InsStu 클래스의 dec_age 메소드가 작동되어 에러 메시지를 반환하고 종료한다.

다시 한번 ref.s5 객체의 age 필드 값을 확인해 보기로 한다.

```
## IntStu 참조 클래스 객체인 ref.s5의 age 필드 값을 확인한다.
ref.s5$age
## [1] 21
```

# 17

# apply 류의 함수들

# 17. apply 류의 함수들

apply() 함수 패밀리는 벡터화된 함수로 구성이 되어, 반복 루프를 명시적으로 만들 필요를 최소화한다. 이러한 함수들은 지정된 함수를 데이터 객체에 적용하며, 함수 간의 주요 차이점은 함수가 적용되는 객체 클래스(리스트, 행렬 등)와 함수에서 반환하는 객체 클래스에 있다.
다음은 데이터 분석에서 사용하는 가장 일반적인 형태의 apply() 함수 패밀리이고, 이외에 추가적인 함수(mapply, rapply, vapply 등)들도 있다. 이 장에서는 다음의 함수들을 중심으로 살펴 보기로 한다.

- apply() : 행렬과 데이터 프레임에 적용
- lapply() : 리스트(또는 벡터)에 적용. 리스트 반환
- sapply() : 리스트에 적용. 단순화된 출력
- tapply() : 벡터에 적용
- 이외의 유용한 apply 류의 함수

## 17.1 apply() 함수

apply() 함수는 행렬이나 데이터 프레임의 행이나 열(이를 margin이라고 한다)에 함수를 적용할 때 가장 자주 사용된다. 예를 들어, 행렬과 배열의 평균을 구하기 위해 일반 배열과도 함께 사용할 수 있다. apply() 함수를 사용하는 것이 루프 함수를 사용하는 것보다 빠르지는 않지만 매우 간결하고 한 줄로 코드를 작성할 수 있는 이점이 있다.
apply() 함수의 형식은 다음과 같다.

```
apply(X, MARGIN, FUN, ...)
    x : 행렬, 데이터 프레임 또는 배열이다.
    MARGIN : 함수가 적용될 첨자를 제공하는 벡터이다. 예를 들어, 배열에서 1은 1차원
             (행)을, 2는 2차원(열)을, c(1, 2)는 3차원 배열에서 행과 열을 나타낸다.
```

```
• FUN : 적용할 함수이다.
• ... : 함수에 전달되는 다른 인수를 위한 것이다.
```

여기서 MARGIN = 와 FUN = 은 생략가능하다.

이하에서는 데이터 프레임 객체인 mtcars 데이터 세트를 사용하여 apply() 함수의 사용 예를 살펴보기로 한다.

```
## apply() 함수의 사용 예이다.
# mtcars 데이터 세트의 첫 6개 행을 확인한다.
head(mtcars)
##                    mpg cyl disp  hp drat    wt  qsec vs am gear carb
## Mazda RX4         21.0   6  160 110 3.90 2.620 16.46  0  1    4    4
## Mazda RX4 Wag     21.0   6  160 110 3.90 2.875 17.02  0  1    4    4
## Datsun 710        22.8   4  108  93 3.85 2.320 18.61  1  1    4    1
## Hornet 4 Drive    21.4   6  258 110 3.08 3.215 19.44  1  0    3    1
## Hornet Sportabout 18.7   8  360 175 3.15 3.440 17.02  0  0    3    2
## Valiant           18.1   6  225 105 2.76 3.460 20.22  1  0    3    1
```

apply() 함수를 이용하여 mtcars의 각 "열(MARGIN = 2)"의 "평균(FUN = mean)"을 구해 보기로 한다.

```
## apply() 함수의 사용 예이다.
# 각 열(2차원)의 평균을 구한다.
apply(mtcars, 2, mean)
##        mpg        cyl       disp         hp       drat         wt       qsec
##  20.090625   6.187500 230.721875 146.687500   3.596563   3.217250  17.848750
##         vs         am       gear       carb
##   0.437500   0.406250   3.687500   2.812500
```

apply() 함수를 이용하여 mtcars의 각 "행(MARGIN = 1)"의 "합계(FUN = sum)"을 구해 보기로 한다.

```
## apply() 함수의 사용 예이다.
# 각 행(1차원)의 합계를 구한다.
apply(mtcars, 1, sum)
##           Mazda RX4       Mazda RX4 Wag          Datsun 710      Hornet 4 Drive
##             328.980             329.795             259.580             426.135
##   Hornet Sportabout             Valiant          Duster 360           Merc 240D
##             590.310             385.540             656.920             270.980
##            Merc 230            Merc 280           Merc 280C          Merc 450SE
##             299.570             350.460             349.660             510.740
##          Merc 450SL         Merc 450SLC  Cadillac Fleetwood Lincoln Continental
##             511.500             509.850             728.560             726.644
##   Chrysler Imperial            Fiat 128         Honda Civic      Toyota Corolla
##             725.695             213.850             195.165             206.955
##       Toyota Corona    Dodge Challenger         AMC Javelin          Camaro Z28
##             273.775             519.650             506.085             646.280
##    Pontiac Firebird           Fiat X1-9       Porsche 914-2        Lotus Europa
##             631.175             208.215             272.570             273.683
##      Ford Pantera L        Ferrari Dino       Maserati Bora          Volvo 142E
##             670.690             379.590             694.710             288.890
```

• 이 데이터 세트에서 행의 합이 갖는 의미는 없다고 할 수 있다. 다만, 행의 합을 구할 수 있음을 보여주기 위해 실행해 본 것이다.

apply() 함수를 이용하여 mtcars의 각 "열(MARGIN = 2)"의 "백분위수(FUN = quantile)"을 구해 보기로 한다.

```
## apply() 함수의 사용 예이다.
# 각 열(2차원)의 백분위수(quantile)를 구한다.
apply(mtcars, 2, quantile, probs = c(0.10, 0.25, 0.50, 0.75, 0.90))
##        mpg cyl    disp    hp  drat      wt    qsec vs am gear carb
## 10% 14.340   4  80.610  66.0 3.007 1.95550 15.5340  0  0    3    1
## 25% 15.425   4 120.825  96.5 3.080 2.58125 16.8925  0  0    3    2
## 50% 19.200   6 196.300 123.0 3.695 3.32500 17.7100  0  0    4    2
## 75% 22.800   8 326.000 180.0 3.920 3.61000 18.9000  1  1    4    4
## 90% 30.090   8 396.000 243.5 4.209 4.04750 19.9900  1  1    5    4
```

• probs = c(0.10, 0.25, 0.50, 0.75, 0.90) : 전체 데이터 중 원하는 백분위를 지정한

다. 이 인수를 지정하지 않으면(기본값), c(0, 0.25, 0.5, 0.75. 1)에 해당하는 백분위수가 출력된다.

지금까지 살펴본 apply() 함수는 행렬 객체에도 그대로 적용할 수 있다.

먼저 행렬 x를 생성한다.

```
## apply() 함수를 행렬 객체에 적용하는 예이다.
# 행렬을 생성한다.
x <- matrix(c(2,4,6,8,10,12), nrow = 2)
```

먼저 apply() 함수를 이용한 "행단위(MARGIN = 1)"의 연산에 대하여 살펴 보기로 한다.

다음은 행렬 x를 "행 단위"로 apply() 함수를 이용하여 "합계(sum)"를 구하는 예이다.

```
## apply() 함수를 행렬 객체에 적용하는 예이다.
# MARGIN = 1 : 행단위의 연산을 한다.
apply(x, MARGIN = 1, FUN = sum)
## [1] 18 24
```

다음은 행렬 x를 "행 단위"로 apply() 함수를 이용하여 "평균(mean)"을 구하는 예이다.

```
## apply() 함수를 행렬 객체에 적용하는 예이다.
# MARGIN = 1 : 행단위의 연산을 한다.
apply(x, 1, mean)
## [1] 6 8
```

다음은 행렬 x를 "행 단위"로 apply() 함수를 이용하여 "표준편차(sd)"을 구하는 예이다.

```
## apply() 함수를 행렬 객체에 적용하는 예이다.
# MARGIN = 1 : 행단위의 연산을 한다.
apply(x, 1, sd)
## [1] 4 4
```

이번에는 apply() 함수를 이용한 "열단위(MARGIN = 2)"의 연산에 대하여 살펴 보기로 한다.

행렬 x를 "열 단위"로 apply() 함수를 이용하여 "합계(sum)"를 구하는 예이다.

```
## apply() 함수를 행렬 객체에 적용하는 예이다.
# MARGIN = 2 : 열단위의 연산을 한다.
apply(x, MARGIN = 2, FUN = sum)
## [1]  6 14 22
```

행렬 x를 "열 단위"로 apply() 함수를 이용하여 "평균(mean)"을 구하는 예이다.

```
## apply() 함수를 행렬 객체에 적용하는 예이다.
# MARGIN = 2 : 열단위의 연산을 한다.
apply(x, 2, mean)
## [1]  3  7 11
```

행렬 x를 "열 단위"로 apply() 함수를 이용하여 "표준편차(sd)"을 구하는 예이다.

```
## apply() 함수를 행렬 객체에 적용하는 예이다.
# MARGIN = 2 : 열단위의 연산을 한다.
apply(x, 2, sd)
## [1] 1.414214 1.414214 1.414214
```

# 17.2 lapply() 함수

lapply() 함수는 다음과 같은 기능을 수행한다.

- 리스트(또는 벡터)틀 반복하며, 해당 리스트의 각 요소에 반복적으로 적용한다.
- 리스트의 각 요소에 (사용자가 지정한) 함수를 적용한다.
- 결과로 리스트를 반환한다(lapply() 함수의 l은 "list"를 나타낸다).

lapply() 함수의 형식은 다음과 같다.

```
lapply(X, FUN, ...)
인수 :
  • x : 리스트 객체이다.
  • FUN : 적용하는 함수이다.
  • ... : 함수에 전달되는 다른 인수를 위한 것이다.
```

예를 들어, 4개의 요소(item1 ~ item4)로 구성되는 리스트 변수 data를 먼저 생성하고, 이 리스트의 요소별 평균을 구해 보기로 한다.

```
## lapply() 함수의 사용 예이다.
# 난수의 초기값을 지정한다.
set.seed(1)

# 4 개의 요소로 구성되는 리스트를 생성한다.
data <- list(item1 = 1:4,
             item2 = rnorm(10),
             item3 = rnorm(20, 1),
             item4 = rnorm(100, 5))

## lapply() 함수의 사용 예이다.
# 리스트의 각 요소의 평균을 구한다.
lapply(data, mean)
## $item1
## [1] 2.5
##
## $item2
## [1] 0.1322028
##
## $item3
## [1] 1.057586
##
## $item4
## [1] 5.106299
```

- lapply(data, mean) : 리스트 변수 data의 요소별 평균(mean)을 구하고, 그 결과를 '리스트'로 반환함을 알 수 있다.

위의 예는 각 리스트 항목으로 단순한 숫자형의 벡터를 예를 들고 있다.
그러나 리스트의 요소에 데이터 프레임이 포함된 경우를 생각해 볼 수도 있다. 각 리스트의 요소에 반복적으로 데이터 프레임에 대한 함수를 적용해보기로 한다. 이 경우 lapply() 함수 내에 apply 함수를 삽입할 수도 있다.

예를 들어, 다음은 기본 데이터 세트인 beaver1과 beaver2를 이용하여 beaver_data 리스트를 만듭니다.

```
# R에 내장된 beaver1과 beaver2 데이터 세트를 리스트로 변형한다.
beaver_data <- list(beaver1 = beaver1,
                    beaver2 = beaver2)
```

다음의 lapply() 함수는 beaver_data 객체 인수와, 각 열에 apply() 함수로 열(MARGIN = 2) 단위의 평균(FUN = mean)을 구하는 함수 등을 인수로 하고 있다. 그리고 apply() 함수의 반환되는 결과를 소숫점 2자리에서 반올림하기 위해 round() 함수로 묶어 주고 있다.

```
## lapply() 함수의 사용 예이다.
# 각 리스트 요소의 평균을 구하여 리스트로 반환한다.
lapply(beaver_data,
       function(x)
         round(apply(x, MARGIN = 2, FUN = mean), 2))
## $beaver1
##     day    time   temp  activ
##  346.20 1312.02  36.86   0.05
##
## $beaver2
##     day    time   temp  activ
##  307.13 1446.20  37.60   0.62
```

- lapply(beaver_data, function(x) round(apply(x, 2, mean), 2)) : 리스트 변수 beaver_data의 각 요소에 대하여, 'function(x) round(apply(x, 2, mean), 2)'를 적용하여 리스트로 반환하라는 명령이다.
- function(x) round(apply(x, 2, mean), 2) : 사용자가 정의한 함수로서, 인수 x를 받아들여, 다음의 2개의 함수를 적용하는 함수이다.
    - apply(x, 2, mean) : 먼저 x 변수가 데이터 프레임이기 때문에 apply() 함수를 사용하여, 열 단위(2)로 합계(mean)를 구한다.

◦ round(apply(x, 2, mean) , 2) : apply(x, 2, mean)의 결과를 소숫점 3자리에서 반올림하라는 것이다.

또 다음의 예는 앞에서 살펴 본 mtcars 데이터 세트의 첫 4개의 열을 요소로 하여, 각 열의 평균을 리스트로 반환하도록 lapply() 함수를 사용하고 있다.

```
## lapply() 함수의 사용 예이다.
# mtcars의 4개 열을 인수로 하여, 평균(mean)을 구하여 리스트로 반환한다.
lapply(mtcars[ , 1:4], mean)
## $mpg
## [1] 20.09062
##
## $cyl
## [1] 6.1875
##
## $disp
## [1] 230.7219
##
## $hp
## [1] 146.6875
```

# 17.3 sapply() 함수

sapply() 함수는 lapply() 함수와 유사하게 작동한다. 하나의 차이점은 함수가 반환하는 값에 있다. sapply() 함수는 가능하면 lapply () 함수의 결과를 단순화하려고 한다.
기본적으로 sapply() 함수는 인수로 lapply()를 호출하고 다음의 알고리즘을 적용하여 결과를 반환한다.

- 모든 요소의 길이가 1 인 리스트로 결과가 나오면 벡터를 반환한다.
- 모든 요소가 동일한 길이 (> 1)의 벡터인 리스트로 결과가 나오면 행렬을 반환한다.
- 위와 같은 단순화를 수행할 수 없는 경우에는 리스트를 반환한다.

lapply() 함수와 sapply() 함수의 차이점을 lapply() 함수를 설명한 예를 그대로 적용하여 살펴 보기로 한다.

lapply() 함수 사용 예와 마찬가지로 4개의 요소(item1 ~ item4)로 구성되는 리스트 변수 data를 먼저 생성한다.

```
## sapply() 함수의 사용 예를 위한 데이터 세트를 생성한다.
# 난수의 초기값을 지정한다.
set.seed(1)

# 4 개의 요소로 구성되는 리스트를 생성한다.
data <- list(item1 = 1:4,
             item2 = rnorm(10),
             item3 = rnorm(20, 1),
             item4 = rnorm(100, 5))
```

이제 리스트 data의 요소별 평균을 lapply() 함수가 아닌 sapply() 함수를 이용하여 구해 보기로 한다.

```
## sapply() 함수의 사용 예이다.
# 리스트 data의 각 요소별 평균을 구한다.
data.result <- sapply(data, mean)
data.result
##     item1     item2     item3     item4
## 2.5000000 0.1322028 1.0575859 5.1062985

## sapply() 함수의 사용 예이다.
# sapply() 함수의 반환 값인 data.result의 클래스를 확인해 본다.
class(data.result)
## [1] "numeric"
```

- data.result는 클래스가 numeric인 벡터임을 알 수 있다.

또 다른 예로, beaver1과 beaver2 데이터 세트를 각 요소로 하는 beaver_data 리스트에 sapply() 함수를 적용해 보기로 한다.

먼저, beaver1과 beaver2 데이터 세트를 다음과 같이 하나의 리스트 beaver_data로 결합한다.

```
## sapply() 함수의 사용 예이다.
# beaver1과 beaver2 데이터 세트를 하나의 리스트로 결합한다.
beaver_data <- list(beaver1 = beaver1,
                    beaver2 = beaver2)
beaver_data 리스트에 sapply() 함수를 적용한다.
## sapply() 함수의 사용 예이다.
# 각 리스트 항목의 평균을 구하여 결과를 단순화한다.
bea.result <- sapply(beaver_data, function(x) round(apply(x, 2, mean), 2))
bea.result
##        beaver1 beaver2
## day     346.20  307.13
## time   1312.02 1446.20
## temp     36.86   37.60
## activ     0.05    0.62

## sapply() 함수의 사용 예이다.
# sapply()의 결과인 bea.result 객체의 클래스를 확인한다.
class(bea.result)
## [1] "matrix" "array"
```

- sapply() 함수의 인수에는 다음과 같이 입력한다.
  - beaver_data : 데이터이다.
  - function(x) round(apply(x, 2, mean), 2) : 적용할 함수이다.
- 결과로 반환되는 bea.result의 클래스는 "matrix" "array" 임을 알 수 있다.

# 17.4 tapply() 함수

tapply() 함수는 벡터의 하위 집합에 함수를 적용하는 데 주로 다음과 같은 상황에서 사용된다.

- (범주형 변수 즉, 요인에 의해) 그룹으로 나누어 질 수 있는 데이터 세트의 경우이다.
- 데이터 세트를 그룹으로 나누고 싶은 경우이다.
- 각 그룹 내에서 함수를 적용한다.

tapply() 함수의 형식은 다음과 같다.

```
tapply(X, INDEX, FUN = NULL, ..., default = NA, simplify = TRUE)
인수 :
  • x : 벡터이다.
  • INDEX : 요인 또는 요인의 목록(또는 강제 변환된 요인)이다.
  • FUN : 적용할 함수이다.
  • ... : FUN에 전달될 다른 인수가 포함되어 있다.
  • simplify : 결과의 단순화 여부를 설정한다.
```

mtcars 데이터 세트를 사용하여, cyl 변수의 그룹별(INDEX = mtcars$cyl)로, mpg 변수(X = mtcars$mpg)의 평균(FUN = mean)을 tapply() 함수로 계산하는 예를 살펴보기로 한다.

```
## tapply() 함수의 사용 예이다.
# mtcars 데이터 세트의 앞의 6개 행을 확인한다.
head(mtcars)
##                    mpg cyl disp  hp drat    wt  qsec vs am gear carb
## Mazda RX4         21.0   6  160 110 3.90 2.620 16.46  0  1    4    4
## Mazda RX4 Wag     21.0   6  160 110 3.90 2.875 17.02  0  1    4    4
## Datsun 710        22.8   4  108  93 3.85 2.320 18.61  1  1    4    1
## Hornet 4 Drive    21.4   6  258 110 3.08 3.215 19.44  1  0    3    1
## Hornet Sportabout 18.7   8  360 175 3.15 3.440 17.02  0  0    3    2
## Valiant           18.1   6  225 105 2.76 3.460 20.22  1  0    3    1
## tapply() 함수의 사용 예이다.
# cyl 변수로 그룹화하여 mpg 열의 평균을 구한다.
tapply(mtcars$mpg, INDEX = mtcars$cyl, FUN = mean)
##        4        6        8
## 26.66364 19.74286 15.10000
```

• tapply(mtcars$mpg, mtcars$cyl, mean) : mtcars$mpg의 평균(mean)을 mtcars$cyl의 종류별(4, 6, 8)로 구한다.

```
## [참고 사항]
# mtcars$cyl의 변수가 가지고 있는 값의 종류는 unique() 함수로 확인할 수 있다.
unique(mtcars$cyl)
## [1] 6 4 8
```

이제 mtcars$cyl를 범주형 변수로 그룹화하고, mtcars 데이터 세트의 각 열에 대한 평균을 apply() 함수로 계산해 보기로 한다. 이를 위해 apply() 함수 내에 tapply() 함수를 적용하고 있다.

```
# cylinders를 그룹화하여 모든 컬럼의 평균을 구한다.
apply(mtcars, 2, function(x) tapply(x, mtcars$cyl, mean))
##        mpg cyl     disp        hp     drat       wt     qsec        vs
## 4 26.66364   4 105.1364  82.63636 4.070909 2.285727 19.13727 0.9090909
## 6 19.74286   6 183.3143 122.28571 3.585714 3.117143 17.97714 0.5714286
## 8 15.10000   8 353.1000 209.21429 3.229286 3.999214 16.77214 0.0000000
##          am     gear     carb
## 4 0.7272727 4.090909 1.545455
## 6 0.4285714 3.857143 3.428571
## 8 0.1428571 3.285714 3.500000
```

- apply(mtcars, 2 , fun...) : mtcars 의 모든 열(2)에 대하여 fun...을 적용하여 그 결과를 반환한다.
    - function(x) tapply(x, mtcars$cyl, mean) : x를 인수로 받아들여 tapply() 함수를 적용하여 결과를 반환한다.
        - tapply(x, mtcars$cyl, mean) : x에 대한 평균(mean)을 구하되, mtcars$cyl의 그룹별(4, 6, 8)로 구한다.

# 17.5 그 밖의 유용한 apply-류 함수들

지금까지 살펴본 apply() 함수군 외에도 일반적으로 적용할 수 있는 아주 간단한 apply() 류의 함수가 있다. 여기에는 전체 데이터 세트에 대한 열과 행의 합계, 평균, 중앙값, 표준 편차, 분산 그리고 요약 백분위수 계산 등을 포함한다.

가장 일반적인 apply 함수에는 열과 행의 합계와 평균 계산이 포함된다. 예를 들어, 데이터 프레임 또는 행렬에서 열의 합계를 apply() 함수를 이용하여 계산하려면 다음과 같이 실행할 수 있다.

```
## apply() 함수의 사용 예 이다.
# mtcars 데이터 세트를 확인한다.
head(mtcars)
##                    mpg cyl disp  hp drat    wt  qsec vs am gear carb
## Mazda RX4         21.0   6  160 110 3.90 2.620 16.46  0  1    4    4
## Mazda RX4 Wag     21.0   6  160 110 3.90 2.875 17.02  0  1    4    4
## Datsun 710        22.8   4  108  93 3.85 2.320 18.61  1  1    4    1
## Hornet 4 Drive    21.4   6  258 110 3.08 3.215 19.44  1  0    3    1
## Hornet Sportabout 18.7   8  360 175 3.15 3.440 17.02  0  0    3    2
## Valiant           18.1   6  225 105 2.76 3.460 20.22  1  0    3    1

## apply() 함수의 사용 예 이다.
# apply() 함수를 이용하여 mtcars의 각 열의 합계를 구한다.
apply(mtcars, 2, sum)
##      mpg      cyl     disp       hp     drat       wt     qsec       vs
##  642.900  198.000 7383.100 4694.000  115.090  102.952  571.160   14.000
##       am     gear     carb
##   13.000  118.000   90.000
```

그런데 각 열의 합계를 구하는 colSums() 함수가 위의 apply() 함수와 동일한 기능을 수행할 수 있으며 그 실행속도도 더 빠르다.

```
## colSums() 함수를 이용하여 각 열의 합계를 구하는 예이다.
colSums(mtcars)
##      mpg      cyl     disp       hp     drat       wt     qsec       vs
##  642.900  198.000 7383.100 4694.000  115.090  102.952  571.160   14.000
##       am     gear     carb
##   13.000  118.000   90.000
```

계산 속도 차이를 확인하기 위해 1 억 개의 값(10K * 10K)이 있는 행렬에 apply() 함수와 colSums() 함수를 적용하여 성능을 비교해 보기로 한다. 그 결과로 colSums() 함수의 속도가 훨씬 빠르다는 것을 알 수 있다.

```
## apply() 함수와 colSums() 함수의 성능을 비교한다.
# 10,000 x 10,000 행렬을 생성한다.
mat <- matrix(sample(1:10, size=100000000, replace=TRUE), nrow=10000)
## apply() 함수와 colSums() 함수의 성능을 system.time() 함수를 이용하여 비교한다.
```

```
# apply() 함수의 성능이다.
system.time(apply(mat, 2, sum))
##    user  system elapsed
##    0.53    0.24    0.77

## apply() 함수와 colSums() 함수의 성능을 system.time() 함수를 이용하여 비교한다.
# colSums() 함수의 성능이다.
system.time(colSums(mat))
##    user  system elapsed
##     0.1     0.0     0.1
```

- 똑 같은 데이터 세트에 대하여 colSums() 함수가 훨씬 더 빨리 처리함을 알 수 있다.

한편, summary() 함수는 데이터 프레임과 행렬의 각 열에 대한 관련 요약 통계를 제공한다. 다음의 예는 iris 데이터 세트의 처음 4개 열에 대하여 summary() 함수를 적용하는 예이다.

```
## summary() 함수의 사용 예이다.
# iris 데이터 세트의 요약 통계 정보를 확인한다.
summary(iris)
##   Sepal.Length    Sepal.Width     Petal.Length    Petal.Width
##  Min.   :4.300   Min.   :2.000   Min.   :1.000   Min.   :0.100
##  1st Qu.:5.100   1st Qu.:2.800   1st Qu.:1.600   1st Qu.:0.300
##  Median :5.800   Median :3.000   Median :4.350   Median :1.300
##  Mean   :5.843   Mean   :3.057   Mean   :3.758   Mean   :1.199
##  3rd Qu.:6.400   3rd Qu.:3.300   3rd Qu.:5.100   3rd Qu.:1.800
##  Max.   :7.900   Max.   :4.400   Max.   :6.900   Max.   :2.500
##        Species
##  setosa    :50
##  versicolor:50
##  virginica :50
##
```

- 그 결과로 최소값, 중앙값, 평균, 최대값, 1사분위수 그리고 3사분위수 등의 요약 통계 정보를 반환한다.
- 특히, 마지막 열(species)은 요인 변수이기 때문에 각 수준별 빈도수를 제공하고 있다.

이외에도 R은 다음과 같은 단순화된 apply 함수를 제공한다.

```
colSums (x, na.rm = FALSE)
rowSums (x, na.rm = FALSE)
colMeans(x, na.rm = FALSE)
rowMeans(x, na.rm = FALSE)
```

또한 다음의 패키지들도 각각의 관련되는 함수를 제공하고 있다.

```
miscTools 패키지 (다음의 함수들은 데이터 프레임에서 작동될 것이다)
  • colMedians()
  • rowMedians()
matrixStats 패키지 (다음의 함수들은 행렬에서만 작동될 것이다)
  • colMedians()와 rowMedians()
  • colSds()와 rowSds()
  • colVar()와 rowVar()
  • colRanges()와 rowRanges()
  • colQuantiles()와 rowQuantiles()
    그 밖에도 여러 개의 추가적인 요약 통계 함수들이 있다.
```

# INDEX

## ㅌ



## ㅍ



## ㅎ



## A



## B



## C



## D

## O



## P



## R



## S

## T



## U



## V



## W



## X



## 기타

**김대호** mis@mokwon.ac.kr

현재 목원대학교 교수

고려대학교 경영대학 경영학과 (경영학사)
고려대학교 대학원 경영학과 (경영학석사, 경영학박사)
목원대학교 학술정보처장, 교수학습센터장 및 인터넷창업보육센터장 역임
싱가포르국립대학(NUS), School of Computing, Visiting Researcher
한국경영학회 부회장 역임, 종신회원
한국경영정보학회 이사 역임, 종신회원
한국벤처창업학회 회장 역임, 종신회원
한국모바일학회 회장 역임
한국농식품정보과학회 총괄수석부회장 역임
농림축산식품부 정부재정사업 자체평가위원(행정/정보화 분과위원장)
대통령직속 재정개혁특별위원회 위원 역임

# R 이해하기

발행일 2024년 2월 26일 초판 1쇄
지은이 김대호
발행인 송자영
발행처 초아출판사

주소 서울시 성북구 정릉로 36길 41
전화 070-8739-0036
팩스 0504-178-5627
E-mail choapublish@hanmail.net

ISBN 979-11-88425-31-0
정가 35,000원